Hardt
Organisation dienstleistungsorientierter Unternehmen

**GABLER** EDITION WISSENSCHAFT

Markt- und Unternehmensentwicklung

Herausgegeben von Professor Dr. Arnold Picot und Professor Dr. Dr. h.c. Ralf Reichwald

Der Wandel von Institutionen, Technologie und Wettbewerb prägt in vielfältiger Weise Entwicklungen im Spannungsfeld von Markt und Unternehmung. Die Schriftenreihe greift diese Fragen auf und stellt neue Erkenntnisse aus Theorie und Praxis sowie anwendungsorientierte Konzepte und Modelle zur Diskussion.

Peter Hardt

# Organisation dienstleistungsorientierter Unternehmen

Mit einem Geleitwort
von Prof. Dr. Arnold Picot

DeutscherUniversitätsVerlag

Die Deutsche Bibliothek - CIP-Einheitsaufnahme

**Hardt, Peter**:
Organisation dienstleistungsorientierter Unternehmen /
Peter Hardt. Mit einem Geleitw. von Arnold Picot.
- Wiesbaden : Dt. Univ.-Verl. ; Wiesbaden : Gabler, 1996
(Gabler Edition Wissenschaft : Markt- und Unternehmensentwicklung)
Zugl.: München, Univ., Diss., 1996
ISBN 3-8244-6311-3



Der Deutsche Universitäts-Verlag und der Gabler Verlag sind Unternehmen der Bertelsmann Fachinformation.

Gabler Verlag, Deutscher Universitäts-Verlag, Wiesbaden

Lektorat: Claudia Splittgerber



Druck und Buchbinder: Rosch-Buch, Hallstadt
Printed in Germany

ISBN 3-8244-6311-3

## Geleitwort

Etwa 60% der Beschäftigten moderner Volkswirtschaften sind im Dienstleistungssektor tätig. Allerdings konzentriert sich die Betriebswirtschaftslehre immer noch typischerweise auf das Modell der klassischen industriellen Sachleistungsunternehmung. In den vergangenen 10 bis 15 Jahren hat sich zwar im Fach ein Bewußtseinswandel vollzogen. So gibt es eine Reihe wertvoller Beiträge zum Dienstleistungsmarketing und auch zur Dienstleistungsproduktion. Doch fehlt nach wie vor noch eine umfassende betriebswirtschaftliche Sicht der Dienstleistungswirtschaft. Dieser Befund ist deshalb überraschend und zugleich nicht akzeptabel, weil man sich einig ist, daß der überwiegende Teil der zukünftig zu schaffenden Arbeitsplätze im Dienstleistungssektor entstehen und weil nur wettbewerbsfähige Dienstleistungsunternehmen in der Lage sein werden, hierzulande das Zukunftspotential der Dienstleistungswirtschaft auszuschöpfen.

Eine wichtige und bisher weitgehend vernachlässigte Komponente einer solchen Gesamtsicht des Dienstleistungsunternehmens muß die Organisationsdimension sein. Hier setzt die vorliegende Arbeit an. Die Besonderheiten der Organisation dienstleistungsorientierter Unternehmen werden sowohl auf theoretischer Grundlage als auch unter Einbeziehung praktischer Fallbeispiele analysiert. Daraus entstehen Gestaltungsempfehlungen, die für die gegenwärtige Entwicklungs- und Wachstumsdynamik sehr hilfreich sind.

Der Dienstleistungsbegriff ist seit Jahren in der Diskussion. Die scheinbar selbstverständliche Zweiteilung in Sach- und Dienstleistung erweist sich immer weniger als haltbar. In Anlehnung an verschiedene theoretische Vorarbeiten entwickelt der Verfasser eine interessante Typologie von dienstleistungsorientierten Leistungsbündeln, die an den beiden Dimensionen „Immaterialität der Leistung“ und „Interaktion mit dem Kunden im Leistungserstellungsprozeß“ anknüpfen. Die zunehemende Immaterialisierung von Leistungen schlägt sich heute vor allem in der Informatisierung nieder. Die zunehmende Involvierung des Kunden wird mit dem Schlagwort des „customising“ belegt. Je nach Kombination dieser beider Dimensionen ergeben sich sehr unterschiedliche Marktstrategien, aus denen jeweils auch unterschiedliche Organisatonsanforderungen erwachsen.

Aktuelle Organisationskonzepte wie Konzentration auf Kernkompetenzen, Leistungstiefenoptimierung, Dezentralisierung, Prozeßorientierung erfahren unter dem Blickwinkel des Dienstleistungsunternehmens eine besondere Interpretation. Zugleich illustriert die kritische Analyse verschiedener Fallbeispiele die Gestaltungsnotwendigkeiten auf den genannten organisationspolitischen Handlungsfeldern. Ergänzt werden diese Erkenntnisse durch anregende Einblicke in die Wachstums- und Diversifizierungspolitik sowie in die Internationalisierung von Dienstleistungsunternehmen.

Die Zukunft vieler Unternehmen, v.a. auch solcher, die sich bisher als sachleistungsbezogen selbstverstanden haben, wie auch die Zukunft moderner Volkswirtschaften hängt entscheidend von der Fähigkeit ab, die durch Informatisierung und customising entstehenden neuen Dienstleistungsmärkte zu verstehen und in ihrer markt- und organisationsstrategischen Konzeption zu verankern. Hierzu bietet die vorliegende Arbeit eine wichtige Unterstützung. Es ist zu hoffen, daß sie die Fachdiskussion in Forschung, Lehre und Praxis vertieft und kritisch weiterentwickelt.

Prof. Dr. A. Picot

## Vorwort

Der Dienstleistungsbereich hat in den letzten Jahren durch sein enormes Wachstum stark an Bedeutung gewonnen. Nicht nur durch die fortschreitende Informations- und Kommunikationstechnologie kommt es jedoch zu einer immer stärkeren Vermischung des Dienstleistungssektors mit dem Sektor des produzierenden Gewerbes. Eine definitorische sowie forschungsspezifische Isolation muß daher durch einen gesamtheitlichen Systematisierungsansatz, der dem Kontinuum existierender Leistungsbündel gerecht wird, ersetzt werden. Die unterschiedliche Zusammensetzung dieser Leistungbündel bedarf jedoch unterschiedlicher Organisationskonzepte. Dies wird exemplarisch für den Bereich der dienstleistungsorientierten Leistungsbündel in der vorliegenden Arbeit untersucht. Die Arbeit entstammt einem Projekt, das von Prof. Dr. Arnold Picot, Institut für Organisation der Ludwig-Maximilians-Universität München, in Zusammenarbeit mit der Alfred-Haniel-Stiftung durchgeführt wurde.

Daher gilt mein Dank zunächst der Alfred-Haniel-Stiftung für die Förderung dieses Projektes. Meinem Doktorvater, Herrn Prof. Dr. Arnold Picot, danke ich herzlich für die konstruktive fachliche Betreuung der Arbeit und die sehr persönliche Unterstützung und Förderung in den zurückliegenden Jahren. Ein herzliches Dankeschön möchte ich auch Herrn Dr. Theo Siegert aussprechen, für den häufigen und wertvollen fachlichen Rat, die Unterstützung bei der Koordination und nicht zuletzt für eine sehr gute Zusammenarbeit. Des weiteren sei allen Mitarbeitern der beteiligten Unternehmen gedankt, die durch ihre Informationen und Ratschläge zum Gelingen dieser Arbeit erheblich beigetragen haben. Bei Herrn Prof. Dr. Anton Meyer vom Institut für Absatzwirtschaft an der Ludwig-Maximilians-Universität möchte ich mich für die freundliche Übernahme des Koreferats bedanken. Allen meinen Kollegen sei für die fachliche und gute persönliche Zusammenarbeit gedankt, die maßgeblich zum Gelingen dieser Arbeit beigetragen hat. Insbesondere möchte ich mich bei Frau Dr. Rahild Neuburger, Frau Dr. Birgitta Wolff und Herrn Dr. Wolfgang Burr für die gute und konstruktive Unterstützung in der Schlußphase bedanken. Mein Dank gilt auch Frau Jasmin Korb und Herrn Guido Amendt für ihre Hilfe bei Abbildungen und Korrekturen vor der Drucklegung. Besonderen Dank schulde ich schließlich meinen Eltern und meinen Freunden, die mir in dieser teilweise nicht so einfachen Zeit immer den notwendigen Mut und Hilfe haben zukommen lassen.

Peter Hardt

# Inhaltsverzeichnis

# Abbildungsverzeichnis

# Abkürzungsverzeichnis

| | |
|---|---|
| Abb. | Abbildung |
| ASIC | Application Specific Integrated Circuit |
| ATM | Asynchronous Transfer Mode |
| BFuP | Betriebswirtschaftliche Forschung und Praxis |
| CAD | Computer Aided Design |
| CD | Compact Disk |
| CIM | Computer Integrated Manufacturing |
| DBW | Die Betriebswirtschaft |
| EDI | Electronic Data Interchange |
| EDIFACT | Electronic Data Interchange For Administration, Commerce and Transport |
| EMS | European Mail Service |
| FuE | Forschung und Entwicklung |
| HBM | Harvard Business Manager |
| HBR | Harvard Business Review |
| Hrsg. | Herausgeber |
| Jg. | Jahrgang |
| JITE | Journal of institutional and theoretical economics |
| Kap. | Kapitel |
| LKW | Lastkraftwagen |
| OECD | Organisation of economics and civil development |
| ROM | Read Only Memory |
| SZ | Süddeutsche Zeitung |
| USA | United States of America |
| ZFB | Zeitschrift für Betriebswirtschaft |
| zfbf | Zeitschrift für betriebswirtschaftliche Forschung |
| ZfO | Zeitschrift für Führung und Organisation |

# I. Problemstellung und Vorgehensweise

## 1. Problemstellung

Begriffe wie "Informationsgesellschaft" und "Dienstleistungsgesellschaft" prägen das Bild hochentwickelter Volkswirtschaften. Bereits Fourastié beschäftigte sich in seiner Drei-Sektoren-Theorie mit dem Wachstum des tertiären Bereichs in entwickelten Volkswirtschaften[1]. Er begründet das Wachstum des Dienstleistungsbereichs damit, daß bei den Privatpersonen durch zunehmende Realeinkommen das relative Gewicht der Nachfrage nach Dienstleistungen zunimmt (sogenanntes Engel'sches Gesetz). Dabei haben global nicht die privaten, sondern hauptsächlich die industriellen Dienstleistungen zu einem explosiven Wachstum im Dienstleistungssektor geführt[2]. Der Anteil der zivilen Erwerbstätigen des Dienstleistungssektors der OECD-Länder betrug 1991 rund 64%[3]. In der Bundesrepublik Deutschland arbeiteten 1991 nur 57,4% der Erwerbstätigen in diesem Sektor. Gründe für die schwache Entwicklung des tertiären Sektors in Deutschland sind Versäumnisse in der Entwicklung zur Dienstleistungsgesellschaft, behindernde Rahmenfaktoren (z.B. hohe Regulierungsdichte im Telekommunikationsbereich[4]), insbesondere aber der hohe Anteil des industriellen Bereichs an der Dienstleistungsproduktion[5]. So werden in Deutschland noch viele Dienstleistungen im Bereich des produzierenden Gewerbes erbracht und somit statistisch auch in diesem Sektor erfaßt[6]. Im Vergleich hierzu werden in Ländern mit hohem Dienstleistungsanteil (z.B. USA) viele produktionsnahe Dienstleistungen bereits von spezialisierten Dienstleistungsunternehmen (z.B. Ingineurbüros) erbracht und somit auch als Dienstleistung erfaßt.

Der Wettbewerb zwang die Industrieunternehmen aus Kostengründen, aber auch wegen der begrenzten Managementkapazitäten, standardisierte interne Dienstleistungen an spezialisierte externe Dienstleister mit spezifischen Managementkapazitäten auszulagern, solange diese effizienter durch den Markt abgewickelt werden können[7]. Durch diesen Nachfrageschub konnten viele Dienstleistungsunternehmen hohe Umsatzzuwächse realisieren. Neue Unternehmen entstanden aufgrund der sich hier bietenden Marktchancen bei geringen Markteintrittsbarrieren. Diese neuen Wettbewerber und die abnehmende Regulierungsdichte in vielen Dienstleistungsbranchen konfrontierte die Dienstleistungsunternehmen vor allem mit zwei Problemen: hohes internes Wachstum und zunehmender Wettbewerb. Die Jahre, in denen Ineffizienz nicht durch den Wettbewerb bestraft wurde, waren vorbei[8]. Um ihre Effizienz zu steigern und ihre Flexibilität aufrecht zu halten, gingen jetzt immer mehr Dienstleistungsunternehmen dazu über, ihre internen Abläufe neu zu konzeptionieren und weniger strategisch bedeutende Teilaufgaben an spezialisierte Dienstleister weiterzugeben. Diese Auslage-

1 Vgl. Fourastié (1969).
2 Vgl. Albach (1989a), S. 120 f.
3 Vgl. OECD (1995), S.42 f. Die Daten beruhen auf einer sektoralen Meßmethode, d.h. Dienstleistungen, die im Sektor produzierendes Gewerbe erbracht werden, werden nicht als Dienstleistungen erfaßt.
4 Vgl. hierzu Burr (1995), S. 8.
5 Vgl. Albach (1989a), S. 3 f.
6 Vgl. u.a. Gruhler (1994), S. 156, Lehmann (1995), S. 316 f.
7 Vgl. Albach (1989b), S. 401 ff.
8 Vgl. Roach (1991a), S. 82.

rungstendenz übertraf sogar in den letzten Jahren die "Outsourcing"-Rate der industriellen Unternehmen[9].
Als Folge dieser Tendenz und unter Nutzung der Potentiale der innovativen Informations- und Kommunikationstechniken wird auch in der Zukunft der Dienstleistungssektor weiter wachsen[10].

Trotz der großen Bedeutung dieses Sektors für die Volkswirtschaften war die wirtschaftswissenschaftliche Auseinandersetzung mit diesem Bereich nur schwach ausgeprägt. Die betriebswirtschaftliche Forschung auf dem Gebiet der Dienstleistungsunternehmen befindet sich in einigen Bereichen (z.B. Organisationskonzepte) erst in der Grundlagenforschung[11]. So schreiben Chase und Kellogg:
"Our knowledge about service management is in its infancy"[12].
Einer der Gründe für die nur mäßige Auseinandersetzung liegt darin, daß Sach- und Dienstleistungen immer stärker zusammenwachsen und eine klare Trennung des Dienstleistungssektors nicht möglich ist[13]. Dieses Zusammenwachsen hat mehrere Gründe. So sind Industrieunternehmen durch den zunehmenden Wettbewerbsdruck gezwungen, immer hochwertigere Produkte auf den Markt zu bringen. Dies ist vor allem durch eine Anreicherung der Produkte mit vielfältigen Dienstleistungen möglich[14].
Durch den Einsatz von Informations- und Kommunikationstechniken verwischen sich zudem die Trennungslinien zwischen Produkt und Dienstleistung immer stärker. So stellt sich die Frage, ob es sich bei der Substitution von Bankangestellten durch elektronische Bankschalter noch um Dienstleistungen handelt oder bereits eine Sachleistung vorliegt[15].
Auch bei Industrieunternehmen nimmt die Bedeutung der Informationskomponente zu. Meist versuchen die Unternehmen, die erzielten Informationen als zusätzliche Leistungen zu vermarkten. Das Umsatzvolumen dieser Zusatzgeschäftsfelder kann dabei die Bedeutung der angestammten Kerngeschäftsgebiete beachtlich übersteigen[16]. Bei IBM nehmen deren Zusatzleistungen (z.B. Software, Service) einen immer stärkeren Stellenwert ein. Das Unternehmen erzielt nur noch 1/3 des Umsatzes mit Hardware[17].

Diese Beispiele zeigen, daß eine Trennung zwischen Sach- und Dienstleistungen immer problematischer wird. Daher erscheint es nicht sinnvoll, die Bereiche durch strikte Definitionen zu trennen. Vielmehr sollte eine Gesamtleistungssystematik gefunden werden, die die Einordnung von Leistungen unterschiedlicher Zusammensetzung erlaubt. Hiermit beschäftigt sich der erste Teil dieser Arbeit.

---

9 Vgl. Donges et al. (1988), S. 42 f.
10 Vgl. u.a. Picot (1989), S. 7.
11 Vgl. u.a. Klaus (1984), S. 467, Engelhardt et al. (1993), S. 396, Quinn; Gagnon (1986), S. 95, Engelhardt; Schwab (1982), S. 503.
12 Chase; Kellogg (1990), S. 393.
13 Vgl. u.a. Corsten (1988a), S. 15 ff., Meyer (1991), S. 196 ff., Engelhardt et al. (1993), S. 397.
14 Vgl. Engelhardt et al. (1993), S. 396, Albach (1989 a), S.3 f. und Albach (1989 b), S. 400.
15 Vgl. Normann; Ramírez (1993), S. 68 f.
16 Vgl. Davis; Botkin (1994), S. 166 f.
17 Vgl. Grass (1995), S. 21.

Bei der Erstellung dieser Leistungen stellt sich dann die Frage nach geeigneten Organisationskonzepten. Die vorliegenden Veröffentlichungen sind sich hier nicht einig. Davis plädiert für speziell auf den Dienstleistungsbereich hin entwickelte Konzepte, indem er schreibt: "Using industrial models to manage service based corporations makes as little sense as using farm models to run factories"[18]. Nach Klaus gibt es sehr wohl Dienstleistungsorganisationen, die erfolgreich mit industriellen Methoden geführt werden, aber auch Dienstleistungsunternehmen, die sich hartnäckig dem industriellen Know-how zu widersetzen scheinen[19].
Andere Autoren sind der Meinung, industrielle Methoden sind auch im Dienstleistungsbereich anzuwenden[20].

Der zweite Teil befaßt sich mit der Frage, ob für unterschiedlich zusammengesetzte Leistungen auch unterschiedliche Organisationskonzepte anzuwenden sind.

Zielsetzung der Arbeit ist zunächst die Erstellung einer Gesamtleistungstypologie. Aus dieser wird ein Bereich als Untersuchungsgegenstand herausgegriffen. Auf dieser Basis werden Organisationskonzepte für Unternehmen entwickelt, deren Leistungsbündel einen hohen immateriellen Ergebnisanteil besitzen und im Leistungserstellungsprozeß eine hohe Interaktion mit den Kunden aufweisen. Die dabei angesprochenen Problemfelder werden mit Hilfe von Praxisbeispielen belegt und erläutert. Dabei werden aufgrund von Analysen positive Aspekte und Schwachstellen herausgearbeitet, um hieraus typspezifische Gestaltungsempfehlungen abzuleiten. Die verwendeten Praxisbeispiele entstammen zum großen Teil aus einem großen deutschen Dienstleistungsunternehmen. Die Arbeit ist in Zusammenarbeit mit diesem Unternehmen entstanden.

## 2. Vorgehensweise

Kapitel II stellt kurz die klassischen Definitionsversuche zum Thema Dienstleistung dar. Da die herkömmlichen Abgrenzungsversuche bis heute wenig erfolgsversprechend sind, wird unter Punkt II. 2. der Versuch unternommen, mit Hilfe einer Gesamtleistungssystematik die Abgrenzungsproblematik zu lösen. Damit ist eine gemeinsame Basis geschaffen, die eine differenzierte Vorgehensweise bei der Suche nach geeigneten Organisationskonzepten ermöglicht. Um den Untersuchungsgegenstand der Arbeit einzugrenzen, werden aus der Gesamtleistungstypologie die sogenannten dienstleistungsorientierten Leistungsbündel herausgegriffen. Für die weitere Argumentation erfolgt in Punkt II 3. eine differenzierende Typologie der dienstleistungsorientierten Leistungsbündel.

Kapitel III widmet sich den theoretischen Grundlagen. Mit Hilfe der aus dem Industriebereich stammenden Konzeption der Kernkompetenzen, die für die hier erforderlichen Zwecke angepaßt wird, lassen sich wichtige Teilbereiche der dienstleistungsorientierten Unternehmen identifizieren, um dadurch Implikationen für den Organisationsaufbau erhalten zu können

[18] Davis (1983), S. 12. Vgl. hierzu auch Schneider (1990) S. 126 ff.
[19] Vgl. Klaus (1984), S. 470.
[20] Vgl. u.a. Chase (1978), S. 139 f., Chase; Hayes (1991), S. 21 ff., Levitt (1976).

(III.1.). Als Organisationskonzepte werden hauptsächlich die neue Institutionenökonomik und das Konzept der Prozeßorganisation verwendet. Deren Darstellung und Ausrichtung auf den dienstleistungsorientierten Bereich erfolgt im Punkt III.2.

Kapitel IV befaßt sich mit der Organisation dienstleistungsorientierter Unternehmen. Unter Rückgriff auf die zuvor differenzierten Typen der dienstleitungsorientierten Leistungsbündel ist zu untersuchen, welche Implikationen sich für die Konzeption, die Leistungstiefenoptimierung sowie die interne Organisation ergeben (vgl. Abbildung 1).

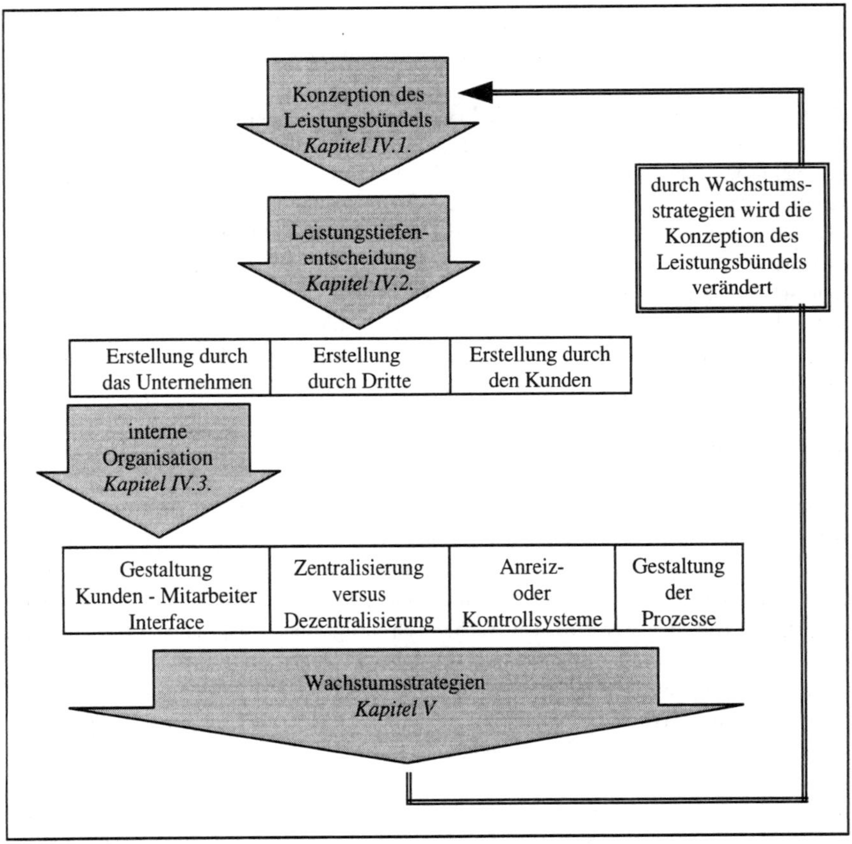


**Abb. 1: Vorgehensweise bei der Organisation dienstleistungsorientierter Unternehmen.**

Im Kapitel V werden Wachstumsstrategien für dienstleistungsorientierte Unternehmen vorgestellt. Es ist hier zu zeigen, daß Wachstum im Zeitverlauf die ursprüngliche Konzeption, Leistungstiefenoptimierung und interne Organisation beeinflußt und die entsprechenden Bereiche anzupassen sind. Dabei sind die auftretenden Risiken zu minimieren und die Chancen zu nutzen (vgl. Abbildung 1).

Die Arbeit schließt mit einem kurzen Resümee und einem Ausblick in Kapitel VI.

## II. Begriffsklärungen und Einordnungen

Die **klassischen Definitionsversuche** (II.1.) zum Thema Dienstleistung sind nicht trennscharf und behindern somit eine systematische Auseinandersetzung mit dem Bereich der Dienstleistungen. Um dieses Problem zu umgehen, ist die **Schaffung einer Gesamtleistungssystematik** als Basis für weitere darauf aufbauende Untersuchungen ein wichtiger Schritt (II.2.). Aus dieser Gesamtleistungssystematik ist als Untersuchungsgegenstand der Bereich der **dienstleistungsorientierten Leistungsbündel** herauszugreifen. Die Eigenschaften dieser Leistungsbündel werden erläutert und durch eine **Typologie** weiter differenziert (II.3.).

### 1. Klassische Definitionsversuche zum Thema Dienstleistung

Die bestehende Vielfalt und die sporadische Behandlung des Themas Dienstleistung liegt vor allem in den unterschiedlichen Betrachtungsperspektiven und den Unterschieden im sogenannten Dienstleistungssektor[21]. Das Fehlen einer allgemeingültigen Definition des Begriffs Dienstleistung führt zu unterschiedlichen Auffassungen über diesen Sektor. Um einen Überblick über die große Varianz der Definitionen zu geben, sind im folgenden die wichtigsten Ansätze kurz aufgeführt.

Die **enumerativen** Definitionsansätze versuchen das Wesen der Dienstleistung mit Hilfe von Aufzählungen der Eigenschaften dieser Leistungen einzugrenzen[22].
Die **institutionelle** Definition geht davon aus, daß alle Leistungen von Unternehmen des tertiären Sektors Dienstleistungen darstellen[23].
Die **Negativabgrenzung** der Dienstleistungen gegenüber den Sachleistungen stellt einen Schwerpunkt bei den Definitionsversuchen dar[24]. Dabei wird alles als Dienstleistung bezeichnet, das nicht unter die Kategorie der Sachleistungen fällt.
Die Schwächen der bisher beschriebenen Ansätze sind in der Heterogenität des Dienstleistungsbegriffs zu sehen, die mit Hilfe dieser Ansätze nicht abgedeckt werden kann. Derartige Definitionen, die auf einer strikten Trennung von Bereichen aufbauen, sind auf Grund der immer stärker werdenden Vermischung der Bereiche (z.B. Sach- und Dienstleistungsbereich) zwangsläufig unpräzise.

Die meisten Definitionsversuche setzen an den Dimensionen der Leistung an. Unter Dimensionen werden der **potential-**, der **prozeß-** und der **ergebnisorientierte** Dienstleistungsbegriff verstanden[25]. Meyer und Westerbarkey sprechen hierbei auch von den drei konstitutiven Elementen[26].

---

21 Vgl. Meyer (1991), S. 196.

22 Vgl. hierzu u.a. Corsten (1988a), S. 17, Meyer (1991), S. 196, Maleri (1973), S. 33 ff., Berekoven (1974), S. 14 ff. Auch in der amerikanischen Literatur ist dieses ein häufig gewählter Ansatz, vgl. hierzu u.a. Sasser et al. (1978), S. 8 ff., Mills; Moberg (1982), S. 468 ff.

23 Vgl. hierzu u.a. Tengler; Hennicke (1987), Gerhardt (1987), S. 66, Albrecht; Zemke (1987), S. 2 f., Meyer; Meyer (1990), S. 126.

24 Vgl. hierzu u.a. Corsten (1985), S. 85 ff., Meyer (1991), S. 196, Normann (1987), S. 20.

25 Vgl. hierzu u.a. Engelhardt et al. (1993), S. 398.

26 Vgl. Meyer; Westerbakey (1991), S. 85 f.

Der **potentialorientierte** Begriff[27] setzt an der Bereitstellungsleistung des Unternehmens an. Das Unternehmen bietet zum Zeitpunkt der Kontaktaufnahme mit dem Kunden die Fähigkeit und Bereitschaft an, eine bestimmte Leistung in der Zukunft zu erbringen. Das Problem des potentialorientierten Dienstleistungsbegriffs ist, daß viele Dienstleistungsunternehmen zum Kontaktzeitpunkt nicht nur Fähigkeit und Bereitschaft anbieten. Vielmehr haben sie große Teile des Leistungsergebnisses bereits vorab produziert. So muß ein Hotel beispielsweise einen großen Teil des Leistungspaketes (z.B. Bereitstellung und Säuberung eines Hotelzimmers) vorab produzieren, um die Dienstleistung erfolgreich vermarkten zu können.
Außerdem sind auch viele Unternehmen des produzierenden Gewerbes potentialorientiert (z.B. Baugewerbe). Die Begriffsbestimmung ist somit nicht ausreichend.

Der **prozeßorientierte** Begriff[28] trennt Sach- und Dienstleistungen nach der Tatsache, ob ein externer Faktor in die Produktion integriert werden soll. Ein externer Faktor (Objekte und/oder Personen) gilt dann als integriert, wenn er zeitlich begrenzt im Verfügungsbereich des Dienstleistungsanbieters vorhanden sein muß. Nachteil dieser Definition ist der Trennungsversuch zwischen Sach- und Dienstleistungen anhand der Integration eines externen Faktors. Sachleistungen können auch mit dieser Integration entstehen (z.B. Einzelfertigung).

Auch der **ergebnisorientierte** Begriff[29] versucht eine Trennung von Sach- und Dienstleistungen. Das Trennungskriterium ist die Immaterialität des Leistungsergebnisses. Eine Dienstleistung liegt nach dieser Definition immer dann vor, wenn das Leistungsergebnis nicht gegenständlich ist. Problem dieser Definition ist, daß es nicht nur materielle und immaterielle Leistungsergebnisse gibt, sondern vielmehr ein Kontinuum. So stellt sich beispielsweise die Frage, ob es sich bei einem Friseurbesuch um eine Dienst- oder um eine Sachleistung handelt. Eine Trennungslinie müßte willkürlich gezogen werden[30].

Aus diesen drei konstitutiven Elementen wurden für die Definitionsansätze auch Mischformen entwickelt. Dabei wurden zwei oder alle drei Begriffe zu neuen Definitionsansätzen vereint. Festzustellen ist, daß durch eine Vereinigung problembehafteter Einzeldefinitionen keine problemfreie Gesamtdefinition entstehen kann. Engelhardt et al.[31] bemängeln, daß bei diesen Mischformen mit unterschiedlichen Leistungsbegriffen argumentiert werden muß, dies aber bei vielen Definitionen nicht berücksichtigt wird. So muß beim prozeßorientierten Begriff die Leistung als Prozeß, beim ergebnisorientierten Begriff die Leistung als Ergebnis und beim potentialorientierten Begriff die Leistung als Bereitstellung definiert werden. Eine Kombination der Ansätze verlangt somit auch das Arbeiten mit unterschiedlichen Leistungsbegriffen und keinesfalls die Verwendung nur eines umfassenden Leistungsbegriffs. Die Einführung eines Leistungsbegriffs würde die Mängel der einzelnen Ansätze weiter verstärken.
Zusammenfassend ist festzustellen, daß bis heute keine allgemeingültige Definition für den Bereich der Dienstleistungen existiert.

---

27 Vgl. hierzu u.a. Engelhardt et al. (1993), S. 399, Corsten (1988a), S. 24, Meyer; Mattmüller (1987), S.187 f.
28 Vgl. hierzu u.a. Engelhardt et al. (1993), S. 401 ff., Meyer (1994), S. 21 ff., Rosada (1990), S. 17 f.
29 Vgl. hierzu u.a. Corsten (1988), S. 17, Gehardt (1987), S. 53, Engelhardt et al. (1993), S. 400.
30 Vgl. hierzu auch Siegert (1974), S.60.
31 Vgl. Engelhardt et al. (1993), S. 404.

# 2. Dienstleistungsorientierte Leistungsbündel

## 2.1 Einordnung in eine Gesamtleistungssystematik

Die bisherigen Ausführungen haben gezeigt, daß die Definitionsprobleme im wesentlichen durch die v.a. in der Literatur häufig angestrebte Trennung zwischen Sach- und Dienstleistungen entstanden sind. Meyer ist zuzustimmen, wenn er schreibt:

> "Zur Vermeidung von Abgrenzungs- und Einordnungsschwierigkeiten sollte die Dienstleistung nicht isoliert von anderen Wirtschaftsgütern definiert werden, sondern in eine Gesamtgütersystematik/Systematik von Versorgungsobjekten integriert sein"[32].

Ziel einer Gesamtleistungssystematik muß es sein, sämtliche Leistungen einordnen zu können, ohne hierbei zwischen Sach-und Dienstleistungen abgrenzen zu müssen. Erschwerend tritt der Faktor hinzu, daß auf den Absatzmärkten nicht einzelne Leistungen, sondern Leistungsbündel transferiert werden[33]. Hierdurch kommt es zu einer noch stärkeren Verzahnung von Sach- und Dienstleistungen, wie sie im herkömmlichen Sinn verstanden werden[34].

Basis für die Einordnung der unterschiedlichen Leistungsbündel in eine Gesamtleistungssystematik sind die zentralen Eigenschaften dieser Leistungsbündel. Es handelt sich zum einen um den Grad des materiellen bzw. immateriellen Ergebnisbestandteils, zum anderen um den Grad der notwendigen Interaktion mit den Kunden im Leistungsprozeß[35]. Der Potentialaspekt wird für die Systematik nicht berücksichtigt, da potentialorientierte Unternehmen in allen Bereichen vorhanden sind und dadurch eine verbesserte Systematik durch Einbeziehung dieses Aspektes nicht zu erwarten ist.

Unternehmen bieten auf den Märkten Leistungsbündel mit materiellen und/oder immateriellen Ergebnisbestandteilen an. Von materiellen Ergebnisbestandteilen ist dann die Rede, wenn der Kunde die nachgefragten Leistungsbestandteile physikalisch im Endergebnis wahrnehmen kann (z.B. Farbe eines Autos). Ist dieses nicht gegeben, liegen immaterielle Ergebnisbestandteile vor (z.B. mündliche Diagnose eines Arztes). Dabei muß jedoch die Definition des Ergebnisbestandteils weit gefaßt werden. So ist zwar die Amputation eines Beines durch den Chirurgen ein materieller Ergebnisbestandteil, der jedoch kausal stark mit einem immateriellen Ergebnisbestandteil verbunden ist. Ohne die Diagnose des Arztes (immaterieller Anteil)[36] kommt es nicht zu dem materiellen Eingriff der Amputation.

---

32 Meyer (1991), S. 197.

33 Vgl. hierzu Hilke (1989), S. 7 f., Engelhardt et al. (1993), S. 407 f., Collier (1985), S. 5, Normann; Ramirez (1993), S. 68.

34 Vgl. hierzu Decker (1972), S. 410, Staffelbach (1988), S. 278, Hilke (1989), S. 8.

35 Die weiteren Ausführungen gründen auf Engelhardt et al. (1993), es wurden themenspezifische Anpassungen und Weiterentwicklungen durchgeführt.

36 Unabhängig davon, ob die Diagnose schriftlich oder mündlich gegeben wird, ist der immaterielle Anteil auf Grund des in die Diagnose einfließenden Fachwissens sehr hoch.

Die im Leistungsbündel enthaltenen Prozesse laufen zum Teil mit, und zum Teil ohne Interaktion mit dem Kunden ab. Dabei soll unter Interaktion[37] die Beteiligung des Kunden am Leistungserstellungsprozeß als Prozeßteilnehmer und wichtige Quelle für einen Informations- und Kommunikationsaustausch mit dem Unternehmen verstanden werden. Durch die Beteiligung und den Informationsaustausch kann das Leistungsbündel individualisiert werden[38]. Die Ausprägung der Interaktion wird durch die Eingriffstiefe und die Eingriffsintensität mitbestimmt[39]. Mit der Eingriffstiefe wird der Zeitpunkt im Leistungsprozeß bezeichnet, zu dem der Kunde für den Leistungserstellungsprozeß benötigt wird. Je früher der Kunde als Person oder Informa-tionsquelle für die Leistungserstellung notwendig wird, desto höher ist die Eingriffstiefe. Die Eingriffsintensität stellt die Häufigkeit des Kontakts und des Informations- und Kommunikationsaustauschs zwischen Unternehmen und Kunden dar und inwieweit durch diesen Austausch die Leistung individualisiert wird. Die Interaktion zwischen Kunden und Unternehmen ist immer dann stark ausgeprägt, wenn Eingriffstiefe und Eingriffsintensität hoch sind.

Mit Hilfe einer Matrix können so die unterschiedlichen Leistungsbündel in eine Gesamtleistungssystematik eingeordnet werden. Je nachdem wie stark der immaterielle Anteil im Leistungsergebnis und die Interaktion mit dem Kunden im Leistungserstellungsprozeß der verschiedenen Leistungsbündel ausgeprägt sind, erfolgt die Einordnung in die unterschiedlichen Bereiche der Matrix (Vgl. Abb.2).

---

[37] Hierunter wird nicht der reine Kontakt zwischen Unternehmen und Kunden verstanden. Diese Sichtweise wird u.a. bei Chase; Aquilano (1977) vertreten.

[38] Vgl. hierzu u.a. Meffert (1994), S. 523 f. und Schmenner (1986), S. 22.

[39] Vgl. Engelhardt et al. (1993), S.412 ff.

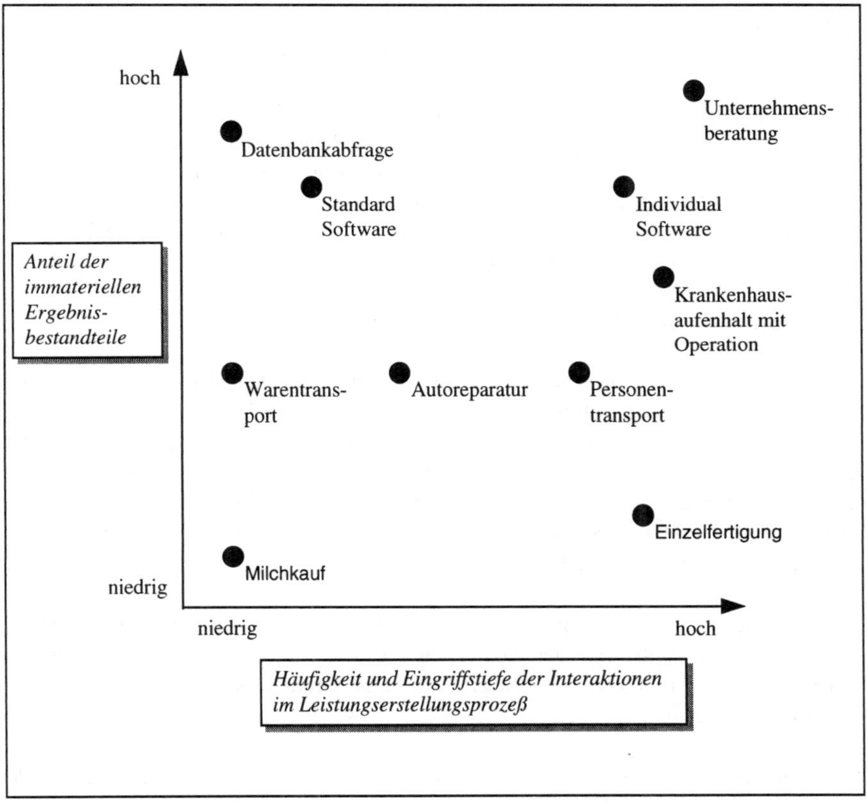


**Abb. 2: Einordnung unterschiedlich zusammengesetzter Leistungsbündel in eine Gesamtleistungssystematik.**

Abbildung 2 verdeutlicht, daß es bei den Leistungsbündeln keine abzugrenzenden Bereiche gibt. Vielmehr besteht bei den Leistungsbündeln ein Kontinuum zwischen hoher bzw. niedriger Interaktion mit dem Kunden und hohem bzw. niedrigem immateriellem Anteil am Leistungsergebnis. Die unterschiedlichen Ausprägungen der der Systematik zugrundeliegenden Eigenschaften bei den Leistungsbündeln verlangen unterschiedliche Organisationskonzepte für ihre Erstellung und Transfer an den Kunden.

Im weiteren Verlauf der Arbeit wird daher untersucht, welche Organisationskonzepte für welche Art von Leistungsbündeln geeignet sind. Da diese Untersuchung für sämtliche Leistungsbündel den Rahmen der Arbeit sprengen würde, wird als Untersuchungsgegenstand nur der Bereich der dienstleistungsorientierten Leistungsbündel ausgewählt.

*Ein dienstleistungsorientiertes Leistungsbündel liegt dann vor, wenn der immaterielle Anteil im Leistungsergebnis für die Kunden von zentraler Bedeutung ist und die Interaktionen zwischen Unternehmen und Kunden unabdingbar für ein qualitativ zufriedenstellendes Ergebnis sind. Ein Unternehmen, das derartige Leistungsbündel vermarktet, soll im weiteren Verlauf dieser Arbeit als dienstleistungsorientiert bezeichnet werden.*

## 2.2 Eigenschaften dienstleistungsorientierter Leistungsbündel

Um adäquate Organisationskonzepte für dienstleistungsorientierte Unternehmen entwickeln zu können, ist es von entscheidender Bedeutung, wesentliche Eigenschaften der dienstleistungs-orientierten Leistungsbündel und die damit zusammenhängenden Problembereiche zu kennen. Im einzelnen handelt es sich um Immaterialität, Interaktion zwischen Kunde und Unternehmen, fehlende Lager- und Speicherbarkeit sowie Information und Wissen. Eine eindeutige Zuordnung der Problemfelder zu einzelnen Eigenschaften ist häufig nicht möglich, wird aber aus Gründen der Übersichtlichkeit im folgenden vorgenommen.

Eine zentrale Eigenschaft ist die **Immaterialität** von dienstleistungsorientierten Leistungsbündeln. Mit steigender Immaterialität treten folgende Problemfelder auf: schlechte Beschreibbarkeit der Leistungsbündel sowie schwierige Beurteilung von Nutzen und Risiko durch den Kunden[40].

Die *schlechte Beschreibbarkeit* der Leistungsbündel hängt mit der Zusammensetzung der dem Leistungsbündel zugrundeliegenden Eigenschaften zusammen. Der steigende immaterielle Anteil im Leistungsergebnis führt dazu, daß die Leistungsbündel immer weniger Sucheigenschaften aufweisen[41]. In den Vordergrund rücken Erfahrungs-[42] und vor allem Vertrauenseigenschaften[43]. Sucheigenschaften sind Charakteristika von Leistungsbündeln, die im Suchprozeß bereits vor dem Kauf gänzlich beurteilt werden können (z.B. Pflege und technische Ausrüstung der LKW-Flotte eines Logistikunternehmens). Erfahrungseigenschaften sind Qualitäten eines Leistungsbündels, die der Kunde erst nach dem Kauf durch Ge- oder Verbrauch eruieren kann (z.B. Einhaltung von Lieferzeiten). Vertrauenseigenschaften sind Attribute des Leistungsbündels, die auch nach dem Konsum nicht beurteilt werden können (z.B. Recycling des Verpackungsmaterials durch das Logistikunternehmen). Die subjektiven Kaufentscheidungen der Nachfrager hängen immer von Such-, Erfahrungs- und Vertrauenseigenschaften ab[44]. Welche Gruppe jedoch die Kaufentscheidung dominiert hängt von der Art des

40 Vgl. Lehmann (1995), S. 321.
41 Vgl. Nelson (1970), S. 312.
42 Vgl. Nelson (1970), S. 312.
43 Vgl. Darby; Karni (1974), S. 68 f.
44 Vgl. Weiber; Adler (1995), S. 60.

jeweiligen Leistungsbündels ab[45]. Dominieren Erfahrungs- und Vertrauenseigenschaften, ist es für die Vertragsparteien schwierig, das Leistungsbündel zu beschreiben.

Die mangelnde Beschreibbarkeit führt dazu, daß der Kunde kaum in der Lage ist, den *Nutzen des Leistungsbündels zu beurteilen*. Dies ist darauf zurückzuführen, daß der Kunde nicht das geeignete Beurteilungs-Know-how besitzt und/oder die Beurteilung mit einem zu hohem Zeit- und Kostenaufwand verbunden wäre[46]. Wird dagegen von den Konsumenten bzw. durch staatliche Regelungen eine Institution gegründet (z.B. Stiftung Warentest), die dieses Beurteilungs-Know-how besitzt, lassen sich die Kosten und die Zeit für den Einzelnen drastisch reduzieren. Dadurch können Vertrauenseigenschaften zu Sucheigenschaften werden, so daß sich die Transparenz und die Beschreibbarkeit der Leistungsbündel erhöht.

Mit zunehmender Immaterialität steigt das vom Kunden zu tragende Risiko (z.B. Auswahl des falschen Anbieters, fehlende Beurteilungskriterien) und damit das Problem, dieses *Risiko zu beurteilen*. Die Gründe hierfür liegen nicht zuletzt auch in der oben angesprochenen Problematik, den Nutzen zu beurteilen und in den zugrundeliegenden Informationsasymmetrien. Ist das von ihm wahrgenommene Risiko höher als der mögliche Nutzen, unterbleibt die Transaktion.

Mit zunehmender Immaterialität und damit verbundenen Beschreibungs- und Beurteilungsproblemen ist eine Auswahlentscheidung anhand des Leistungsergebnisses nicht mehr möglich. Der Kunde weicht auf Informationssurrogate aus (z.B. Reputation des Unternehmens, Eindruck der Mitarbeiter, Gebäude, Werbung oder Prospekte, Mund-zu-Mund-Propaganda)[47].

Eine weitere zentrale Eigenschaft dienstleistungsorientierter Leistungsbündel ist die Notwendigkeit der **Interaktion zwischen Kunden und Unternehmen**. Im wesentlichen sind hiermit zwei Problemfelder verbunden: die Notwendigkeit der Präsenz des Kunden im Leistungserstellungsprozeß und die Erfordernis eines intensiven Informationsaustausches zwischen Kunden und Unternehmen.

Die Notwendigkeit der *Präsenz des Kunden* erfordert die Überwindung der räumlichen Distanz. Prinzipiell gibt es hierfür drei Möglichkeiten: die Leistungserstellung findet beim Kunden, beim Unternehmen oder über ein virtuelles Treffen statt. Hierfür mitentscheidend ist die Art der auszutauschenden Informationen, die für die Leistungserstellung erforderlichen Handlungen und die zugrundeliegenden Technologien[48].

Während des gesamten Leistungserstellungsprozesses ist häufig ein *intensiver Informationsaustausch* zwischen Kunde und Unternehmen erforderlich[49]. Bei spezifischen und vertrauli-

45 Vgl. hierzu II. 3.
46 Vgl. Weiber; Adler (1995), S. 54.
47 Vgl. Engelhardt et al. (1993), S. 419.
48 Vgl. hierzu auch näher Kapitel IV.2.2.2.
49 Vgl. hierzu Kapitel IV.3.2.2.

chen Informationen ist es dabei wichtig, die Beziehungsebene zu klären, um einen reibungslosen Informationsaustausch zu gewährleisten. Mit zunehmendem Informationsaustausch verstärkt sich der Trend von determinierten zu indeterminierten Leistungsprozessen. Damit werden die Prozesse schwerer abschätzbar, und es kommt für Anbieter und Nachfrager zu höheren Unsicherheiten[50]. Dadurch wird es auch zunehmend schwierig, Möglichkeiten der Standardisierung zu nutzen[51]. Bestensfalls kann es zu einer komplexen Konfiguration von Standardelementen kommen. Für die beteiligten Parteien wird es somit auch immer schwieriger die auszutauschenden Verfügungsrechte vorab zu klären. Um die dabei entstehenden Probleme zu reduzieren ist eine adäquate vertragliche und organisatorische Rahmengestaltung erforderlich[52]. Des weiteren ist ein geeignetes Informationsübertragungsmedium zu entwickeln. Je komplexer und spezifischer der Informationsaustausch ist, desto höhere Anforderungen stellen sich an seine Entwicklung.

Mit der Eigenschaft **fehlende Lager- und Speicherbarkeit** sind folgende Probleme verbunden: ein höherer Abstimmungsbedarf zwischen den Beteiligten, Probleme der Kapazitätsplanung und die Notwendigkeit einer Simultanität zwischen Produktion und Konsum.

Auf Grund der fehlenden Speicher- und Lagerungsmöglichkeiten entstehen große Anforderungen an die Abstimmung zwischen den einzelnen Unternehmensteilen, zwischen Kunden und Unternehmen[53] sowie zwischen Unternehmen und Lieferanten. Dieses Problem des *höheren Abstimmungsbedarfes*, das sicherlich auch durch die übrigen schon genannten Eigenschaften bedingt ist, läßt sich durch geeignete Maßnahmen reduzieren. Hierzu gehören ein geeigneter Informationsaustausch, die richtige Wahl des Standortes sowie die Gewährleistung von Zuverlässigkeit und Qualität der beteiligten Vertragsparteien. Der hier wiederum deutlich werdende prozessuale Charakter von dienstleistungsorientierten Leistungsbündeln verlangt zudem nach entsprechenden organisatorischen Regelungen[54].

Wird eine Leistung, die nicht speicherbar ist, nicht sofort konsumiert, geht sie für immer verloren (z.B. freie Kapazitäten bei Luftfahrtgesellschaften)[55]. Hieraus ergeben sich erhöhte Anforderungen an *Kapazitätsplanung und -abstimmung*. Es ist im dienstleistungsorientierten Bereich häufig nicht möglich, die Kapazität kurzfristig an den Bedarf anzupassen. Vielmehr ist es erforderlich, den Bedarf an die Kapazitäten anzupassen.

Viele Leistungsbündel müssen zur gleichen Zeit produziert und konsumiert werden (z.B. Theateraufführung). Diese *Simultanität zwischen Produktion und Konsum* erfordert im Extremfall die Kundenpräsenz während des gesamten Leistungserstellungsprozesses. Damit ist die Transportfähigkeit der Leistungsbündel nur noch bedingt vorhanden. Hierdurch entstehen

[50] Vgl. Engelhardt et al. (1993), S. 421.
[51] Vgl. u.a. Kleinaltenkamp (1991), S. 84 f., Meyer (1991), S. 199.
[52] Vgl. hierzu Kapitel IV.
[53] Vgl. Engelhardt et al. (1993), S. 419.
[54] Vgl. hierzu Kapitel IV.3.1.
[55] Vgl. hierzu u.a. Sasser et al. (1978), S. 8.

Einschränkungen in der Standortwahl (Spezialisierung an verschiedenen Standorten ist nur bedingt möglich) und zusätzliche Probleme bei der internen Organisation[56].

Große Teile der dienstleistungsorientierten Leistungsbündel bestehen aus **Informationen und Wissen**[57]. Dies führt zu Problemen bei dem Schutz des Wissens, der Übertragbarkeit des Know-hows sowie der Wertermittlung von Informationen.
Informationen neigen zur Diffusion. Im Gegensatz zu materiellen Güter wechseln sie nicht den Besitzer, sondern werden in Kopie weitergegeben[58]. Gerade diese Eigenschaften des Gutes Information erschweren die *Geheimhaltung* von vertraulichen und spezifischen Informationen. Notwendig ist eine vertragliche Absicherung der Verfügungsrechte sowie zusätzliche organisatorische Schutzmechanismen[59].

Für viele Leistungsbündel im dienstleistungsorientierten Bereich wird tazites Wissen benötigt[60]. Tazites Wissen umfaßt Wissensbereiche, die schlecht oder gar nicht verbalisierbar sind, sondern nur durch Erfahrung (learning by doing) erzielt werden können. Beispiel hierfür ist das Erlernen des Radfahrens. Die *Übertragung* derartiger Leistungsteile kann schwierig und langwierig sein, bisweilen sogar unmöglich.

Schwierigkeiten ergeben sich auch bei der *Wertermittlung*[61]. Voraussetzung für die Wertbestimmung ist die Kenntnis der Information oder des Wissens. Hat der Vertragspartner diese Kenntnis, wird er nicht mehr bereit sein, dafür zu zahlen, so daß sich eine Wertermittlung erübrigt. Wird der Wert dennoch ermittelt und die Informationen hierfür offen gelegt, besteht die Gefahr, gleichzeitig das dahinterstehende Wissen preiszugeben. Durch den Aufbau von Vertrauen in die Informationsquelle als Bewertungssubstitut läßt sich dieses Bewertungsproblem reduzieren. Eine weitere Möglichkeit bietet sich durch die Zwischenschaltung eines Maklers an.

Abb. 3 faßt die einzelnen Eigenschaften, hieraus entstehenden Problemfelder und potentielle Lösungsansätze überblicksartig zusammen.

[56] Vgl. hierzu Kapitel IV.3.2.
[57] Mills et al. (1983), S. 119.
[58] Vgl. Picot; Franck (1988), S. 545
[59] Vgl hierzu Kapitel IV.
[60] Vgl. Polanyi (1964).
[61] Vgl. Arrow (1971), S. 152.

| Eigenschaft | Problemfeld | Lösungsansatz |
|---|---|---|
| Immaterialität | • schlechte Beschreibbarkeit<br>• schlechte Beurteilung von Nutzen und Risiko | • Institutionalisiertes Beurteilungs-Know-how<br>• Informationssurrogate<br>• Abbau von Informationsasymmetrien |
| Interaktion zwischen Kunde und Unternehmen | • Kundenpräsenz<br>• intensiver Informationsaustausch | • Aufbau und Pflege der Beziehungsebene<br>• adäquate räumliche Kundeneinbindung<br>• vertragliche und organisatorische Rahmengestaltung<br>• geeignete Informationsübertragungsmedium |
| fehlende Lager- und Speicherbarkeit | • höherer Abstimmungsbedarf<br>• Kapazitätsplanung<br>• Simultanität zwischen Produktion und Konsum | • interne organisatorische Regelungen (z.B. Prozeßorganisation)<br>• Standortwahl<br>• Anpassung Bedarf an Kapazität |
| Information und Wissen | • Schutz des Wissens<br>• Übertragbarkeit<br>• Wertermittlung | • vertragliche Absicherung der Verfügungsrechte<br>• organisatorische Schutzmechanismen<br>• Zwischenschaltung Makler<br>• Vertrauensaufbau |

**Abb. 3: Zusammenhang zwischen Eigenschaften, Problemfeldern und potentiellen Lösungsansätzen**

Die hier dargestellten Eigenschaften mit der dazugehörigen Problematik drücken sich bei den verschiedenen dienstleistungsorientierten Unternehmen unterschiedlich aus. Um die Organisationen den Unterschieden entsprechend auszurichten, müssen im folgenden die dienstleistungsorientierten Unternehmen weiter differenziert werden.

# 3. Typologisierung von dienstleistungsorientierten Unternehmen

Für die Typologisierung wird das Kriterium hohe Interaktion im Leistungserstellungsprozeß dadurch verfeinert, daß nach der Art der Interaktionen unterschieden wird. So reicht das Spektrum von einfachen und standardisierten Interaktionen mit geringen Eingriffstiefen bis hin zu komplexen und spezifischen Interaktionen mit hohen Eingriffstiefen.
Das Charakteristikum der hohen Immaterialität im Leistungsergebnis wird durch die Untergliederung nach ihren Eigenschaften (Such-, Erfahrungs- und Vertrauenseigenschaften) verfeinert[62].
Bei einer nach diesen Kriterien vorgenommenen Einordnung lassen sich beispielhaft drei Typen dienstleistungsorientierter Leistungsbündel unterscheiden (vgl. Abbildung 4):

1. das industriell-dienstleistungsorientierte,
2. das kreativ-dienstleistungsorientierte,
3. das vertrauens-dienstleistungsorientierte
   Leistungsbündel[63].

[62] Vgl. Zeithaml (1981), S. 186 f.
[63] Eine ähnliche Typologie mit einer anderen Herleitung entwickelten Mills; Margulies (1980).

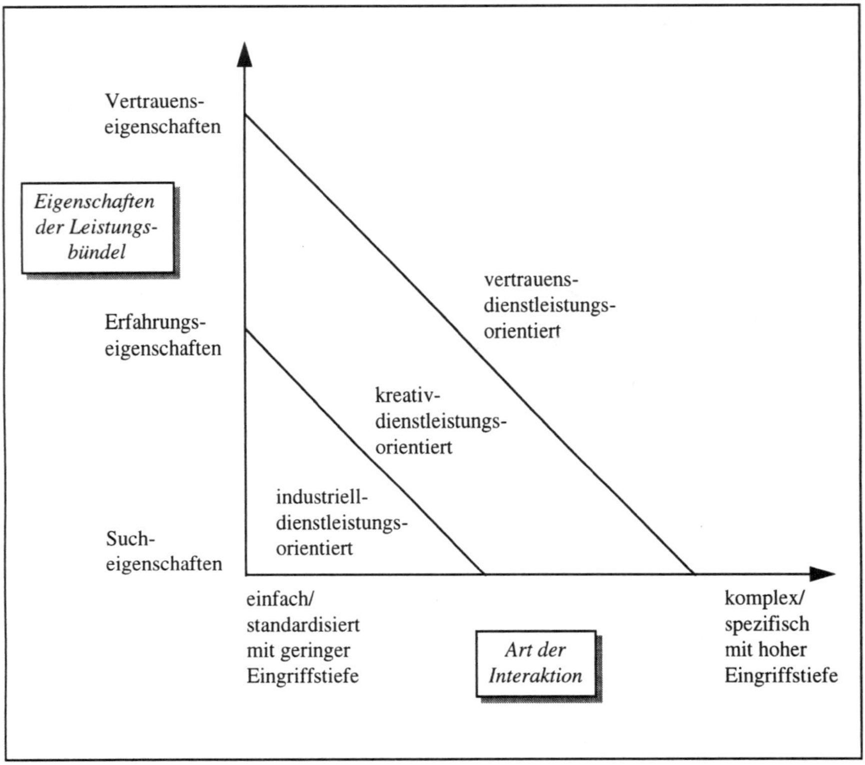


**Abb. 4: Typologie der dienstleistungsorientierten Leistungsbündel.**

### 3.1 Industriell-dienstleistungsorientierte Leistungsbündel

Bei industriell-dienstleistungsorientierten Leistungsbündeln kennt der Kunde seine zu lösenden Probleme und auch die Art und Weise der Problemlösung. Engelhardt und Schwab bezeichnen dies auch als Evidenz des Nachfragers[64]. Die Aufgabe wird jedoch von fremden Unternehmen durchgeführt, da die Leistungen standardisiert sind und von vielen Unternehmen bzw. Personen benötigt werden. Durch die Möglichkeit der Nutzung von economies of scale können spezialisierte Unternehmen diese Tätigkeiten kostengünstiger anbieten. Insbesondere dann, wenn sie ihr Leistungspotential vielfach einsetzen können und dadurch eine technische Unterstützung bzw. Substitution von Leistungsprozessen erst sinnvoll wird.

[64] Vgl. Engelhardt; Schwab (1982), S. 506.

Ein Beispiel aus der Montanindustrie soll dies kurz verdeutlichen. In der Montanindustrie war es üblich, nach dem Erkalten des Stahls in der Rinne, die vom Hochofen zur Weiterverarbeitung führt, diese abzureißen und eine neue Rinne aufzubauen. Eine Säuberung der Rinne war auf Grund der hohen Personalkosten unwirtschaftlich. Ein spezialisiertes Unternehmen entwickelte in Zusammenarbeit mit der Montanindustrie eine Rinnenausschälmaschine und bedient damit heute große Teile der Montanindustrie. So konnten mit diesem Leistungsbündel Kosten, Zeit und Ressourcen in erheblichen Umfang eingespart werden.
Die Interaktionen mit dem Kunden sind einfach und standardisiert und dienen vor allem der Auftragsannahme und der Koordination (z.B. Terminabstimmung). Der Leistungserstellungsprozeß läuft häufig ohne Mitwirkung des Kunden ab. Zentrale Probleme des Anbieters sind weniger die Produktion als vielmehr die Logistik[65]. Eine Schlüsselrolle im Leistungserstellungsprozeß nimmt hierbei das "Back-Office"[66] ein, d.h. wettbewerbsentscheidend ist weniger die Arbeit beim bzw. mit dem Kunden, sondern die Arbeiten der Vorbereitung, Steuerung und Verarbeitung in den zentralen Bereichen (z.B. Entwicklung, Logistik).
Die subjektiven Kaufentscheidungen der Nachfrager werden dominiert von Sucheigenschaften (z.B. verwendetes Material), teilweise werden die Entscheidungen auch von Erfahrungseigenschaften (z.B. Zuverlässigkeit des Unternehmens) gestützt. Die Informationssuche und die Erzielung von Erfahrungen sind nicht kostenlos. Demgegenüber stehen, bedingt durch die Standardisierung der Leistungsbündel, nur geringe Unterschiede zwischen den Anbietern. Bei einem Wechsel von einem Anbieter zum anderen, steht somit den Informations- und Wechselkosten meistens nur ein geringer Nutzenzuwachs gegenüber. Hieraus resultieren häufig langfristige Vertragsbeziehungen in diesem Bereich.
Die einfachen und standardisierten Interaktionen, der hohe Standardisierungsgrad sowie die relativ langfristige Vertragsbindung zwischen Kunden und Anbieter erhöhen die Planungssicherheit[67] und reduzieren die Unsicherheit für das Unternehmen. Durch die Nutzung von economies of scale sind in diesem Bereich häufig größere Unternehmen anzutreffen. Konkrete Beispiele sind Beförderungs- und Reinigungsunternehmen.

## 3.2 Kreativ-dienstleistungsorientierte Leistungsbündel

Bei kreativ-dienstleistungsorientierten Leistungsbündeln kennt der Nachfrager seine Probleme, jedoch nicht oder nur bedingt die Problemlösung[68]. Das dienstleistungsorientierte Unternehmen unterstützt den Kunden bei der kreativen Findung der für ihn effizienten Problemlösung und bei deren Durchführung. Hierfür sind intensive Interaktionen nötig, die in ihrer Eingriffs-tiefe die Interaktionen des industriell-dienstleistungsorientierten Bereichs übertreffen. Die Interaktionen sind besonders in der Problemlösungsphase komplex und spezifisch. Der Vertrag zwischen Kunden und Anbieter kann deshalb nur bedingt spezifiziert werden.
Im Leistungserstellungsprozeß spielen neben den in der Interaktion mit den Kunden erbrachten Leistungen auch die Leistungen eine Rolle, die in vor- oder nachgelagerten Abteilungen

65 Vgl. Mills (1986), S. 27.
66 Chase; Tansik (1983), S. 1042.
67 Vgl. Mills; Margulis (1980), S. 263.
68 Vgl. Mills; Margulis (1980), S. 263.

des dienstleistungsorientierten Unternehmens erbracht werden (z.B. Erstellung von Gutachten oder Berechnungen)[69].

Das spezialisierte Unternehmen kann seinen Kunden Vorteile durch die größere Erfahrung und eine stärkere Spezialisierung der Mitarbeiter auch in Bezug auf Aus- und Weiterbildung bieten. Mit Hilfe der Modularisierung versuchen die Unternehmen trotz der individuellen Problemlösungen economies of scale und scope zu nutzen. Die Problemlösung wird häufig teamorientiert durchgeführt. Beispielhaft sei hier eine Unternehmung der Umweltberatung genannt. Auf bestimmte Bereiche im Umweltberatungsbereich spezialisierte Teams beraten Unternehmen bzw. Privatpersonen bei ihren umweltspezifischen Problemen. Dabei greifen sie auf unternehmenseigene Ressourcen zurück, die von den unterschiedlichen Teams genutzt werden (z.B. Labortechnik, Mess- und Entnahmetechnik, Konstruktionsabteilung).

Das Leistungsbündel im kreativ-dienstleistungsorientierten Bereich wird grundsätzlich von Erfahrungseigenschaften dominiert. Auf Grund der intensiven und spezifischen Interaktionen mit zum Teil hoher Eingriffstiefe und der häufig sehr dynamischen Unternehmensumwelt besitzen die Anbieter nur eine geringe Planungssicherheit und sind großer Unsicherheit ausgesetzt. Die Verträge werden nur unvollkommen formuliert, dabei stehen die Rahmenfaktoren und Beziehungsaspekte im Vordergrund. Die Unternehmensgröße ist unter anderem aus diesen Gründen überwiegend mittelständisch strukturiert.

Werbeagenturen, Ingenieurbüros und Beratungsunternehmen sind Beispiele für kreativ-dienstleistungsorientierte Unternehmen.

### 3.3 Vertrauens-dienstleistungsorientierte Leistungsbündel

Vertrauens-dienstleistungsorientierte Leistungsbündel liegen immer dann vor, wenn beim potentiellen Kunden keine oder eine nur geringe Problemevidenz vorliegt. Der Kunde ist sich zum Teil nicht bewußt, daß er ein Problem hat bzw. um welche Art von Problemen es sich handelt. Auch bei der Problemlösung bestehen große Wissensdifferenzen zwischen Kunden und anbietendem Unternehmen. Hierzu halten Mills und Margulis fest:"...the client is dependent on the employee, resulting in a perceived power disparity, with the client viewed in the subservient state."[70] Das Unternehmen muß den Kunden zuerst darüber informieren, welche Probleme er hat und unterstützt ihn dann bei der Findung und Durchführung der Problemlösung.

Im Mittelpunkt des Leistungsaustausches steht die Problematik, daß das Leistungsbündel aufgrund des hohen immateriellen Anteils im Leistungsoutputs von Vertrauenseigenschaften dominiert wird. Die Nachfrager sind sowohl vor dem Kauf wie nach dem Kauf nicht in der Lage die entscheidungsrelevanten Attribute zu beurteilen. Der Nachfrager wird somit auf Vertrauen als Beurteilungssubstitut zurückgreifen. Damit ist es für das Unternehmen sehr wichtig Vertrauen beim Nachfrager zu generieren. Dies kann einerseits durch Informationssubstitute (z.B. Gütesiegel, Qualitätsstandards) andererseits durch Mund-zu-Mund Propaganda oder durch persönliche Beziehungen zwischen Kunden und Unternehmensmitarbeitern geschaffen werden. Die Erzielung von Vertrauen durch persönliche Gespräche ist dann be-

[69] Vgl. Klaus (1984), S. 471.

[70] Mills; Margulis (1980), S. 264.

sonders wichtig, wenn die Leistungserstellung hauptsächlich innerhalb dieser Beziehung stattfindet (z.B. Psychologe). Dabei kommt es zu komplexen, spezifischen und häufigen Interaktionen mit hoher Eingriffstiefe. Die Interaktionen werden häufig dadurch erschwert, daß sich die Vertragsparteien auf unterschiedlichen Kommunikationsebenen bewegen (z.B. Arzt und Patient).

Auch wenn die Leistungserstellung durch ein Team auf seiten des Unternehmens erfolgt, wird der Kunde in diesem Team eine Bezugsperson haben[71]. Die Aufgabe dieser Person ist es, die Informations- und Kommunikationsbarrieren zu reduzieren und eine Vertrauensbeziehung zum Kunden aufzubauen. Zusätzlich sollte sie die in dieser Beziehung erworbenen Informationen, soweit sie für die Leistungserstellung notwendig sind, an die korrespondierenden Unternehmensmitglieder weitergeben (z.B. persönliche Präferenzen des Kunden). Das Standardisierungspotential ist gering, da nicht nur jede Kundenbeziehung individuelle Lösungen verlangt, sondern durch jede Interaktion kann die vorgesehene Problemlösung revidiert werden und es müssen dann neue Problemlösungsansätze gefunden werden[72]. Als Beispiel sei hier der Fall einer nötig gewordenen Operation, z.B. eines Herzkranzgefäßes, zu erwähnen. Durch die vor der Operation durchgeführten Kernspintomographie wird festgestellt, daß eine Operation unmöglich ist. Die Operationslösung wird verworfen. Es muß nach neuen Lösungswegen gesucht werden, z.B. Lüsierung.

Der Vertrag kann deshalb ex ante nicht vollständig spezifiziert werden. Vertraglich wird nur der Rahmen abgesteckt, in dem die Leistungserstellung erfolgen soll.

Die Mitarbeiter benötigen neben einer hohen Berufsausbildung eine kontinuierliche Weiterbildung, sowie die Fähigkeit, mit Menschen umzugehen und zu kommunizieren[73].

Auf Grund der stark auf den persönlichen Bezug zugeschnittenen Leistungserstellung und der zentralen Bedeutung der Know-how Träger sind in diesem Bereich nur kleinere Unternehmen bzw. kleine Unternehmenseinheiten mit hohen Autonomiegraden vorzufinden. So schreiben Mills et al.:"... the operating units are loosely coupeled to each other and function as essentially minifirms."[74]

Unternehmen in diesem Bereich wirken auf den Kunden im emotionalen und intellektuellen Bereich ein (z.B. Psychotherapie, persönliche Rechts- und Steuerberatung) und/oder wirken physisch auf den Klienten ein (z.B. Unternehmen im Gesundheitswesen)[75].

Zusammenfassend sollen die wichtigsten Charakteristika der drei Typen dienstleistungsorientierter Leistungsbündel in einer Tabelle dargestellt werden (Vgl. Abb. 5).

---

71 Biehal bezeichnet diese Bezugsperson als Kundenmanager. Vgl. hierzu Biehal (1994), S. 50.
72 Vgl. Mills et al. (1983), S. 121.
73 Vgl. Heskett et al. (1991), S.261.
74 Mills et al. (1983), S. 127.
75 Vgl. Klaus (1984), S. 471.

| Arten dienstleistungsorientierter Leistungsbündel / Charakteristik | Industriell-dienstleistungsorientierte Leistungsbündel | Kreativ-dienstleistungsorientierte Leistungsbündel | Vertrauens-dienstleistungsorientierte Leistungsbündel |
|---|---|---|---|
| **Wissensstand der Kunden** | Kunde kennt Problem und Problemlösung | Kunde kennt Problem, hat aber Schwierigkeiten bei der Problemlösung | Kunde kennt weder Problem noch Problemlösung |
| **Dominierende Kriterien im Leistungsbündel** | Sucheigenschaften | Erfahrungseigenschaften | Vertrauenseigenschaften |
| **Eigenschaften des Leistungsbündels** | hoher Standardisierungsgrad | Modulare Standardisierung mit kndenspezifischen Anpassungen | hohe Kundenspezifität |
| **Wichtigste Ressource für das Leistungsbündel** | technische Komponenten mit ausführender Tätigkeit | Humankapital in Verbindung mit technischen Komponenten | Humankapital |
| **Art der Kommunikationsbeziehung** | einfach und standardisiert | in der Problemanalyse: spezifisch und komplex in übrigen Phasen: selten und einfach | spezifisch und komplex |
| **Zentrales Problem** | verbesserte Logistik | Ideenfindung | Vertrauensgenerierung |
| **Vertragsdauer und Arten** | Rahmenverträge | langfristige relationale Verträge | langfristige relationale Verträge |
| **Typische Beispiele** | Logistikunternehmen<br>Standardisierte Bankleistungen<br>Reinigungsunternehmen | Werbebranche<br>Ingenieurbüros<br>Architekturbüros | Psychologe<br>Arzt<br>persönliche Rechtsberatung |

**Abb. 5: Typologie der dienstleistungsorientierten Leistungsbündel mit den wichtigsten Charakteristika.**

## III. Theoretische Grundlagen zur Organisation dienstleistungsorientierter Unternehmen

In diesem Abschnitt werden die zentralen theoretischen Grundlagen dieser Arbeit vorgestellt. Das **Konzept der Kernkompetenzen** stammt aus dem industriellen Bereich und wird in dieser Arbeit für den dienstleistungsorientierten Bereich weiterentwickelt (III.1.). Es soll dem Manager die Fähigkeiten aufzeigen, die für den Unternehmenserfolg von zentraler Bedeutung sind, um damit zu einer auf diesen Kernkompetenzen beruhenden strategischen Ausrichtung des Unternehmens zu führen.
Als organisationstheoretische Ansätze werden neben dem **Konzept der Prozeßorganisation** (III.2.1.) **Ansätze der neuen Institutionenökonomik** (III.2.2.) vorgestellt. Die Auswahl dieser Grundlagen erfolgt vor allem auf Grund der Charakteristika der dienstleistungsorientierten Leistungsbündel.
Die Prozeßorganisation entspricht am ehesten dem prozessualen Charakter der dienstleistungsorientierten Unternehmen. Aufgrund der zentralen Bedeutung des Informationsaspektes bei der neuen Institutionenökonomik bietet sich diese Theorie bei der Anwendung auf den informationsintensiven dienstleistungsorientierten Bereich an.

### 1. Das Konzept der Kernkompetenzen

Auf Grund der hohen Dynamik und Internationalisierung auch vieler Bereiche der dienstleistungsorientierten Unternehmen hat eine strategische Ausrichtung nach Geschäftsgebieten nur geringe Erfolgschancen. Es besteht die Gefahr der schnellen Veralterung. Vielmehr kommt es heute darauf an, Fähigkeiten zu erwerben, zu bündeln und in verschiedenen Kombinationen zu marktorientierten Leistungsbündeln zu transformieren. Die Unternehmen werden am erfolgsreichsten sein, denen es gelingt, das unternehmensinterne Potential effektiv, effizient und kundenorientiert zu nutzen. Bekannt geworden ist diese strategische Ausrichtung unter dem Begriff der Kernkompetenzen. Hierunter sind alle Fähigkeiten[76] einer Organisation zu subsumieren, die sie im Vergleich zu den Wettbewerbern besser beherrscht[77]. Zusätzlich sollten diese Fähigkeiten als Vorteil vom Kunden im Endprodukt wahrgenommen werden und in verschiedenen Märkten zur Anwendung kommen[78]. Damit lassen sich Synergieeffekte besser nutzen. Prahalad und Hamel verwenden bei der Erklärung der Kernkompetenzen das Bild des Baumes als Erklärungsobjekt[79]. Die Wurzeln des Baumes stellen die Kernkompetenzen dar. Aus diesen Kernkompetenzen werden Kernprodukte entwickelt, die den Stamm des Baumes darstellen und für mehrere Bereiche bzw. Märkte verwendet werden können. Die Bereiche bzw. Märkte werden durch die Äste des Baumes symbolisiert. Die Endprodukte, in denen sowohl die Kernkompetenz wie die Kernprodukte stecken, werden durch die Blätter bzw. Blüten des Baumes dargestellt.

[76] Hierzu zählen technische, technologische, vertriebliche, organisatorische und humankapitalspezifische Fähigkeiten einer Unternehmung.
[77] Vgl. Strautmann (1993), S. 31 f.
[78] Vgl. Prahalad; Hamel (1990), S. 83 f.
[79] Vgl. Prahalad; Hamel (1990), S. 82.

Eine derartige Ausrichtung eines Unternehmens verlangt eine weit vorausschauende Planung und große Marktnähe. Nicht Produkte, sondern Fähigkeiten stehen im Mittelpunkt der Unternehmung. Es liegt nahe, daß diese Ausrichtung besonders im dienstleistungsorientierten Bereich ein größeres Potential erschließt. Die Unternehmenspolitik darf sich nur auf die Märkte ausrichten, für die die notwendigen Fähigkeiten im Unternehmen bereits vorhanden sind oder erarbeitet werden können. Ist die Erzielung dieser Kernkompetenzen im eigenen Unternehmen nur langwierig und kostenintensiv möglich, stellt sich die Frage, ob sie sich im Rahmen von Kooperationen erwerben lassen[80]. Unabhängig davon ist jedoch darauf zu achten, daß die strategisch wichtigen Kernkompetenzen immer im eigenen Unternehmen vorhanden sind oder aufgebaut werden müssen. Ist dies nicht der Fall, so ist aus strategischen Gründen ein Markteintritt zu unterlassen. Ebenso ist ein Markt dann zu verlassen, wenn es nicht möglich ist, benötigte Kernkompetenzen in angemessener Zeit wirtschaftlich zu erzielen. Auch für die Frage der optimalen Fertigungstiefe ergeben sich hieraus neue Implikationen[81].

Die bisher verwendete Terminologie war stark sachleistungsorientiert, da dieser Ansatz hauptsächlich im sachleistungsorientierten Bereich entwickelt wurde. Seine Bedeutung ist auch für den dienstleistungsorientierten Bereich groß, eine Weiterentwicklung ist jedoch notwendig. Während Kernkompetenzen sehr wohl Grundlage für Produkte wie auch Leistungen sein können, ist der Schritt von den Kernkompetenzen zu den Kernprodukten für den dienstleistungsorientierten Bereich zu differenzieren. So gibt es dienstleistungsorientierte Unternehmen, deren Leistungsbündel stark durch Kernprodukte geprägt werden. Als Beispiel sei hier ein Unternehmen der Waschhygiene genannt. In der eigenen Entwicklungsabteilung werden mit Hilfe von Kernkompetenzen (z.B. mechanisches Know-how) Kernprodukte (z.B. ausfallsichere und wartungsarme Fördermechanismen) entwickelt, die später in unterschiedliche Endprodukte (z.B. Handtuchspender, Toilettenbrille) integriert werden. Durch diese Kernprodukte gelingt es, die Ausfallzeiten der Geräte und den Wartungsaufwand zu reduzieren und damit den Leistungsprozeß im Verhältnis zum Wettbewerb wesentlich effizienter zu gestalten.

Stalk et al. haben wohl als erste eine entsprechende Erweiterung der Konzeption der Kernkompetenzen unternommen, indem sie nicht mehr von Kernkompetenzen, sondern von Leistungspotentialen sprechen[82]. Diese Strategie beruht nicht auf Märkten und Produkten, sondern auf Geschäftsabläufen[83]. Während es sich bei der Erweiterung des Begriffs der Leistungspotentiale nur um eine Umschreibung des Begriffs der Kernkompetenzen handelt, ist die Konzentration auf Geschäftsabläufe auch für die hier zu entwickelnde Theorie von Bedeutung.

In den meisten dienstleistungsorientierten Unternehmen werden die Kernkompetenzen stärker für die Kerngeschäftsabläufe als für Kernprodukte benötigt. Auch hier besteht ein Kontinuum. Während im industriell-dienstleistungsorientierten Bereich der Schwerpunkt bei den Kernpro-

---

80 Vgl. Strautmann (1993), S. 84.
81 Vgl. hierzu auch Kapitel IV. 2.
82 Vgl. Stalk et al. (1993), S. 59.
83 Vgl. Stalk et al. (1993), S. 64.

dukten liegt, stehen bei den kreativ-dienstleistungsorientierten Leistungsbündeln das Know-how der Mitarbeiter und die problemadäquate Umsetzung als Kernkompetenzen im Mittelpunkt. Dagegen basiert der Erfolg im vertrauens-dienstleistungsorientierten Sektor hauptsächlich auf den Kerngeschäftsabläufen.

Gerade im dienstleistungsorientierten Bereich ist es daher wichtig, die Kernkompetenzen in den Bereichen des Leistungserstellungsprozesses (Kernwertschöpfung) aufzubauen, die eine kunden- und marktorientierte Prozeßabwicklung gewährleisten[84]. Dabei muß sehr selektiv vorgegangen werden, da der Aufbau von Kernkompetenzen schwierig und kostenintensiv ist und die beschränkten Ressourcen auf nur wenige erfolgversprechende Kernkompetenzen konzentriert werden sollten. Wichtig ist zudem, daß die Kernkompetenzen die Gesamtstrategie des Unternehmens unterstützen[85].

Chase und Hayes gehen davon aus, daß die Leistungsbündel der Unternehmen aus Kernleistungen, Zusatzleistungen und Ergänzungsleistungen bestehen[86]. Dabei sollen unter Kernleistung die Leistungsteile verstanden werden, die für die Konzeption der Leistungserstellung von zentraler Bedeutung sind und deren Verwirklichung höchste Priorität für die Kunden besitzt. Zusatzleistungen erleichtern den Kunden den Konsum der Kernleistungen, in einigen Fällen ermöglichen sie auch erst die sinnvolle Nutzung der Kernleistungen (z.B. Schulung beim Kauf komplexer Softwarelösungen). In diesem Fall erhalten sie den Charakter von "cospecified assets"[87]. Hierunter wird verstanden, daß eine erfolgreiche Vermarktung nur in der angebo-tenen Kombination möglich ist. Die Ergänzungsleistungen sind additive Leistungen, die das Leistungsbündel abrunden, aber nicht kaufentscheidend sind (z.B. Kinovorführung bei einem Langstreckenflug).
Kernkompetenzen sollten deshalb hauptsächlich im Bereich der Kernleistungen aufgebaut werden. Haben Zusatzleistungen den Charakter von „cospecified assets", ist auch hier der Aufbau von Kernkompetenzen notwendig.
Die Entwicklung der Kernkompetenzen bei den Kernleistungen muß so erfolgen, daß sie sich ergänzen und den oben angesprochenen Leistungserstellungsprozeß durchgängig und kundenorientiert gestalten[88].

Als Beispiel sei hier das Unternehmen Wal-Mart genannt, ein sehr erfolgreiches US-amerikanisches Handelsunternehmen[89]. Seine Kernwertschöpfung beruht auf der Logistik, so daß die Kernkompetenzen auch im logistischen Bereich angesiedelt sein müssen. Wal-Mart besitzt ein ausgeklügeltes satellitengestütztes Logistiksystem, das es dem Unternehmen erlaubt, wesentlich geringere Lagerhaltungskosten als die Wettbewerber zu haben. Zu der Konzeption gehören auch spezielle Verladeeinrichtungen, die ein schnelles und kostengünstiges Umladen ermöglichen sowie ein eigener Fuhrpark (ca. 6500 LKWs). Nur durch diese abge-

84 Vgl. Picot (1991a), S. 9.
85 Vgl. Irvin; Michaels (1989), S. 11.
86 Vgl. Chase; Hayes (1991), S. 16 ff.
87 Vgl. Teece (1987), S. 71.
88 Vgl. Schoemacker (1992), S. 75.
89 Vgl. Irvin; Micheals (1989), S. 6 f.

stimmte Kombination der einzelnen Kerngeschäftsabläufe wird eine durchgängige Konzeption ermöglicht, die im Endeffekt den Kunden ein kostengünstiges und auf ihre Bedürfnisse zugeschnittenes Leistungsangebot bietet.

Zusammenfassend ist somit als wichtig zu betonen, daß ein dienstleistungsorientiertes Unternehmen zur Befriedigung der Bedürfnisstrukturen seiner Kunden bestimmte Strategien wählen muß. Diese Strategien sind nur erfolgversprechend, wenn sie durch komplementäre Kernkompetenzen gestützt werden. In einem Unternehmen bestehende Kernkompetenzen beschränken andererseits die Wahl der Strategien. Ein erfolgreiches Unternehmen muß deshalb immer seine Kernkompetenzen und seine Strategie in ihrem Zusammenspiel auf die Bedürfnisstrukturen seiner Kunden ausrichten (Vgl. Abb.6).

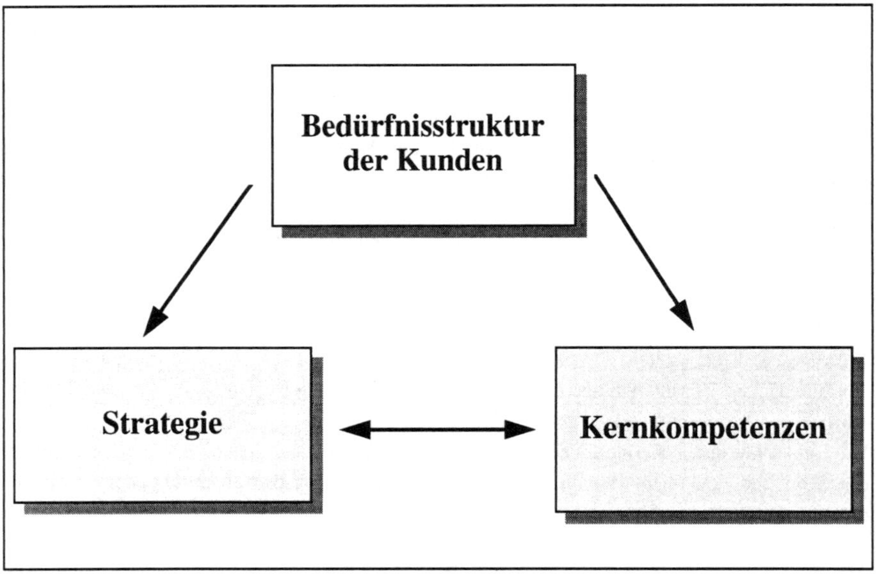


**Abb. 6: Komplementarität von Strategie und Kernkompetenzen unter Berücksichtigung der Bedürfnisstruktur der Kunden.**

# 2. Organisationstheoretische Grundlagen

## 2.1 Prozeßorganisation

Die Idee der Prozeßorganisation wird insbesondere aus zwei Gründen als Teil der theoretischen Grundlagen dieser Arbeit gewählt. Zum einen ist dieser Ansatz kundenorientiert und unterstreicht damit eine zentrale Aussage dieser Arbeit. Zum anderen besteht bei den dienstleistungsorientierten Leistungsbündeln eine hohe Interaktion zwischen Kunden und Unternehmen schon vor und auch während des Leistungserstellungsprozesses. Somit bekommt der Leistungserstellungs***prozeß*** neben dem Leistungs***ergebnis*** bei den dienstleistungsorientierten Leistungsbündeln eine nicht zu unterschätzende Bedeutung.

Die Prozeßorganisation ist sicherlich kein ganz neuer Ansatz[90], doch hat die Idee eine Renaissance erlebt und neue Denkanstöße erfahren[91]. In der Literatur fällt in diesem Zusammenhang häufig der Begriff Reengineering[92].
Der zentrale Punkt der Prozeßorganisation ist der Begriff des Prozesses. Schon bei der Definition dieses zentralen Begriffes bestehen bei den Autoren Divergenzen. So schränken einige Autoren[93] ihre Sichtweise auf gut strukturierte oder strukturierbare Prozeßketten ein. Da ein solches Vorgehen viele dienstleistungsorientierte Prozeßketten ausschließen würde, folgt die vorliegende Arbeit dieser Auffassung nicht. Vielmehr wird hier die Auffassung vertreten, daß gerade bei schlecht strukturierten Tätigkeiten die Anwendung des Prozeßgedankens einen wesentlichen Fortschritt gegenüber herkömmlichen Ansätzen darstellt[94].
Offen ist auch die Frage, durch wieviele Prozesse das Unternehmensgeschehen dargestellt werden soll. Die Auffassung geht von einer sehr geringen Anzahl- etwa zwei bis vier auch Core Processes genannt[95]- bis zu Prozeßaufteilungen, die über 100 Prozesse vorsehen[96]. Hierzu ist zu sagen, daß es sicherlich je nach Aufgabentyp und strategischer Ausrichtung unterschiedliche Kernprozesse gibt, denen das Unternehmen ganz besondere Aufmerksamkeit widmen sollte. Neben den primären Prozessen, die direkt in das Leistungsbündel einfließen, gibt es sekundäre und tertiäre Prozesse[97]. Dabei handelt es sich bei sekundären Prozessen um Tätigkeiten, die nicht direkt dem Leistungsbündel zugute kommen, während tertiäre Prozesse alle Managementprozesse umschließen. Dabei sind die primären Prozesse Kunden der sekundären Prozesse. Diese müssen auf die Bedürfnisse der primären Prozesse ausgerichtet werden. Als weiteres Element der Prozeßorientierung wird hier die unternehmensinterne marktwirtschaftliche Ausrichtung deutlich.

In dieser Arbeit wird unter dem Begriff Prozeß jede Aneinanderreihung von miteinander ver-

---

90 Vgl. hierzu Gaitanides (1983), S. 5 ff.
91 Vgl. u.a. Davenport (1993), Kaplan; Murdock (1991) und Harrington (1991).
92 Vgl. hierzu u.a. Hammer; Champy (1994).
93 Vgl. Davenport (1993), S. 5, Fischer (1993), S. 313.
94 Vgl. Picot; Franck (1995), S. 14.
95 Vgl. Kaplan; Murdock (1991), S. 28.
96 Vgl. Davenport (1993), S. 28.
97 Vgl. Biehal (1994), S. 29.

bundenen Tätigkeiten, auch von unstrukturierten Tätigkeiten, verstanden werden, die mit Hilfe von Inputs Ergebnisse hervorbringen, die den Kundennutzen erhöhen. Die Verbindung innerhalb der Prozeßkette wird durch "...a set of interrelated activities, decisions, information, and material flows,..."[98] erzielt.

Durch die Prozeßorganisation wurde auch das Verhältnis von Aufbau- zu Ablauforganisation neu geprägt. Während die Aufbauorganisation die Organisation als Bestandsphänomen begreift, stellt die Ablauforganisation den zeitlich-dynamischen Aspekt der Tätigkeitsabfolgen in den Vordergrund[99]. Unter anderem durch die Arbeiten von Kosiol[100] kam es zu einer Vernachlässigung der ablauforganisatorischen Aspekte. Bei der Aufgabenanalyse und -synthese standen die Fragen der Aufbauorganisation im Vordergrund. Die Ablauforganisation konnte dann nur noch den Spielraum nutzen, der ihr durch die Rahmenbedingungen der Aufbauorganisation vorgegeben wurde. Gerade hier setzt die Kritik der Prozeßorganisation an, denn nicht die Organisation als Bestandsphänomen, sondern die marktbezogene Organisation von Tätigkeiten und Abläufen muß in den Vordergrund gerückt werden[101].

Somit beginnen die Phasenschemata der Prozeßorganisation bei der Prozeßanalyse und der Analyse der Rahmenfaktoren. Es stellt sich die Frage, welche Prozesse zu organisieren sind und wie hierfür die Rahmenbedingungen gestaltet werden sollen. Das Organisationsobjekt kann mit Hilfe von Zielen (z.B. Erfüllung der Bedürfnisse der Kunden) oder durch Problemstellungen (z.B. Probleme der Kunden) abgegrenzt werden[102]. Durch eine Untergliederung der Ziele bzw. der Probleme in Unterziele bzw. Unterprobleme ergeben sich die durchzuführenden Tätigkeiten. In die Gestaltung sind die Faktoren einzubeziehen, die die Tätigkeiten beeinflussen und verändern können. Dabei spielen die Informations- und Kommunikationstechnik sowie die Automatisierungstechnik als "Ermöglicher" neuer visionärer Prozeßgestaltungen tragende Rollen[103]. So können durch die technische Unterstützung Aufgaben, die früher arbeitsteilig erfüllt werden mußten, nunmehr ganzheitlich erfüllt werden.

In einem weiteren Schritt ist nun zu überprüfen, inwieweit die einzelnen Tätigkeiten in einem Gesamtprozeß oder in Teilprozesse gegliedert werden sollten. Je höher die Koordinationskosten zwischen den Tätigkeiten sind und je geringer die Spezialisierungseffekte durch eine Prozeßtrennung sind, desto stärker sollten diese Tätigkeiten in gemeinsame Hauptprozesse geclustert werden. Dabei ist bei dienstleistungsorientierten Unternehmen zu beachten, daß gerade die Hauptprozesse mit Kundenbeteiligung besonders sorgfältiger Planung bedürfen.

Sind die Hauptprozesse strukturiert, folgt als weiterer Schritt die Verteilung auf spezialisierte Unternehmen bzw. bei dienstleistungsorientierten Unternehmen auch auf den Kunden. Bei dieser Verteilung können nicht nur abgeschlossene Prozesse einem spezialisierten Unterneh-

98 Kaplan; Murdock (1991), S. 28.
99 Vgl. Picot (1993c), S. 105.
100 Vgl. Kosiol (1962).
101 Vgl. hierzu Gaitanides (1983), S. 61f.
102 Vgl. Gaitanides (1983), S. 65 ff.
103 Vgl. Davenport (1993), S. 37 ff.

men oder auch dem Kunden selbst übertragen werden, sondern auch Teilbereiche übergreifender Prozesse, dabei ist jedoch auf gut strukturierte Schnittstellen zu achten[104]. Durch die vorausgegangene Gesamtkonzeptionierung der Prozesse können somit Prozeßbrüche vermieden werden und eine bessere Abstimmung erzielt werden. Davenport schreibt zu diesem Aspekt: "This change to a more "networked" view of processes is already beginning to have important consequences for day to day management and organization."[105]
Sind die Prozesse auf die Partner verteilt, beginnt die Feinplanung der Prozeßstrukturen. Dabei geht es um die Frage der Prozeß- oder Funktionspriorisierung. Abb. 7 zeigt die diesbezüglichen Möglichkeiten im Überblick.

[104] Vgl. Picot; Franck (1995), S. 26.
[105] Davenport (1993), S. 16.

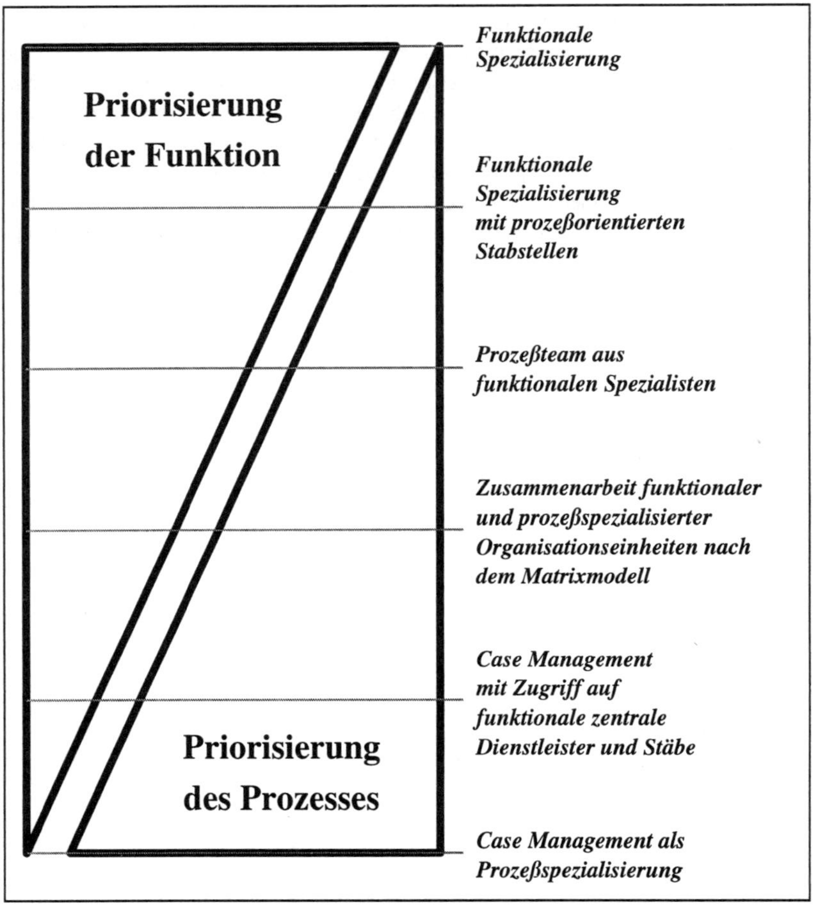


**Abb. 7: Kontinuum zwischen Prozeß- und Funktionsorientierung.**

Quelle: Picot, Franck 1995, S. 30

Ist der Prozeß klar strukturiert und wenig komplex, braucht der Prozeß nicht weiter untergliedert zu werden. Die Tätigkeiten werden im Sinne eines CASE-Managements durchgeführt. Der sogenannte CASE-Manager führt als 'Process-Owner' die ihm übertragenen Aufgaben

selbständig und ganzheitlich aus. Werden die Aufgaben für eine Person zu komplex und unstrukturiert, können diese Aufgaben ganzheitlich und integriert in einem Prozeß von einem Team durchgeführt werden.
Mit abnehmender Strukturierbarkeit und zunehmenden kundenspezifischen Anpassungen sowie steigender Komplexität müssen die Prozesse durch eine funktionale Spezialisierung unterstützt werden. Dies kann durch zentrale Spezialisten oder Datenbanken erfolgen. Nimmt die Strukturierbarkeit weiter ab und nimmt die Einmaligkeit der Tätigkeiten sowie die Komplexität zu und ist das funktionale Wissen schlecht übertragbar, z.B. das eines Chirurgen, so tritt der funktionale Spezialist selbst in den Prozeßablauf ein. Es entstehen somit Know-how intensive Teilprozesse. In diesen Teilprozessen ist Weiterbildung und der Informationsaustausch mit anderen Spezialisten extrem wichtig. Eine weitere Tendenz zu Teilprozessen ist auch dann notwendig, wenn hoch komplexe Maschinen für mehrere Prozesse benötigt werden.

Während bei den in sich abgeschlossenen Gesamtprozessen die Probleme in der internen Koordination liegen, besteht das Koordinationsproblem bei den Teilprozessen in der gegenseitigen Abstimmung. Bei den Gesamtprozessen stellt die Standardisierung und bei den Teilprozessen die Selbstabstimmung durch Information und Kommunikation ein wichtiges Koordinationsinstrument dar.

## 2.2 Neue Institutionenökonomik

Ökonomische Probleme entstehen durch Knappheit. Anders als die neoklassische Theorie geht die neue institutionenökonomische Theorie von asymmetrisch verteilten Fähigkeiten und Wissen aus. Damit kann durch Spezialisierung und Tausch das gesamtwirtschaftliche Leistungsniveau erhöht werden. Spezialisierung und Tausch werden durch bestimmte Verhaltensannahmen des Menschen beeinträchtigt: begrenzte Rationalität, individuelle Nutzenmaximierung und opportunistisches Verhalten.
Die Hypothese der begrenzten Rationalität besagt, daß der Mensch zwar generell rational handeln will, seine Kapazitäten der Informationsaufnahme, -verarbeitung und -speicherung sowie die verfügbare Zeit aber eingeschränkt sind[106].
Die Annahme der individuellen Nutzenmaximierung geht davon aus, daß die Individuen versuchen, ihren Nutzen zu maximieren. Dabei kann der Nutzen monetärer Art (z.B. Gewinn) wie nicht-monetärer Art (z.B. Selbstverwirklichung) sein.
Opportunismus bedeutet, daß der Mensch bei der Verfolgung seiner Nutzenmaximierung bewußt wie auch unbewußt dieses Ziel auch zum Schaden anderer Individuen erreichen will[107].

Nach der Neuen Institutionenökonomik dienen Institutionen dazu, die Unzulänglichkeiten auf Grund der beschränkten Rationalität und des opportunistischen Verhaltens zu minimieren. Der Institutionenbegriff wird hierbei sehr weit gefaßt. Er umfaßt alle verhaltensbeeinflussen-

[106] Vgl. Simon (1957), S. 196 ff.
[107] Vgl. u.a. Williamson (1985), S. 47 ff.

den Regeln[108]. Das Individuum als Nutzenmaximierer beachtet diese Regeln, da es durch die Beachtung der Regeln Vorteile, dagegen bei Nichtbeachtung Nachteile zu erwarten hat[109]. Die Neue Institutionenökonomik wird derzeit im wesentlichen durch drei differenzierende, aber nicht überschneidungsfreie, Ansätze repräsentiert: die Property-Rights-Theorie[110], die Transaktionskostentheorie[111] und die Prinzipal-Agent-Theorie[112].

### 2.2.1 Property-Rights-Theorie

Der Wert einer Leistung hängt insbesondere von den institutionellen und rechtlichen Rahmenbedingungen ab. Es kommt darauf an, welche Handlungs- und Verfügungsrechte mit einer Leistung verbunden sind[113]. Ein vollständiges Property-Rights Bündel besteht aus vier Elementen: das Recht, eine Ressource zu nutzen (usus), das Recht, eine Ressource zu verändern (abusus), das Recht, aus der Nutzung entstehende Gewinne bzw. Verluste anzueignen bzw. zu tragen (usus fructus) und das Recht, Teile bzw. das gesamte Rechtebündel zu veräußern[114]. Die Herausbildung, Zuordnung, Übertragung und Durchsetzung dieser Rechte ist nicht kostenlos, sondern verursacht Kosten[115]. Die in diesem Zusammenhang entstehenden Kosten werden Transaktionskosten genannt. Hierunter fallen alle monetären, wie nicht-monetären Nachteile. Besitzt ein Individuum die Property-Rights an einer Ressource, so darf es sie häufig nicht uneingeschränkt nutzen. Vielmehr werden die Rechte durch andere Institutionen (wie z.B. staatliche Regelungen) eingeschränkt. Werden die Property-Rights eingeschränkt oder sind die Property-Rights auf mehrere Individuen verteilt, liegt eine Verdünnung der Property-Rights vor[116]. Mit der Verdünnung der Property-Rights sinkt deren Wert für den Einzelnen und der Anreiz nimmt ab, sorgfältig mit dieser Ressource umzugehen bzw. Transaktionskosten in Kauf zu nehmen, um diese Rechte herauszubilden und zu erwerben. In der Zuordnung der Property-Rights liegt somit ein wichtiger Motivationsaspekt[117].

Ein weiterer wichtiger Punkt der Property-Rights-Theorie ist die Frage, ob durch die bestehende Property-Rights-Struktur alle Folgen des Verhaltens auch dem Träger der Rechte zugeordnet werden. Gelingt dies nicht, entstehen externe Effekte, d.h. Dritte tragen (negative externe Effekte) oder nutzen (positive externe Effekte) die Folgen der unvollständigen Definition und Zuordnung der Property-Rights[118]. Effizienzverbesserungen durch neue institutionelle Regelungen sind überall dort möglich, wo hohe externe Effekte geringen Transaktionskosten gegenüberstehen. So werden bei hohen negativen externen Effekten die belasteten Dritten, bei hohen positiven externen Effekten der Träger bzw. der potentielle Träger der Rechte

[108] Vgl. Dietl (1991), S. 35 ff.
[109] Vgl. Franck (1995), S. 2.
[110] Vgl. hierzu u.a. Alchian; Demsetz (1973), Furubotn; Pejovich (1972), Picot (1981).
[111] Vgl. hierzu u.a. Williamson (1975), Picot (1982).
[112] Vgl. hierzu u.a. Jensen; Meckling (1976), Pratt; Zeckhauser (1985), Spremann (1989).
[113] Vgl. hierzu Furubotn; Pejovich (1972), S. 1138 f., Picot (1981), S. 156 f., Picot; Dietl (1990), S. 178.
[114] Vgl. Alchian; Demsetz (1972), S. 783.
[115] Vgl. Picot (1991b), S. 145.
[116] Vgl. Kaulmann (1987), S. 32.
[117] Vgl. Wolff (1994), S. 29.
[118] Vgl. Dietl (1991), S. 53.

auf neue institutionelle Regelungen drängen, die bei geringen Transaktionskosten auch verwirklicht werden. So können neue institutionelle Regelungen dazu beitragen, daß den Trägern der Rechte durch die Reduzierung der externen negativen bzw. positiven Effekte die Kosten bzw. der Nutzen ihrer Handlungen besser zugeordnet werden können.
Zusammenfassend läßt sich sagen, daß Ressourcen meistens dann effizient genutzt werden, wenn die Verdünnung der Property-Rights so gering wie möglich ist[119].

Gerade bei diesem Punkt bestehen bei den dienstleistungsorientierten Unternehmen Unzulänglichkeiten. So ist davon auszugehen, daß mit zunehmender Bedeutung der immateriellen Komponente in den Leistungsbündeln die ausschließliche Nutzung des Rechtebündels durch ein Unternehmen auf Grenzen stoßen wird. So schreiben Picot/Franck:

> "Information hat die Neigung zur Diffusion. Sie ist gewissermaßen eine aggressive Ressource, die ständig versucht, die Geheimhaltungsgrenzen .... zu durchdringen."[120]

Besteht das Leistungsbündel aus einem hohen Informationsanteil, wie etwa bei den vertrauens-dienstleistungsorientierten Unternehmen, so ist die Gefahr groß, daß Teile des Leistungsbündels durch Dritte ohne Bezahlung genutzt werden (positive externe Effekte). Die Internalisierung dieser externen Effekte scheitert in vielen Fällen an den prohibitiv hohen Transaktionskosten. Die hohen Transaktionskosten für Bildung, Zuordnung, Übertragung und Durchsetzung der Property-Rights ist im dienstleistungsorientierten Bereich ein Hauptgrund dafür, daß für bestimmte Leistungsbündel kein oder nur ein rudimentärer Markt entsteht (z.B. Grundlagenforschung). Ist die Bildung und Übertragung von Property-Rights mit hohen Transaktionskosten verbunden, kommt es zu einer verstärkten vertikalen Integration der betreffenden Teilleistungen (z.B. Werbebranche), obwohl diese vom Markt günstiger erzeugt werden könnten. Aufgrund von Mängeln bei der Bildung und Übertragung von Property-Rights kommt es somit zu einer suboptimalen gesamtwirtschaftlichen Spezialisierung.

Viele dienstleistungsorientierte Unternehmen, insbesondere vertrauens- und kreativ-dienstleistungsorientierte Unternehmen, versuchen durch die Gesamterstellung der Leistung und die Spezialisierung auf einzelne Kunden zu verhindern, daß Teile des Leistungsbündels von Dritten kostenlos genutzt werden können. Diese spezifizierten Leistungsbündel (z.B. Werbekampagne) haben für andere Konsumenten nur einen sehr geringen bzw. überhaupt keinen Nutzen. Ähnlich gehen auch Banken vor, die ein Portfoliomanagement anbieten. Sie informieren den Kunden, bewerten seine Risikoeinstellung, bauen ein Portfolio auf und verwalten dieses entsprechend der Marktlage. Der Kunde zahlt jedoch nicht für die einzelnen Leistungen (z.B. Beratung) separat, sondern er bezahlt das gesamte Leistungsbündel. Durch neue institutionelle Regelungen, wie etwa Banken mit reiner Transaktionstätigkeit (z.B. Direkt Anlage Bank) und keiner Informationstätigkeit, dafür aber mit wesentlich günstigeren Konditionen, kommt auf die konventionellen Anbieter eine neue Herausforderung zu. Bleiben die traditio-

[119] Eine Ausnahme hiervon stellt z.B. die Publikums AG dar. Eine effiziente Nutzung der Ressourcen wird hierbei durch entsprechende Anreiz- und Kontrollmechanismen bewerkstelligt.
[120] Picot; Franck (1988), S. 545.

nellen Anbieter bei ihrem gesamten Leistungsbündel, werden die Konsumenten durch die Diffusion der Information den Informationsanteil kostenlos nutzen und die Transaktionen bei den kostengünstigeren Transaktionsbanken durchführen. An diesem Beispiel läßt sich zeigen, wie neue institutionelle Regelungen andere, nicht so effiziente Regelungen verdrängen können[121].

### 2.2.2 Transaktionskostentheorie

Die Transaktionskostentheorie befaßt sich mit der effizienten Gestaltung von Leistungsaustauschbeziehungen zwischen zwei oder mehr Partnern. Nicht der physische Leistungsaustausch selbst, sondern die zeitlich vorverlagerte Übertragung der Verfügungsrechte stellt die ökonomische Untersuchungseinheit dar[122]. Dabei ist das institutionelle Arrangement auszuwählen, das die geringsten Transaktionskosten verursacht. Es sind nur die entscheidungsrelevanten Kosten zu berücksichtigen[123]. Zu den Transaktionskosten zählen Anbahnungs-(z.B. Such- und Informationskosten), Verhandlungs-, Vertrags-, Abwicklungs-, Überwachungs-, Kontroll- und Anpassungskosten. Die Höhe dieser Transaktionskosten hängt einerseits von den Transaktionseigenschaften der Leistungen ab und andererseits von den institutionellen Rahmenbedingungen, innerhalb derer die Transaktionen abgewickelt werden. In Abhängigkeit der vorliegenden Transaktionseigenschaften eignen sich unterschiedliche Organisationsformen, die Transaktionskosten zu minimieren. Dabei müssen die Koordinations- und Motivationsformen so gewählt werden, daß sich die negativen Folgen aus begrenzter Rationalität und opportunistischem Verhalten reduzieren lassen[124].

Eine wesentliche Transaktionseigenschaft ist die *Spezifität*[125]. Die Spezifität einer Leistung wird durch die Quasi-Rente definiert. Dazu schreiben Klein et al.:

> "The quasi-rent value of the asset is the excess of its value over its salvage value, that is, its value in its next best use to another renter."[126]

Eine Austauschbeziehung ist somit um so spezifischer, je höher der Wertverlust bei einer Verwendung der getätigten Investitionen in einer zweitbesten Verwendung ist. Die Investitionen können standortspezifisch (z.B. Aufbau einer Niederlassung in Kundennähe), sachanlagespezifisch (z.B. Spezialmaschine wird für eine Verwendungsart angeschafft), humankapitalspezifisch (z.B. Mitarbeiter wird für Kundenbedürfnisse geschult) oder beziehungsspezifisch (z.B. Maschine wird für einen Kunden gekauft) sein[127].

---

[121] Vgl. Picot (1995), S. 15 ff.
[122] Vgl. Commons (1931), S. 652.
[123] Vgl. Dietl (1991), S. 93.
[124] Vgl. u.a. Williamson (1981), S. 549 f.
[125] Vgl. Williamson (1979), S. 238 ff., Alchian (1984), S. 36.
[126] Klein et al. (1978), S. 298.
[127] Vgl. Williamson (1985), S. 95 f.

Dienstleistungsorientierte Unternehmen müssen in vielen Fällen auf einzelne Kunden zugeschnittene Leistungen erbringen und dabei häufig in Vorleistung treten. Da diese spezifischen Investitionen für andere Kunden wertlos bzw. nur geringwertig sind, kann der Kunde bei Vertragslücken dieses Abhängigkeitsverhältnis opportunistisch für sich ausnutzen. Diese Gefahr steigt, je geringer die Abhängigkeit des Kunden vom Unternehmen ist und je schwieriger eine exakte Beschreibung der Leistungserstellung im voraus möglich ist. In einer derartigen Situation sollte das dienstleistungsorientierte Unternehmen die Abhängigkeit seiner Kunden erhöhen (z.B. durch Vertrauensaufbau). Befindet sich dagegen der Kunde in einem einseitigen Abhängigkeitsverhältnis (z.B. small numbers Problematik), kann das Unternehmen diese Situation opportunistisch ausnutzen. Auch hier muß versucht werden, eine stärkere gegenseitige Abhängigkeit zu erzielen.

Erzeugen zwei Investitionen bei ihrer gemeinsamen Verwendung einen wesentlich höheren Wert als bei ihrer separaten Nutzung, handelt es sich um cospecialized assets. Als Beispiel sei ein Unternehmen genannt, das Informationen akquiriert (z.B. Nilson) und an ein Unternehmen weitergibt (z.B. Dun & Bradstreet), das diese Informationen dann zu Informationsprodukten verarbeitet und an Kunden verkauft. Die Investitionen der beiden Unternehmen erzielen nur gemeinsam den höchsten Nutzen. Die Gefahr die sich hierbei ergibt, beschreiben Milgrom und Roberts:

> "The problem that arises when investments are made to create cospecialized assets is that much of the value of the investment depends on the behavior of another asset owner with his or her selfish interests."[128]

Hat eine Partei eine spezifische irreversible Investition unternommen, besteht ein einseitiges Abhängigkeitsverhältnis. Sind die Vertragsbedingungen unzureichend formuliert, entsteht die Gefahr des "Hold-up". Die unabhängige Partei kann versuchen, den diskretionären Handlungsspielraum, der durch die Vertragsunklarheiten entstanden ist, opportunistisch auszunutzen. Sie wird dabei versuchen, einen möglichst großen Anteil der Quasi-Rente zu erhalten. Dieser Vorgang ist ineffizient, da der Verteilungsstreit kostenintensiv ist. Lösungsmöglichkeiten sind gegenseitige Abhängigkeiten, Eigenproduktion oder langfristige Verträge. So wurde z.B. Nilson von Dun & Bradstreet aufgekauft.

Eine weitere Transaktionseigenschaft ist die *strategische Bedeutung*[129]. Die strategische Bedeutung bezieht sich auf die Bereiche, mit denen sich das Unternehmen langfristig von den Wettbewerbern differenziert und die bei den Kundenentscheidungen eine zentrale Rolle spielen. Teilleistungen mit strategischer Bedeutung müssen, um sich vom Wettbewerb abzuheben, einen gewissen spezifischen Grad besitzen. Dadurch wird eine vertragliche Einbindung problematisch. Um diese Teile geheimzuhalten und vor Imitation zu schützen, müssen geeignete Koordinations- und Motivationsformen gefunden werden.

---

[128] Milgrom; Roberts (1992), S. 136.
[129] Vgl. Picot (1990a), S. 299, Picot (1991c), S. 346.

Gerade bei Teilleistungen mit hohem Informationsanteil ist dies durch eine marktliche Koordinationsform sehr kostenintensiv. In vielen dienstleistungsorientierten Unternehmen ist das Wissen der Mitarbeiter von strategischer Bedeutung (z.B. Modedesigner). Um dieses Wissen für das Unternehmen zu sichern, müssen enge und langfristige vertragliche Regelungen mit entsprechendem Droh- (z.B. Wettbewerbsklausel) und Anreizpotential (z.B. Incentives) zwischen Mitarbeiter und Unternehmen geschaffen werden.

Die *Unsicherheit* ist eine weitere Transaktionseigenschaft. Hier ist zwischen Verhaltens- und Umweltunsicherheit zu unterscheiden[130]. Als Verhaltensunsicherheit wird die Gefahr verstanden, daß zum Zeitpunkt des Vertragsabschlusses nicht bekannt ist, wie sich die Partner während der Transaktion verhalten. So können Informationen verschwiegen oder verzerrt werden, aber auch falsche Informationen ausgetauscht werden. Häufig weiß der Vertragspartner zum Zeitpunkt des Vertragsabschlusses nicht, wie er selbst sich im Transaktionsablauf verhalten wird. Von Umweltunsicherheit ist immer dann die Rede, wenn sich die Vertragsrahmenbedingungen häufig und sprunghaft verändern. Diese Veränderungen können oft nicht im Vertrag antizipiert werden. Bei Umweltveränderungen kann es somit z.B. zu rechtlichen Auseinandersetzungen kommen[131]. Bei dienstleistungsorientierten Unternehmen werden keine "Exchanges" sondern "Contracts" mit den Kunden abgeschlossen[132]. In "Contracts" werden zukünftige Leistungen vereinbart, deren Profitabilität auch vom Verhalten der anderen Partei abhängt[133]. Je weiter dieses Versprechen in die Zukunft gerichtet ist und je höher die Umwelt- und Verhaltensunsicherheit ist, desto schwieriger wird es, Leistungen und Verhalten der Parteien klar und konkret zu spezifizieren und damit vertraglich zu regeln[134].

Als letzte und nachrangige Transaktionseigenschaft ist die *Häufigkeit* zu nennen. Werden Transaktionen häufig durchgeführt, kommt es durch Lerneffekte, höheres Vertrauen und bessere Abstimmung zu Transaktionskostenersparnissen. Diese Einsparungen treten in allen Koordinationsformen auf, deshalb spricht diese Eigenschaft nicht für eine bestimmte institutionelle Regelung. Sie tritt vielmehr nur als Verstärker auf.

Ausgehend von den jeweils zugrundeliegenden Transaktionseigenschaften ist die Organisationsform bei den dienstleistungsorientierten Unternehmen zu wählen, die durch ihre Motivations- und Koordinationsstrukturen die durch die Eigenschaften ausgelöste Transaktionskosten am besten reduzieren kann. Das Spektrum reicht von marktlichen Formen bis zu Formen der hierarchischen Anbindung.

130 Vgl. Williamson (1985), S. 58 f.
131 Vgl. Picot (1982), S. 272.
132 Vgl. Kaas (1992), S. 885.
133 Vgl. Alchian; Woodward (1988), S. 66.
134 Vgl. Jung; Spremann (1989), S. 94.

### 2.2.3 Principal-Agent-Theorie

Grundlage der Principal-Agent-Theorie ist die Tatsache, daß durch eine immer stärkere Spezialisierung die Informationsasymmetrien zwischen den Menschen größer werden. Neben den Informationsasymmetrien berücksichtigt die Theorie auch die unterschiedlichen Risikoeinstellungen der Partner. So verursacht die Risikoübernahme bei einem risikofreudigen oder risikoneutralen Partner geringere Kosten als bei einem risikoaversen Partner. Eine Prinzipal-Agent-Situation liegt dann vor, wenn ein Partner (Agent) Entscheidungen trifft, die nicht nur sein Nutzenniveau beeinflussen, sondern auch das eines anderen (Principal) und der Principal dabei schlechter informiert ist als der Agent[135]. Nachteile, die bei einer Austauschbeziehung als Folge von Informationsasymmetrien auftreten, werden Agency Kosten genannt. Zu ihnen zählen nach Jensen und Meckling die Überwachungskosten des Principals, die Signalisierungskosten des Agenten und die verbleibenden Wohlfahrtsverluste[136]. Zwei Partner werden nur in Austauschbeziehungen eintreten, wenn beide ihr Nutzenniveau erhöhen können. Sind die Kosten der Überwindung der Informationsasymmetrie bei der entsprechenden Risikoneigung höher als der potentielle Nutzenzuwachs, unterbleibt das Austauschverhältnis.

Im dienstleistungsorientierten Bereich erhöht sich die Problematik der Informationsasymmetrie durch die verstärkte Integration des Kunden in die Erstellung des Leistungsbündels sowie die häufige Differenzierung zwischen Kunden und Nutzer[137]. Hieraus entstehen vielschichtige Principal-Agent-Beziehungen (vgl. auch Abbildung 8).

[135] Vgl. Pratt; Zeckhauser (1985), S. 2.
[136] Vgl. Jensen; Meckling (1976), S. 308.
[137] Vgl. hierzu näher Abschnitt IV.1.1.2.

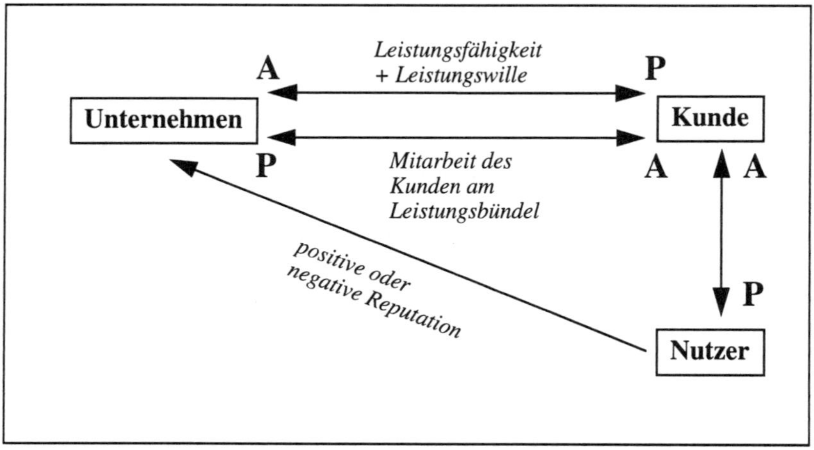


**Abb. 8: Mehrschichtige Principal-Agent-Beziehungen im dienstleistungsorientierten Bereich.**

Zwischen Unternehmen und Kunde bestehen zum einen Informationsasymmetrien in Bezug auf die Leistungsfähigkeit und den Leistungswillen des Unternehmens bzw. der Unternehmensmitarbeiter (Unternehmen Agent, Kunde Principal). Durch die zunehmende Kundenintegration erhöht sich zum anderen die Unsicherheit in Bezug auf das Verhalten des Kunden (Kunde Agent, Unternehmen Principal). Stellt der Kunde die erhaltene Leistung einem Dritten (Nutzer) zur Verfügung, können zudem Informationsasymmetrien zwischen Kunde und Nutzer entstehen (Kunde Agent, Nutzer Principal). Der Nutzer kann nicht nachvollziehen, ob positive oder negative Qualitätseffekte auf Kunde oder Unternehmen zurückzuführen sind. Da dem Nutzer die Beteiligung des Kunden bei der Leistungserstellung häufig nicht bekannt ist, verbindet er positive oder negative Qualitätseindrücke mit dem Unternehmen. Positive oder negative Auswirkungen auf die Reputation des Unternehmens sind die Folge[138].

Es gibt verschiedene Typen asymmetrischer Informationsverteilung. Unter *'hidden characteristics*[139]*'* werden Situationen verstanden, in denen der Principal vor Vertragsabschluß Informationsnachteile über Tatsachen in der Person oder den Ressourcen des Agenten besitzt, die für die Leistungserfüllung von Bedeutung sind. Erst nach Vertragsabschluß, während der Transaktion werden diese Eigenschaften auch für den Principal offensichtlich. Beispiele hierfür sind der Gesundheitszustand eines Lebensversicherungsnehmers, Planungsfähigkeiten eines Ingenieurbüros oder Fachwissen eines Arztes. Je schwieriger und kostenintensiver die Verifizierung dieser Eigenschaften für den Principal ist, desto größer ist die Gefahr einer ad-

[138] Vgl. hierzu auch Abschnitt IV.1.3., in dem dieser Fall anhand eines Beispiels exemplarisch gezeigt wird.
[139] Vgl. u.a. Spremann (1990), S. 566.

verse selection[140]. Dies bedeutet, daß er sich unter den potentiellen Vertragspartnern einen aussucht, der die gewünschten Fähigkeiten nicht besitzt[141].

Diese Gefahr ist im dienstleistungsorientierten Bereich besonders hoch, da wichtige Eigenschaften immateriell und damit vorvertraglich nur schwer und kostenintensiv zu überprüfen sind. Neben den Suchkosten können dem Principal auch erhebliche Folgekosten nach Vertragsabschluß entstehen. Hierzu zählen unter anderem Gerichtskosten und durch falsche oder schlechte Erbringung der Leistung entstehende Zusatzkosten. Ein gravierendes Problem ist zudem, daß eine Nachbesserung in vielen Fällen nicht oder nur unter hohem Kostenaufwand möglich ist (z.B. fehlerhafter Eingriff eines Chirurgen).

Um diese Kosten für den Principal zu reduzieren, bieten sich mehrere Möglichkeiten an. Zum einen kann der Agent dem Principal signalisieren, daß er die gewünschte Eigenschaft besitzt[142]. Ein Signal kann zum Beispiel die Mitgliedschaft in einem Berufsverband sein (z.B. Verband der Wirtschaftprüfer, Maklervereinigung). Bei Nichterfüllung gewisser Anforderungen wird die Mitgliedschaft durch den Verband aufgekündigt. Wichtig ist, daß diese Signale für Agenten ohne die entsprechenden Eigenschaften nicht erhältlich oder zu teuer sind. Die Kosten der Signalisierung kann der Agent über die höheren Preise wieder einspielen. Zum anderen kann der Principal durch Informationen über den Agenten eine falsche Selektion verhindern. Diese Möglichkeit wird screening genannt[143].
Im Falle des Self Selecting versucht der Principal aus den Handlungen Agenten die gewünschten Informationen zu erhalten. Der Principal kann eine Entscheidungssituation so gestalten, daß er durch die Auswahl des Agenten Rückschlüsse auf dessen Eigenschaften erhält[144].

Als Typen nachvertraglicher Informationsasymmetrien gelten *'hidden action'* und *'hidden information'*[145]. Durch ein Kontrolldefizit wird dem Agenten ex-post ein diskretionärer Verhaltensspielraum eröffnet, den dieser dann opportunistisch ausnutzen kann. Diese als Moral Hazard Varianten bezeichneten Situationen entstehen nur bei Interessensdivergenz[146].

*'Hidden action'* liegt dann vor, wenn der Principal aus technischen oder aus Kostengründen die Handlungen des Agenten nicht beobachten kann. Der Principal sieht das Resultat, kann aber nicht oder nur unter Aufwendung hoher Kosten feststellen, inwieweit dieses Ergebnis durch die Anstrengungen des Agenten oder/und durch Umwelteinflüsse zustande kam. So können positive Veränderungen bei den Unternehmensdaten nach einer Beratungsleistung durch eine Unternehmensberatung auf die geniale Konzeption der Consultingfirma oder aber auf die positiven Veränderungen der Rahmenbedingungen (z.B. Bedürfniswandel bei den Konsumenten, konjunktureller Aufschwung) zurückzuführen sein. Im dienstleistungsorientier-

140 Vgl. u.a. Milgrom; Roberts (1992), S. 150.
141 Vgl. Akerlof (1970), S. 488 ff.
142 Vgl. Spence (1973), S. 358.
143 Vgl. Milgrom; Roberts (1992), S. 156 f.
144 Vgl. Spremann (1990), S. 578.
145 Vgl. Arrow (1985), S. 38 f.
146 Vgl. Milgrom; Roberts (1992), S. 167 ff.

ten Bereich treten Probleme der hidden action vor allem bei Leistungsbündeln auf, bei denen die Leistungserstellung schwierig zu beobachten und zu beurteilen ist und bei denen viele Einflußfaktoren auf das Ergebnis einwirken. Aufgrund der starken kundenspezifischen Ausrichtung, dem hohen Erstmaligkeitscharakter und den Schwierigkeiten in der Leistungsmessung gilt dies verstärkt im kreativ- und insbesondere im vertrauens-dienstleistungsorientierten Bereich.

Bei *'hidden information'* kann der Agent aufgrund seines größeren Fachwissens und der größeren Nähe zu den exogenen Faktoren zusätzliche Umweltinformationen erzielen. Der Agent kann diese Informationen an den Principal unverzerrt, verzerrt oder gar nicht weitergeben. Der Principal seinerseits kann nicht oder nur durch Aufwendung von Kosten feststellen, ob der Agent die gesamten zusätzlichen Informationen weitergegeben hat, ob diese Informationen richtig sind und ob der Agent diese Informationen in einer für den Principal optimalen Weise einsetzt[147]. Der Agent dagegen kann diesen Handlungsspielraum im Sinne seiner Ziele nutzen. Das Ausmaß dieser diskretionären Handlungsspielräume hängt auch von der Plastizität[148] der Ressourcen ab, die dem Agenten zur Verfügung stehen.

So kann ein Mandant (Principal) in den meisten Fällen nicht beurteilen, ob der Anwalt (Agent) alle ihm bekannten Informationen unverzerrt an ihn weitergibt und in der somit für den Kunden optimalen Strategie nutzt. Da der Mandant nur bedingt das Anstrengungsniveau des Anwalts beobachten kann, weiß er nicht, ob der Anwalt nicht eine derartige Informationspolitik betreibt, die ihn die für sich vorteilhafteste Honorarabrechnung erzielen läßt.

Hauptanwendungsfelder für hidden information sind auch hier bei vertrauens- und kreativdienstleistungsorientierten Unternehmen zu finden, da hier der Kunde wegen der unterschiedlichen Fachkenntnisse und den zunehmenden Problemen bei der Leistungsbewertung größere Schwierigkeiten hat, das Anstrengungsniveau des Agenten und den Wert der Informationen richtig zu beurteilen.

Um die diskretionären Handlungsspielräume einzugrenzen, gibt es mehrere Möglichkeiten. Durch die *Erhöhung der Kontrollen* kann der Handlungsspielraum reduziert werden. Dabei ist zu beachten, daß eine Erhöhung der Kontrollen nur sinnvoll ist, wenn die Kontrollkosten geringer sind, als die eingesparten Wohlfahrtsverluste. Kostengünstigere Überwachungsmethoden leisten speziell hierfür geschaffene Märkte. So können unabhängige Makler, die das notwendige Fachwissen haben, zu einer Einschränkung der Handlungsspielräume führen.

Des weiteren kann der Agent durch eine *Ergebnisbeteiligung* veranlaßt werden, stärker die Ziele des Principals zu verfolgen. Diese Variante ist jedoch nur dann zu wählen, wenn das Ergebnis stark vom Verhalten des Agenten abhängt und nicht von Umwelteinflüssen[149]. Als Beispiel sei hier ein Unternehmen erwähnt, das Leitplanken auf Autobahnen aufstellt. Wäh-

[147] Vgl. Wolff (1994), S. 54.
[148] Vgl. Alchian; Woodward (1987), S. 117.
[149] Vgl. Eisenhardt (1989), S. 61.

rend auf Neubaustrecken (ohne Autoverkehr) die Arbeiter hauptsächlich durch ihr Verhalten das Ergebnis bestimmen, wird bei Ausbesserungsarbeiten das Ergebnis stark durch Umwelteinflüsse geprägt (z.B. laufender Verkehr). Im ersten Fall werden die Arbeiter ergebnisorientiert bezahlt, im zweiten nach Zeitaufwand. Die Ergebnisbeteiligung sollte an Größen gebunden sein, die der Agent beeinflussen kann und die übereinstimmend von beiden Seiten festgestellt werden können.
Bei der Beteiligungsform muß zusätzlich die Risikoneigung berücksichtigt werden. Die Ergebnisbeteiligung von risikoaversen Vertragspartnern verursacht höhere Kosten, als wenn das gesamte Risiko von der risikoneutralen Seite getragen wird[150].

Auch der Aufbau und die Erhaltung der *Reputation* kann ein wichtiger Grund sein, daß diskretionäre Handlungsspielräume nicht genutzt werden. Dies ist besonders dann der Fall, wenn die Reputation einen entscheidenden Faktor für den Erfolg bestimmter Berufssparten darstellt (z.B. Ärzte, Anwälte)[151]. Dies ist insbesondere im vertrauens-dienstleistungsorientierten Bereich der Fall.

[150] Vgl. Milgrom; Roberts (1992), S. 188.
[151] Vgl. Spremann (1988), S. 613.

## IV. Organisation von dienstleistungsorientierten Unternehmen

Die Besonderheit bei der Organisation dienstleistungsorientierter Unternehmen ist, daß die Organisation weniger outputorientiert, als vielmehr prozeßorientiert sein muß. So ist für einen Autokäufer der Herstellungsprozeß des Autos sekundär, primär zählt für ihn, daß das Auto (= Output) seine Bedürfnisse erfüllt. Bei vielen dienstleistungsorientierten Leistungsbündeln steht hingegen für den Kunden nicht so sehr das Ergebnis (z.B. Diagnose), als vielmehr die Art und Weise der Erstellung (= Prozeß; z.B. Untersuchungsmethoden) im Vordergrund, insbesondere dann, wenn eine hohe Interaktion mit dem Unternehmen besteht (kreativ- bzw. vertrauens-dienstleistungsorientierte Unternehmen). Es ist somit für dienstleistungsorientierte Unternehmen wichtig, nicht nur den Output kundenorientiert zu gestalten, sondern insbesondere auch den Leistungserstellungsprozeß. Der Leistungserstellungsprozeß ist so zu konzeptionieren, daß durch die Zusammenarbeit von Zulieferern, verbundenen Unternehmen und Kunden ein maximaler Nutzen für alle Beteiligten bei möglichst geringen Kosten entsteht[152]. Durch eine stark steigende Dynamik ist die Flexibilität des gesamten Systems von höchster Bedeutung.
Um dies zu bewerkstelligen, wird in dieser Arbeit ein dreistufiger Organisationsaufbau vorgestellt.

Der Organisationsaufbau beginnt mit der **Konzeptionsphase**. Hier wird festgelegt, welches Leistungsbündel dem Kunden angeboten wird und auf welche Art und Weise dieses erfolgen soll. Im zweiten Schritt erfolgt die Entscheidung über die **Leistungstiefe**. In dieser Phase wird entschieden, durch welche Aufgabenträger die einzelnen Teile der Wertschöpfungskette erbracht und welche Koordinationsformen dabei gewählt werden. Im Anschluß an die Verteilung auf die Marktpartner erfolgt im dritten Schritt die **interne Organisation** der im eigenen Unternehmen verbliebenen Aufgabenbereiche sowie die Koordinierung mit den übrigen Kooperationspartnern.

Festzustellen ist, daß diese drei Phasen nicht unabhängig voneinander zu sehen sind. So unterstützen die vorgelagerten Phasen die nachfolgenden Phasen, aber die nachfolgenden Phasen bedingen oft auch bestimmte Vorgehensweisen in den vorgelagerten Phasen[153].

Im Anschluß an diese drei Phasen der Unternehmensorganisation wird in Kapitel V das **Wachstum der Organisation** unter dem Zeitaspekt mit den Auswirkungen auf die ursprüngliche Organisation beschrieben. Diese Vorgehensweise bietet sich nicht nur bei der Organisation für neu aufzubauende Unternehmensbereiche und gesamte Unternehmen an, sie kann auch bei bereits bestehenden Unternehmen angewandt werden. Es sind dabei jedoch die Austrittsbarrieren aus den bestehenden Organisationsformen und die Kosten für die Implementierung neuer Organisationsformen zu berücksichtigen.

---

[152] Vgl. Normann; Ramirez (1993), S. 66.

[153] So schränkt die Erzielung der Kernkompetenzen (Leistungstiefenoptimierungsphase) die Möglichkeiten der Konzeptionsphase ein. Einen ähnlichen Zusammenhang zwischen den verschiedenen Phasen beschreibt Wollnik in seinem Drei-Ebenen-Modell des Informationsmanagements (Vgl. Wollnik (1988)).

## 1. Konzeption des dienstleistungsorientierten Leistungsbündels

Die Konzeption des dienstleistungsorientierten Leistungsbündels stellt den Brückenschlag zwischen den Kompetenzen und Ideen des Unternehmens und seinem Marktpartner einerseits und den Bedürfnissen der Kunden andererseits vor dem Hintergrund der bestehenden Rahmenfaktoren dar (Vgl. Abb.9).

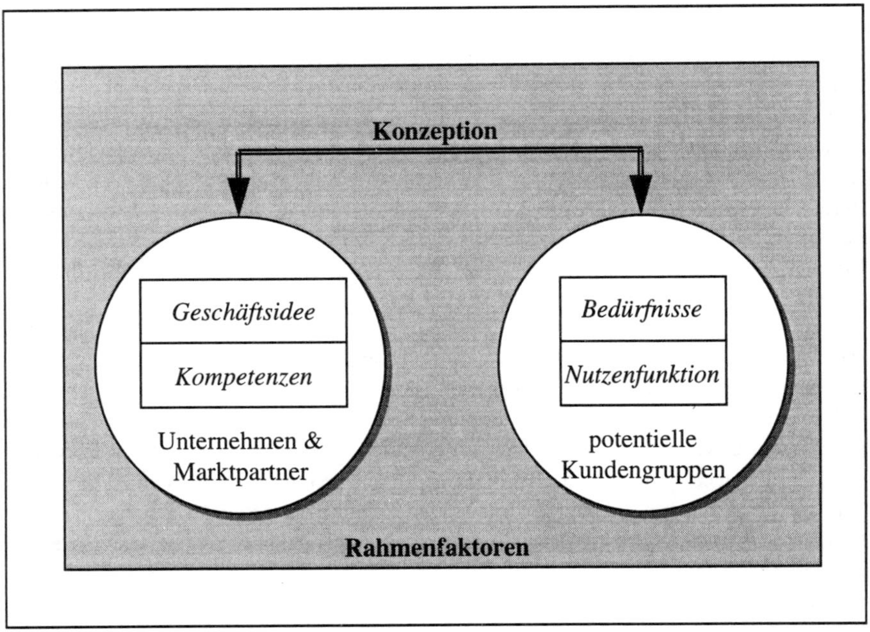


**Abb. 9: Konzeption des Leistungsbündels als Brückenschlag zwischen Unternehmen & Marktpartnern und potentieller Kundengruppe unter Berücksichtigung der Rahmenfaktoren.**

Dabei muß das zu konzeptionierende Leistungsbündel so beschaffen sein, daß die Kosten der Beteiligten reduziert werden und der Nutzen gesteigert wird[154]. Neben den unternehmenseigenen Fähigkeiten und Informationen sind in Zeiten sich auflösender oder kleiner werdender Unternehmensgrenzen[155] auch die Potentiale der Marktpartner für die Konzeptionierung ein-

[154] Vgl. Picot; Schneider (1988), S. 110 f.
[155] Vgl. hierzu auch Picot; Reichwald (1994).

zubringen. Gerade aus der Kombination eigener und fremder Fähigkeiten können für den Kunden Nutzenvorteile entstehen. Einen höheren Nutzen stellen beispielsweise bessere bzw. umfangreichere Angebote, Preisvorteile und Zeitvorteile dar. Auch durch die Art der Konzeption kann ein Zusatznutzen für den Kunden entstehen[156]. So kann bei der Buchung einer Urlaubsreise Film- und Informationsmaterial nicht nur eine Entscheidungshilfe darstellen, sondern durch ihren Unterhaltungswert auch einen Zusatznutzen schaffen.

Schwierigkeiten bei der Konzeptionierung eines Leistungserstellungssystems für dienstleistungsorientierte Bereiche können dadurch entstehen, daß der volle Umfang des zu erwerbenden Leistungsbündels nur schwer feststellbar ist. Hierzu äußern sich Sasser et al. folgendermaßen:

> "One of the key problems in designing a service package and service delivery system is articulating the full range of elements in the purchase bundle."[157]

Ein wichtiger und bisher vernachlässigter Aspekt in der Konzeptionserstellung dienstleistungsorientierter Unternehmen ist die Erforschung der erwarteten und erwünschten Elemente des Leistungsbündels bei den potentiellen Kunden.

Die Konzeptionierung des Leistungsbündels erfolgt nicht im luftleeren Raum, sondern muß unter Berücksichtigung des entsprechenden **Marktsegments** (IV.1.1.) und dessen **Rahmenfaktoren** (IV.1.1.1.) erfolgen. Zusätzlich sind der **Bedarf der potentiellen Kundengruppe** und die **Fähigkeiten des Anbieters** zu eruieren (IV.1.1.2.).
Unter Berücksichtigung dieser Elemente ist dann die **Konzeption** des dienstleistungsorientierten Leistungsbündels durchzuführen (V.1.2.). Anschließend soll dies mit Hilfe eines **Fallbeispiels** verdeutlicht werden (IV.1.3.).

## 1.1. Marktsegment

Vor der Konzeptionierung des Leistungsbündels ist die Auswahl des richtigen Marktsegments von entscheidender Bedeutung. Es ist das Marktsegment zu wählen, in dem das Unternehmen die größten Vorteile für die potentiellen Kunden durch den konzeptionellen Brückenschlag erzielen kann. Hierbei kann es eine Zielsetzung für das Unternehmen sein, die Kosten zu senken. Ansatzpunkte sind hier die Transaktionskosten der potentiellen Kunden sowie die Produktions- und Transaktionskosten der bestehenden Lösungen. Es können aber auch neue Leistungsbündel zur Bedürfnisbefriedigung konzeptioniert werden. Die Chancen und Möglichkeiten eines Unternehmens werden einmal durch die bestehenden bzw. latenten Bedürfnisse der potentiellen Kundengruppe und durch die Fähigkeiten und Informationen des Unternehmens und seiner Partner eröffnet. Andererseits wirken hierauf Rahmenfaktoren ein, die diese Chancen vergrößern, schmälern aber auch neue Geschäftsmöglichkeiten entstehen lassen können.

---

[156] Vgl. Normann; Ramirez (1993), S. 69.
[157] Sasser et al. (1978), S. 10.

### 1.1.1. Rahmenfaktoren

Die Transaktionen der dienstleistungsorientierten Leistungsbündeln finden innerhalb eines institutionellen Rahmen statt, der die Bedingungen für die Leistungsbündel festschreibt[158]. Dieser Rahmen ist nicht konstant, sondern er verändert sich dynamisch. Erfolgreiche Unternehmen müssen deshalb immer die Möglichkeiten für neue dienstleistungsorientierte Leistungsbündel erkennen und bestehende Bündel an veränderte Rahmenbedingungen optimal anpassen.
Im folgenden sollen unter den Rahmenfaktoren die wesentlichen Faktoren subsumiert werden, die Einfluß auf die dienstleistungsorientierten Leistungsbündel haben können. Hierzu zählen **Rechtsvorschriften** (IV.1.1.1.1.), **technische Rahmenbedingungen** (IV.1.1.1.2.), **Wettbewerbsfaktoren** (IV.1.1.1.3.)sowie **Trend- und Zeitgeistströmungen** (IV.1.1.1.4.).

#### 1.1.1.1 Rechtsvorschriften

Der rechtliche Rahmen eröffnet neue Betätigungsfelder für dienstleistungsorientierte Unternehmen. Er erleichtert, erschwert und beschränkt aber auch deren Betätigungsmöglichkeiten. Neue Betätigungsfelder eröffnen die Rechtsvorschriften den dienstleistungsorientierten Unternehmen immer dann, wenn durch rechtliche Normvorschriften anderen Wirtschaftssubjekten Kosten aufgebürdet werden und dienstleistungsorientierte Unternehmen in der Lage sind, durch ihre Fähigkeiten, Informationen und Konzeptionen diese Kosten wesentlich zu senken. Beispiele hierfür sind Steuerberater, Umweltberatungsunternehmen und Unternehmen der Zeitarbeitsvermittlung.

Rechtsvorschriften können die Gründung dienstleistungsorientierter Unternehmen fördern bzw. ihre Entstehung erleichtern, wenn durch Rechtsbestimmungen die individuellen Vertragsverhandlungs-, Kontroll- und Anpassungskosten reduziert werden[159]. Dies ist überall dort möglich, wo zu hohe Transaktionskosten dienstleistungsorientierte Unternehmen verhindern bzw. behindern. Durch allgemeingültige Regelungen können die individuellen Transaktionskosten so weit gesenkt werden, daß der Nutzen eines marktwirtschaftlichen Leistungsaustausches die damit verbundenen Kosten übersteigt und somit einen neuen Markt entstehen läßt. Ein Beispiel sind Maklerunternehmen.

In vielen Bereichen wird die Entstehung von dienstleistungsorientierten Unternehmen durch Rechtsvorschriften nicht erleichtert, sondern eher erschwert. So behindern oft hohe Regulierungsdichten eine durch die große Wettbewerbsdynamik und die Internationalisierung notwendig gewordene hohe Flexibilität von dienstleistungsorientierten Unternehmen. Hohe Markteintritts- und Marktaustrittsbarrieren durch gesetzliche Vorschriften verhindern eine schnelle und volkswirtschaftlich kostengünstige unternehmensinterne bzw. externe marktorientierte Umstrukturierung des dienstleistungsorientierten Bereichs[160].

[158] Vgl. Weiber; Adler (1995), S.44.
[159] Vgl. Brickley et al. (1991), S. 30.
[160] Vgl. hierzu Albach (1984), S. 1170 ff.

So kann festgestellt werden, daß Deutschland gerade auf dienstleistungsorientierten Gebieten mit hoher Regulierungsdichte im internationalen Vergleich ein geringeres Wachstum aufweist. Zu erwähnen sind hier der Bereich der Telekommunikations- und Informationsdienstleistungen insbesondere mit persönlichen Daten.

Eingeschränkt werden Möglichkeiten von dienstleistungsorientierten Unternehmen durch gesetzliche Verbote wie z.B. das Datenschutzgesetz und durch das alleinige Angebot des Leistungsbündels durch den Staat (z.B. in Teilen des Telekommunikationssektors).
Welche positiven Entwicklungen eine Deregulierung eines regulierten Bereichs hat, ist besonders gut im Mobilfunkbereich in der Bundesrepublik Deutschland zu erkennen. Innerhalb von vier Jahren konnte der Bereich zwei Millionen neuer Kunden dazugewinnen und ein starkes Wachstum insbesondere durch die service-provider erzielen.
In einigen dienstleistungsorientierten Bereichen ist aufgrund staatlicher Verbote ein unternehmerisches Engagement de jure oder de facto unmöglich (z.B. in einigen Bereichen der Genforschung).

Diese kurzen Ausführungen haben gezeigt, inwieweit die rechtlichen Rahmenbedingungen dazu beitragen, neue Chancen für dienstleistungsorientierte Unternehmen zu schaffen, aber auch sehr wohl negative Auswirkungen auf die Wachstumsmöglichkeiten dieser Unternehmen haben können.

#### 1.1.1.2 Technische Rahmenbedingungen

Einen wichtigen Faktor bei den dienstleistungsorientierten Unternehmen stellen die technischen Rahmenbedingungen dar. Dabei ist zwischen der Informations- und Kommunikationstechnik und der Automatisierungstechnik zu unterscheiden. Zwischen beiden Bereichen sind Überschneidungen möglich. Die im folgenden erwähnten Potentiale gelten nicht nur für die Konzeptionsphase. Um sie in den folgenden Phasen gänzlich ausschöpfen zu können, müssen sie jedoch insbesondere schon in der Konzeptionsphase berücksichtigt werden.
Die Informations- und Kommunikationstechnik spielt im dienstleistungsorientierten Bereich aufgrund der hohen Informationsintensität der Leistungsbündel[161] und der Interaktionsintensität zwischen Kunden und Unternehmen eine tragende Rolle. Das Einsatzpotential der Informations- und Kommunikationstechnik beschränkt sich dabei nicht auf die Automatisierung herkömmlicher manueller Geschäftsprozesse[162]. Eine derartige Sichtweise wäre eine Fehlinterpretation der Möglichkeiten, die mit Hilfe der modernen Informations- und Kommunikationstechnik heute den Unternehmen zur Verfügung stehen[163]. In dieser Arbeit soll das Potential der Informations- und Kommunikationstechnik weiter gefaßt werden. Die moderne Informations- und Kommunikationstechnik ermöglicht es, heute persönliche Dienstleistungen technisch zu substituieren[164]. Durch die verbesserten technischen Möglichkeiten

[161] Vgl. u.a. Mills (1986), S. 66, Siehl; Bowen; Pearson (1992), S. 537.
[162] Vgl. Schnitt (1993), S. 15.
[163] Vgl. Hammer; Champy (1994), S. 112.
[164] Vgl. Meyer (1992), S. 827.

wird auch das Angebot völlig neuer Leistungsbündel realisierbar. Mit Hilfe der Technik können größere Kundenkreise erreicht werden, so daß ein Angebot bzw. eine Spezialisierung bei den Leistungsbündeln ökonomisch sinnvoll wird[165].

Ein wichtiges Kennzeichen vieler dienstleistungsorientierter Unternehmen ist die Tatsache, daß ein Leistungsaustausch nur simultan bei persönlich anwesenden Kunden und Unternehmensmitarbeitern möglich ist, und daß mit dem Leistungsaustausch ein spezifischer Informationsaustausch verbunden ist. Aus diesen Gründen brauchen viele dienstleistungsorientierte Unternehmen die Nähe zu ihren Kunden. Der Kreis der potentiellen Kunden beschränkt sich somit auf den durch das Leistungsbündel erreichbaren Personenkreis. Ist der Bedarf dieses Personenkreises jedoch niedriger als für die Existenz eines dienstleistungsorientierten Unternehmens notwendig, wird ein Angebot unterbleiben. Mit Hilfe der modernen Informations- und Kommunikationstechnik wie zum Beispiel neuen und hochleistungsfähigen Infrastrukturen (z.B. Glasfaserkabeln, ATM), neuen Diensten und neuen Endgeräten (z.B. Multimediageräten) ist es bereits heute, aber vor allem in der Zukunft möglich, einen wesentlich größeren Bereich aller möglichen Kommunikationsarten und Leistungsaustausche zu codieren und über weite Strecken zu übertragen (z.B. Videokonferenzen). Schon heute ist es möglich komplexe und spezifische Daten, wie etwa den Ablauf einer medizinischen Operation, medial zu übertragen. Bei der Telechirugie können Patient und Chirurg örtlich voneinander getrennt sein und der notwendige Datenaustausch durch moderne Informations-, Kommunikations- und Automatisierungstechnik (z.B. Robotertechnik als Ersatz für Chirugenhände) vollzogen werden. Benötigt der Leistungsaustausch keine so spezifische Interaktion, wie dies bei einer Operation der Fall ist, kann neben der örtlichen Präsenz auch die Simultanität aufgehoben werden. Kann das Wissen der Unternehmensmitarbeiter durch die moderne Informations- und Kommunikationstechnik gespeichert und durch den Kunden abgerufen (z.B.Expertensysteme, Datenbanken) werden und kann somit die Leistung des Unternehmensmitarbeiters durch die Kombination von Informations-, Kommunikations- und Automatisationstechnik ersetzt werden, ist eine simultane Präsenz von Unternehmensmitarbeitern und Kunden nicht mehr notwendig. Als Beispiel ist hier das Design von ASIC-Bausteinen durch die Kunden mit Hilfe von Workstations in Kombination mit Expertensystemen und Datenbanken der Herstellerfirma zu sehen.

Eine weitere Möglichkeit, mit Hilfe der Informations- und Kommunikationstechnik den potentiellen Kundenkreis zu erweitern, besteht darin, den Informationsaustausch zwischen Kunden und Unternehmensmitarbeitern auf einer telekommunikativen Ebene abzuwickeln. Aufgrund der hohen Vertrauenseigenschaften vieler dienstleistungsorientierter Leistungsbündel und dem dadurch notwendigen Vertrauensaufbau und dem häufig spezifischen Informationsaustausch sind hier oft noch face-to-face Kontakte notwendig. Auch wenn der Weg zur vollkommenen virtuellen face-to-face Kommunikation auf Telekommunikationsbasis noch weit ist oder aber auch nie erreicht wird, haben sich die Daten- und Informationsaustauschmöglichkeiten mit Hilfe der Telekommunikation wesentlich verbessert. Jeder telekommunikative Informationsaustausch muß im Verhältnis zum persönlichen face-to-face Gespräch als einge-

[165] Vgl. Mills; Turk (1986), S. 92, Rubinstein; Geisler (1990), S. 280.

engte und reduzierte Möglichkeit angesehen werden[166]. Dennoch müssen sich dienstleistungsorientierte Unternehmen Gedanken machen, wann und durch welche Konzeptionen und mit welchen Hilfsmitteln eine Substitution persönlicher Kontakte erfolgen kann.

Im Bereich der industriell-dienstleistungsorientierten Unternehmen besteht der Informationsaustausch zum großen Teil aus standardisierten Informationen, die hauptsächlich der Koordination dienen. In diesem Bereich konnte durch neue Speichermedien mit hoher Kapazität (z.B. CD-ROM), unternehmensübergreifende und schnittstellenfreie Informationssysteme (z.B. durch EDI) und neue Endgeräte (z.B. Scannergeräte) ein neues Einsatzpotential geschaffen werden, das neue Konzepte ermöglicht, die neben Koordinationsvorteilen, Zeit- und Kosteneinsparungsmöglichkeiten schaffen. So können schon heute im Bereich des Telebookings dem Kunden eine weit größere Palette an Urlaubsangeboten gemacht werden, als dies durch den Kundenbetreuer im Reisebüro möglich wäre. Der Kunde erhält eine umfangreichere Information und eine höhere Markttransparenz. Durch die zentrale Buchungsabwicklung können Kostenvorteile (z.B. economies of scale, Suchkostenreduzierung) und Zeitvorteile erzielt werden.
Im industriell-dienstleistungsorientierten Bereich kann die Informations- und Kommunikationstechnik in Verbindung mit der Automatisierungstechnik als Gesamtsubstitution bzw. Teilsubstitution bisher persönlich erbrachter Leistungsbündel angesehen werden (z.B. Bankomat für standardisierte Bankdienstleistungen).

Im kreativ-dienstleistungsorientierten Bereich spielt die kundenspezifische Problemlösung eine wichtige Rolle. Um keine kostenintensiven Fehlentwicklungen zu kreieren, muß eine hohe Interaktion zwischen Kunden und Unternehmen erfolgen. Die moderne Informations- und Kommunikationstechnik ist in diesem Bereich so einzusetzen, daß eine möglichst schnelle Informationsumsetzung erfolgt, dem Kunden die Lösung präsentiert werden kann und Änderungswünsche des Kunden einfach eingearbeitet werden können. Moderne CAD-Systeme in Kombination mit Softwareprodukten ermöglichen es heute kreativen Berufen (z.B. Architekten) Kundeninformationen schnell in Lösungen umzuwandeln und dann mit Hilfe der Kunden bedarfsorientiert anzupassen. Im kreativ-dienstleistungsorientierten Bereich wird somit durch die Technik die Erbringung des Leistungsbündels unterstützt, vereinfacht und beschleunigt.
Je stärker jedoch der Mitarbeiter mit seinem Wissen und seiner Persönlichkeit das Leistungsbündel dominiert, desto wichtiger ist und bleibt der persönliche Kontakt zwischen Kunden und Mitarbeitern des Unternehmens, besonders in der Vertragsanbahnungsphase und in der Informationsaustauschphase zu Beginn der Beziehung.

Verstärkt trifft dieses auf den vertrauens-dienstleistungsorientierten Bereich zu. Gerade in der Anfangsphase, die dem Vertrauensaufbau dient, ist hier ein häufiger face-to-face Kontakt unumgänglich. Im vertrauens-dienstleistungsorientierten Bereich ist die Funktion der Informations- und Kommunikationstechnik als Möglichkeit zu sehen, die Know-how Träger von zeit-

[166] Vgl. Picot (1985), S. 368.

aufwendigen Such- und Koordinationsroutinen zu befreien und ihnen so Möglichkeiten zu eröffnen, mehr Zeit für die Kunden zu haben. Der persönliche Kundenkontakt und das Eingehen auf die Bedürfnisse der Kunden ist in diesem Bereich erfolgsentscheidend. Generell muß hier vermerkt werden, daß in allen dienstleistungsorientierten Bereichen der persönliche Kontakt nicht zu kurz kommen darf. In einer Zeit, die von Informations- und Kommunikationstechnik immer stärker dominiert wird, ist es häufig gerade die "menschliche" Note, die bei Kaufentscheidungen eine wichtige Rolle spielt. Unter diesem Aspekt ist die Entscheidung von großer Bedeutung, welche Bereiche informations- und kommunikationstechnisch substituiert werden können und welche Möglichkeiten genutzt werden sollten, den persönlichen Kontakt zu den Kunden zu verstärken.
Festzustellen ist somit, daß durch die Digitalisierung vieler Kommunikations- und Leistungsarten und der damit verbundenen Transportfähigkeit vieler dienstleistungsorientierter Leistungsbündel mit Hilfe der Informations- und Kommunikationstechnik einerseits der potentielle Zielkundenbereich vergrößert werden kann[167] (z.B. Telebanking, Telebooking, Teleconsulting), aber andererseits auch neue Leistungsbündel angeboten werden können. Zusätzlich können durch eine Reduzierung von Leistungserbringungsstätten (z.B. Filialen) Fixkosten eingespart werden.

Die moderne Informations- und Kommunikationstechnik ist aber auch Auslöser und Werkzeug der Neuverteilung der Arbeit innerhalb aber auch außerhalb der Unternehmen. Dabei setzen die Informations- und Kommunikationstechniken (z.B. Datenbanktechnik, unternehmensübergreifende Computernetze, EDI) nicht nur an den Produktionskosten, sondern auch simultan an den Transaktionskosten an. Informations- und Kommunikationstechniken bieten heute neue Möglichkeiten der Informationserzielung, -verarbeitung, -speicherung und -weitergabe, die die Informations-, Koordinations- und Kontrollkosten innerhalb der Unternehmen und zwischen den Unternehmen erheblich gesenkt haben. Durch die gesunkenen Transaktionskosten können immer stärker Spezialanbieter von Teilleistungen zur Produktion bestimmter Teilleistungen (Economies of scale) herangezogen werden und das Unternehmen kann sich intensiver mit seinen Kernbereichen beschäftigen (höhere Lerneffekte)[168]. Durch diese größer werdende unternehmensübergreifende Arbeitsteilung werden nicht nur Produktionskosten (z.B. Lager- und Leerkosten durch bessere Koordination) und Transaktionskosten (z.B. Koordinations- und Kontrollkosten) eingespart, sondern es werden neue Unternehmenskonzeptionen (z.B. Full-Service Angebote) erst ermöglicht. So schreiben Normann und Ramirez:

> "Today, under the impact of information technology and the resulting globalization of markets and production, new methods of combining activities into offerings are producing new opportunities for creating value."[169]

[167] Vgl. Gruhler (1990), S. 309, Rada (1987), S. 143 f.
[168] Vgl. Quinn et al. (1990), S. 79.
[169] Normann;Ramirez (1993), S. 68.

Auch die unternehmensinterne Arbeitsteilung kann durch die moderne Informations- und Kommunikationstechnik neu konzeptioniert werden. Die hohe Arbeitsteilung wurde hauptsächlich aus zwei Gründen propagiert. Zum einen konnten einfache und repetierbare Arbeitsschritte leichter überwacht werden und zum anderen konnten Spezialisierungseffekte erzielt werden. Beide Faktoren kommen im dienstleistungsorientierten Bereich nur bedingt zur Geltung. Dienstleistungsorientierte Bereiche sind häufig Know-how- und informationsintensive Bereiche, eine hohe Arbeitsteilung ist auf Grund der hohen geistigen Rüstzeiten nicht effizient. Des weiteren müssen Mitarbeiter von dienstleistungsorientierten Unternehmen aufgrund der häufigen Interaktionen mit den Kunden schnell und flexibel reagieren, eine hohe Arbeitsteilung und ein geringer Entscheidungsspielraum wären auch hier dem Erfolg abträglich. Mit Hilfe der modernen Informations- und Kommunikationstechnik können aber Konzeptionen entwickelt werden, die den dienstleistungsorientierten Unternehmen Zeit-, Kosten- und Flexibilitätsvor-teile bringen können. So können mit Hilfe von Datenbank- und Expertensystemtechnik Mitarbeiter mit zusätzlichem Expertenwissen versorgt werden und so Aufträge gesamtheitlich bearbeiten[170]. Durch die moderne Informations- und Kommunikationstechnik sind neue Kontroll-, Überwachungs- und Informationsaggregationsmöglichkeiten durchführbar. Hieraus ergibt sich eine höhere Delegation von Handlungsrechten und Verantwortungsbereichen, aber auch eine flachere und somit flexiblere Hierarchie.
Somit kann gesagt werden, daß die moderne Informations- und Kommunikationstechnik in allen Beziehungsbereichen der Unternehmen ein erhebliches zusätzliches Potential schafft. Das einzelne Unternehmen muß nur mit Hilfe seiner Unternehmenskonzeption erreichen, daß die bestehenden Möglichkeiten für seine Zwecke maximal ausgenutzt werden können. Dabei muß das Unternehmen die Risiken einer zu starken Dominanz der Technik gegenüber den Chancen des Technikeinsatzes abwägen.

Neben der Informations- und Kommunikationstechnik spielt auch die Automatisierungstechnik im dienstleistungsorientierten Bereich eine wichtige Rolle. Auch hier sollte der Einsatz der verfügbaren Technik nicht so verstanden werden, daß bisher manuelle Arbeitsschritte nur auto-matisiert werden. Vielmehr bietet die Technik heute Voraussetzungen, dienstleistungsorientierte Konzeptionen neu zu gestalten und hierdurch zusätzliche Kosten-, Zeit- und Nutzenvorteile für die Kunden zu erzielen. Die in der Vergangenheit realisierten Automatisierungsschritte im dienstleistungsorientierten Bereich waren hauptsächlich auf die Automatisierung bestehender Arbeitsgänge ohne konzeptionelle Veränderungen ausgerichtet (z.B. Bankomat). Dies ist einer der Hauptgründe, weshalb der dienstleistungsorientierte Bereich nur vergleichsweise niedrige Produktivitätsfortschritte im Gegensatz zu industriell-dienstleistungsorientierten Bereichen erzielt hat[171].
Von entscheidender Bedeutung für die Wettbewerbsfähigkeit in der Zukunft wird es deshalb sein, mit neuen dienstleistungsorientierten Konzeptionen die Vorteile der Informations- und Kommunikationstechnik in der Kombination mit der Automatisierungstechnik voll zum Vorteil der Kunden zu realisieren.

---

[170] Vgl. Hammer; Champy (1994), S. 122.

[171] Vgl. u.a. Reichwald; Möslein (1995), S. 13 ff., Schnitt (1993), S. 15, Roach (1991b), S. 6 ff und Picot; Gründler (1995).

#### 1.1.1.3 Wettbewerbsfaktoren

Die Attraktivität einer Branche hängt von den in der Branche herrschenden Wettbewerbskräften ab. Nach Porter zählen zu diesen Wettbewerbskräften: die Markteintrittsbarrieren, die Gefahr von Ersatzprodukten, die Verhandlungsmacht von Abnehmern und Lieferanten und die Rivalität unter den vorhandenen Wettbewerbern[172].

Sind die Markteintrittsbarrieren etwa durch Economies of scale, hohen Kapitalbedarf, staatliche Auflagen und Zugang zu den Vertriebskänalen hoch, so ist die Bedrohung durch neue Anbieter geringer. So werden die vorhandenen Wettbewerber immer versuchen, bestehende Eintrittsbarrieren zu erhöhen oder neue zu schaffen, während neue potentielle Anbieter versuchen werden, durch neue Konzeptionen die bestehenden Markteintrittsbarrieren zu umgehen oder sie zu senken. So ist in vielen dienstleistungsorientierten Branchen die Notwendigkeit großer Filialsysteme und Verteilernetze eine hohe Eintrittsbarriere (z.B. weltweite Paketlieferdienste). Neue Anbieter versuchen, diese Barrieren durch neue Kooperationsformen (z.B. Zusammenschluß nationaler Dienste) und neue Konzeptionen (z.B. durch den Einsatz neuer Informations- und Kommunikationstechniken) zu umgehen.

Substitutionsleistungen beeinflussen ebenfalls die Wettbewerbskräfte einer Branche. Je höher die Substitutionsneigung der Nachfrager ist und je geringer die Umstellkosten sind, desto höher ist der Wettbewerbsdruck durch Substitutionsleistungen auf die Branche. Ein starker Substitutionswettbewerb beschränkt die Freiheitsgrade einer Branche. Die Unternehmen der Branche müssen sich im klaren darüber sein, welche Substitutionsmöglichkeiten zu ihren Leistungen bestehen oder welche potentiellen Substitutionsmöglichkeiten ihre Branche bedrohen. Dementsprechend müssen sie ihre konzeptionelle Leistungserstellung und Preis- sowie Qualitätspolitik darauf abstimmen und ständig nachbessern. So kann der Nutzen für den Nachfrager durch die Art der Konzeptionierung gegenüber den Substitutionsleistungen erhöht werden oder durch die Konzeptionierung können die Umstellungskosten des Nachfragers in Bezug auf die Ersatzleistung erhöht werden. Für Newcomer in etablierten dienstleistungsorientierten Branchen hat es häufig wegen der hohen Unsicherheitsfaktoren und den damit verbundenen Kosten für die potentiellen Kunden wenig Sinn, mit Hilfe von Imitationen verbunden mit geringeren Preisen oder geringerem Zusatznutzen zu konkurrieren. Vielmehr müssen Newcomer versuchen, mit Hilfe von Substitutionsleistungen, die den Kunden sehr hohe Vorteile gegenüber bestehenden Lösungen bieten, zu konkurrieren. So kann die Einführung von Ersatzprodukten in bestehende Branchen zu einem erhöhten Wettbewerbsdruck führen. Reagiert die bedrohte Branche auf diese Herausforderung nicht oder zu spät, kann es zu einer Verdrängung der bedrohten Branche durch die Substitutionsleistungen führen (z.B. die Verdrängung von Mittelklasserestaurants durch Fast-Food Ketten in den USA).

Die Wettbewerbskräfte einer Branche werden auch durch die Verhandlungsstärke der Lieferanten bestimmt. Diese kann daher rühren, daß auf der Lieferantenseite eine hohe Konzentra-

[172] Vgl. Porter (1986), S.22 ff. und Porter (1988), S. 25 ff.

tion herrscht, während auf der Branchenseite viele Abnehmer vorhanden sind[173]. Darüber hinaus kann die Macht der Lieferanten dadurch erhöht werden, daß die Lieferanten die einseitige Abhängigkeit der Abnehmergruppe verstärken (z.B. durch Erhöhung der Umstellkosten). Es kann auch hier zu einer hold-up Situation kommen, die aus institutionsökonomischer Sicht ineffizient ist. Eine derartige Situation wird langfristig keinen Bestand haben. Es werden vielmehr effizientere Lösungen angestrebt. So kann es hierbei zu Vor- oder Rückwärtsintegrationen kommen oder es wird eine gegenseitige Abhängigkeit aufgebaut.

Ähnlich verhält sich dies auch bei der Verhandlungsstärke der Abnehmer. Je stärker eine einseitige Dominanz der Abnehmergruppe gegenüber den Branchenunternehmen aufgebaut wird (z.B. durch hohes Abnahmevolumen einiger weniger Nachfrager und hohen Informationsstand der Abnehmer), desto höher wird der Wettbewerbsdruck in der Branche. Auch hier kann das einzelne Unternehmen durch geschickte Konzeptionierungen der Leistungserstellung als Gegengewicht eine Abhängigkeitsposition der Abnehmer aufbauen (z.B. durch kundenspezifische Lösungsmöglichkeiten). Dabei ist immer zu bedenken, daß eine zu hohe Abhängigkeit der Abnehmer die Gefahr der Rückwärtsintegration verstärken kann.

In vielen dienstleistungsorientierten Branchen war in den vergangenen Jahren die brancheninterne Rivalität gering ausgeprägt, da in den meisten Branchen hohes Branchenwachstum zu verzeichnen war. Die Unternehmen konnten expandieren, ohne ihren direkten Wettbewerbern Kunden streitig machen zu müssen. Aber auch hier hat sich die Situation in den dienstleistungsorientierten Branchen verändert. Es kommt in vielen Branchen zu einem verstärkten Verdrängungswettbewerb. Besonders in Sektoren, in denen der Kunde durch die neuen Informations- und Kommunikationsmöglichkeiten nun leichter und kostengünstiger eine höhere Markttransparenz erhalten kann (z.B. Versicherungsbranche). Dies ist gerade im Bereich der industriell-dienstleistungsorientierten Unternehmen durch den hohen Standardisierungsgrad der Leistungsbündel und den hohen Anteil an Sucheigenschaften der Fall.
Somit wird es für viele dienstleistungsorientierte Unternehmen immer wichtiger, auch die Wettbewerber mit ihren Leistungserstellungskonzepten sorgfältig zu analysieren und zu vergleichen. Dies unter dem Namen Benchmarking[174] bekannte Verfahren wird in den letzten Jahren verstärkt auch in den dienstleistungsorientierten Branchen (z.B. Banken) verwendet. Dabei sollte jedoch nicht nur ein Benchmarking mit den Branchenunternehmen betrieben werden. Vielmehr können gerade Vergleiche mit Prozessen branchenfremder Unternehmen hohe Informationsvorsprünge gegenüber branchengleichen Unternehmen erzeugen[175]. Es ist nicht sinnvoll zu imitieren. Vielmehr ist es notwendig, aus den Prozessen der Branchenwettbewerber aber auch aus vergleichbaren branchenfremden Prozessen zu lernen. Aus der Kombination der hieraus erzielten Informationen und der Fokusierung auf den Kundennutzen lassen sich neue Prozesse entwickeln, die Wettbewerbsvorteile für die Kunden und das Unternehmen bieten.

[173] Vgl. Porter (1988), S. 54.
[174] Vgl. hierzu auch Karlöf; Östblom (1993).
[175] Vgl. Hammer; Champy (1994), S. 171.

### 1.1.1.4 Trend- und Zeitgeistströmungen

Viele dienstleistungsorientierte Unternehmen decken Bedürfnisse ab, die sich aufgrund sozio-psychologischer, gesellschaftlicher und kultureller Faktoren gebildet haben. Diese Faktoren sind nicht konstant, sondern verändern sich dynamisch auf Grund des hohen internationalen Kommunikationsaustausches. Verändern sich die Faktoren, so verändern sich auch die Präferenzen der Nachfrager und damit die Anforderungen an die dienstleistungsorientierten Unternehmen. Nach welchen Kriterien sich diese Faktoren verändern ist schwer feststellbar. Jedoch ist es für dienstleistungsorientierte Unternehmen, die hierdurch besonders stark betroffen sind (z.B. Freizeitbranche) wichtig, diese Trend- und Zeitgeistströmungen rechtzeitig zu erkennen und ihre Leistungserstellungskonzeptionen darauf abzustimmen. Dabei spielen Unternehmen (z.B. Medienunternehmen), Persönlichkeiten (z.B. Spitzensportler) und Nationen (z.B. USA) durch ihre wirtschaftlichen, kommunikativen und innovativen Möglichkeiten als sogenannte Trendsetter eine zentrale Rolle. Waren früher die Konsumentenwünsche stark durch die soziale Schicht bestimmt, so werden in unserer heutigen klassenlosen und multikulturellen Gesellschaft die Bedürfnisse durch die Verhaltensweise der Gesellschaft bestimmt. Es bilden sich Verbrauchergruppen, die sich quer durch die gesellschaftlichen Schichten ziehen und ähnlich geartete Bedürfnisstrukturen besitzen (Lifestyle-Segmentierung)[176].
Dienstleistungsorientierten Unternehmen muß es deshalb gelingen, die meist verborgenen sozio-psychologischen Strömungen zu erkennen und mit adäquaten, auf ein Lifestyle-Segment abgestimmten Konzeptionen zu beantworten. Unternehmen, die diese Strömungen rechtzeitig erkennen und mit entsprechenden Angeboten reagieren, können Trends beeinflussen und selbst zum Trendsetter zu werden (z.B. Mc Donald's, Walt Disney Coperation, Club Mediteraneé).

### 1.1.2 Potentielle Kundengruppe und Anbieter

Um im dienstleistungsorientierten Bereich ein erfolgversprechendes Konzept zu kreieren, ist die Kenntnis der Präferenzen der potentiellen Kundengruppe und der eigenen Kompetenzen unabdingbar.
So muß zunächst die potentielle Kundengruppe definiert werden, der mit Hilfe der eigenen Kompetenzen ein Nutzenvorteil gegenüber alternativen Lösungen geboten werden kann. Die Definition der potentiellen Kundengruppe ist jedoch im dienstleistungsorientierten Bereich schwierig.

So kommt es in einigen dienstleistungsorientierten Sektoren zu einem Auseinanderfallen von potentieller Kundengruppe (Vertragspartner) und potentieller Nutzergruppe des Leistungsbündels. Als Beispiel sind hier die privaten Medien zu nennen. Während die potentielle Nutzergruppe durch die möglichen Zuseher bzw. Zuhörer repräsentiert wird, ist die potentielle Kundengruppe der privaten Medien die Werbewirtschaft. Die Werbewirtschaft wird sich die Medien auswählen, bei denen ihr Nutzen-Kosten-Verhältnis am günstigsten ist. Es ist somit

[176] Vgl. Drucker (1994), S. 99.

im Interesse der privaten Medien, die Nutzergruppe anzusprechen, die ihnen mit Hilfe der Werbeeinnahmen ein Nutzenmaximum zusichert. Fallen potentielle Kundengruppe und potentielle Nutzergruppe auseinander, müssen die Nutzenfunktionen beider Gruppen, sowie deren Beziehungen untereinander, berücksichtigt werden.

Die Definition der potentiellen Kundengruppe darf nicht zu breit, aber auch nicht zu eng ausfallen. So muß die Kundengruppe so breit definiert werden, daß ein Angebot auf eine ökonomisch tragfähige Nachfrage trifft. Dies gilt insbesondere für Leistungsbündel, die eine räumliche Nähe von Kunden und Unternehmen verlangen. Andererseits darf die Kundengruppe auch nicht zu breit definiert werden, da hierbei unterschiedliche Präferenzstrukturen abgedeckt werden müßten. Dies würde zu hohen kundenspezifischen Anpassungen führen oder zu Leistungsbündeln, die nicht den Präferenzen der Kunden entsprechen. Beide Entwicklungen wären gerade für junge Unternehmen mit großen Schwierigkeiten verbunden. Kundenspezifische Anpassungen wären zum einen kostenintensiv und mit hohem Koordinationsaufwand verbunden, zum anderen könnte sich das Unternehmen Lerneffekte nur bedingt zu Nutze machen. Diese höheren Kosten müssen sich auf lange Sicht in den Preisen niederschlagen. Da der Preis bei den potentiellen Kunden ein wichtiges Auswahlkriterium ist, kann wegen als zu hoch empfundener Preise die Nachfrage stark sinken[177]. Erstellt das Unternehmen dagegen Leistungsbündel, die die Erwartungen der Kunden nicht decken, so würde dies zu einer Abwanderung der Kunden und einer negativen Mundpropaganda führen[178]. Es gehört daher zu den zentralen Erfolgsfaktoren, die potentielle Kundengruppe möglichst exakt, dabei aber nicht zu eng oder breit zu definieren.
Die potentielle Kundengruppe ist folglich so zu definieren, daß sie einen möglichst hohen Homogenitätsgrad bei den Nutzenfunktionen, Präferenzstrukturen und Erwartungen hinsichtlich des Leistungsbündels aufweist.

Die Definition der Kundengruppe weist aber auch bei den unterschiedlichen Typen der dienstleistungsorientierten Leistungsbündeln Besonderheiten auf.

Im industriell-dienstleistungsorientierten Bereich ist der potentiellen Kundengruppe sowohl Problem wie auch Problemlösung bekannt. Unternehmen in diesem Bereich müssen es verstehen, die Bedarfssignale der potentiellen Kundengruppe zu empfangen und richtig zu interpretieren. So kann die potentielle Kundengruppe einen hohen Informationsinput zur Problemlösung beitragen. Ein hoher Interaktionsgrad mit der Zielgruppe ist deshalb schon vor der Konzeptionierung des Leistungsbündels notwendig. In Gesprächen mit repräsentativen potentiellen Kunden muß geklärt werden, wie der potentielle Anbieter mit seinen Fähigkeiten und Know-how das Leistungspaket günstiger und/oder mit höherem Nutzen als der potentielle Kunde selbst liefern kann[179]. Vor der Konzeptionsfindung muß vom potentiellen Anbieter untersucht werden, ob ein genügend großer Bedarf für das zu liefernde Leistungsbündel im Liefergebiet vorhanden ist. Hierzu ist die Gruppe anzusprechen, die neben ähnlichen perso-

[177] Vgl. Parasuraman et al. (1991), S. 40.
[178] Vgl. Richins (1993), S. 532.
[179] Vgl. Normann (1987), S. 44.

nenbezogenen Eigenschaften sich in einer ähnlichen Situation befindet wie die repräsentative Zielgruppe[180]. Im industriell-dienstleistungsorientierten Bereich gilt somit, daß das eigene Wissen der potentiellen Kundengruppe die Präferenzen der Gruppe beeinflußt.

Im kreativ-dienstleistungsorientierten Bereich kennt die potentielle Kundengruppe ihr Problem, hat aber keine Ansatzpunkte zur Problemlösung. Der potentielle Anbieter muß hierbei die Probleme der Gruppe aufgreifen und ihr durch kreative Lösungsansätze signalisieren, daß er die Probleme vorteilhaft für die Kundengruppe lösen kann. Die Marktsegmentierung muß hierbei nach ähnlichen Lebensgewohnheiten und somit nach ähnlichen Problemstellungen vorgenommen werden. Derartige Problemstellungen können auch durch Zeitgeistphänomene (z.B. Umweltbewußtsein) erzeugt werden. Eine Interaktion mit der Zielgruppe vor der Konzeptionierungsphase muß hauptsächlich im Sinne einer Problemanalyse und Bedarfsanalyse stattfinden. Damit gilt im kreativ-dienstleistungsorientierten Bereich, daß die Erfahrungen der potentiellen Kundengruppe Einfluß auf die Präferenzbildung haben.

Im vertrauens-dienstleistungsorientierten Bereich kennt die potentielle Kundengruppe ihr Problem nicht oder nicht genau und hat, bezogen auf die Problemlösung, ein nur sehr geringes Wissen. Aus diesem Grund ist es auch für den potentiellen Anbieter besonders schwierig, die Kundengruppe zu identifizieren. Ausgangspunkt ist somit zuerst nicht die Kundengruppe, sondern vielmehr die Fähigkeiten und das Know-how des potentiellen Anbieters. Mit Hilfe dieser Fähigkeiten und des Know-hows muß er Probleme der potentiellen Zielgruppe erkennen und Ursachen für diese Probleme identifizieren können. Besteht ein kausaler Zusammenhang, kann die Kundengruppe gut identifiziert und angesprochen werden. Gibt es keinen kausalen Zusammenhang, muß versucht werden eine Segmentierung mit Hilfe gemeinsamer Merkmale (z.B. Aktivitäten, Interessen und Wertesysteme) zu realisieren[181]. Der Informationsfluß vor der Konzeptionierungsphase ist meistens einseitig. Der Kundengruppe muß ihr Problem klar verdeutlicht werden und es muß das Bedürfnis geweckt werden, dieses Problem mit Hilfe eines dienstleistungsorientierten Leistungsbündels zu beseitigen. Im vertrauens-dienstleistungs-orientierten Bereich gilt somit, daß die Kenntnisse der Kundengruppe über ihre Probleme erst die Bedürfnisse schaffen.

Der Erfolg eines dienstleistungsorientierten Leistungsbündels hängt dann auch stark davon ab, wie gut der Bedarf der definierten Kundengruppe durch die Kompetenzen des Unternehmens bzw. seiner Marktpartner abgedeckt werden können. Der Bedarf kann nur befriedigt werden, wenn dem Unternehmen die adäquaten Kompetenzen zur Verfügung stehen und diese mit Hilfe der Unternehmenskonzeption der Kundengruppe zugänglich gemacht werden. So müssen die Kompetenzen und die Konzeption des Unternehmens so beschaffen sein, daß sie die Erwartungen der Kunden übertreffen können[182]. Die Erwartungen werden geprägt durch die Bedürfnisse, die Kommunikation mit anderen Konsumenten und die eigenen Erfahrungen.

[180] Vgl. Mühlbacher; Botschen (1990), S. 161.
[181] Vgl. Barcham (1989), S. 25 f.
[182] Vgl. Parasuraman et al.(1991), S. 41.

Dabei betreffen die Erwartungen einmal das Ergebnis des Leistungsbündels und zum anderen den Prozeß der Leistungserstellung.
Durch das zufriedenstellende Ergebnis des Leistungsbündels können die Erwartungen der Zielgruppe erfüllt werden. Um die Erwartungen der Kunden übertreffen zu können, muß es dem Unternehmen gelingen, den Kunden positive Eindrücke während des Prozesses zu vermitteln.

Dies bedeutet, daß ein dienstleistungsorientiertes Unternehmen die Kompetenzen für ein einwandfreies Leistungsergebnis haben muß, um überhaupt im Wettwerb verbleiben zu können. Für den Erfolg und die Differenzierung gegenüber dem Wettbewerb sind jedoch die Kompetenzen bei den Prozeßfaktoren (z.B. kurze Wartezeiten, Kundenbetreuung) entscheidend. Je mehr Unternehmen in einer Branche in der Lage sind, zufriedenstellende Ergebnisse zu erzielen, desto stärker wird sich der Wettbewerb auf die Prozeßfaktoren verlagern. In diesen Fällen werden Kompetenzen wie adäquate Ausbildung und Freundlichkeit der Mitarbeiter, schnelle und kompetente Reaktion auf Kundenprobleme und -wünsche und entsprechende Ausstattung der Verkaufsräume immer wichtiger.
Mit einer überzeugenden Unternehmenskonzeption muß es gelingen, die Kompetenzen der Unternehmung und seiner Marktpartner so zu kombinieren, daß eine möglichst exakte Anpassung an die Präferenzstrukturen des potentiellen Zielpublikums erzielt werden kann. Die Erwartungen der Zielgruppe müssen durch die Prozeßfaktoren noch übertroffen werden, so daß damit eine klare und attraktive Differenzierung gegenüber Wettbewerbsangeboten möglich ist[183].

## 1.2 Konzeptionserstellung

Die Bedeutung einer gesamtheitlichen Konzeption der Leistungsbündel wird um so wichtiger, je stärker die Leistungsbündel von der *Prozeßbeteiligung* der Kunden und *Informationen* geprägt werden. Dies ist besonders im Bereich der kreativ- und vertrauens-dienstleistungsorientierten Leistungsbündel der Fall. Der Vorteil einer ganzheitlichen Vorgehensweise ist, daß Koordinations-, Kommunikations- und Abstimmungsprobleme reduziert werden. Dies kann auch durch eine *Modularisierung* des Leistungsbündels unterstützt werden. In den modularen Bausteinen können dann bei Zusammenfassung von Verantwortung, Kompetenz und Entscheidungsrechten die spezifischen Probleme gelöst werden, während die Abstimmung und der Informationsaustausch zwischen den Modulen schnittstellenfrei und möglichst standardisiert ablaufen können. Durch die Modularisierung kann ein weiterer wichtiger Punkt bei der Konzeption erfüllt werden. Durch den modularen Aufbau kann der Kunde sein persönliches Leistungsbündel zusammenstellen und so einen zusätzlichen Nutzen erhalten. Die Konzeption kann dem Kunden auch einen Zusatznutzen ermöglichen[184], indem das Leistungsbündel einfach und selbsterklärend aufgebaut ist und/oder die Leistungserstellung durch technische Hilfsmittel unterstützt oder ersetzt wird. Somit kann der Kunde noch stärker seine

[183] Vgl. Mühlbacher; Botschen (1990), S. 159.
[184] Vgl. Normann; Ramirez (1993), S. 68.

eigenen Wünsche verwirklichen. Eine derartige Konzeption empfiehlt sich jedoch nur für den industriell-dienstleistungsorientierten Bereich.

Eine *exakte und gesamtheitliche Planung* der Konzeptionierung ist aber auch von hoher Bedeutung, da die Konzeption des Leistungsbündels die Leistungsfähigkeit des Systems limitiert. Schließlich muß die Konzeption dienstleistungsorientierter Leistungsbündel eine doppelte Kundenorientierung aufweisen. Dabei muß sie entsprechend den Erwartungen der Kunden bestimmte Leistungsergebnisse erzeugen und muß trotzdem den Leistungsprozeß optimal auf die Wünsche der Kunden ausrichten.

Im industriell-dienstleistungsorientierten Bereich steht bei der Konzeptionierung aufgrund der standardisierten Interaktionen zwischen Kunden und Unternehmen insbesondere die *Ergebniskomponente* im Vordergrund. Erst wenn eine Differenzierung gegenüber den Wettbewerbern mit Hilfe der Ergebniskomponente nicht mehr möglich ist, nimmt auch in diesem Bereich die Bedeutung der Prozeßkomponente zu. Bei der Konzeptionierung von kreativdienstleistungs-orientierten Leistungsbündeln muß der Fokus sowohl auf der *Ergebnis-*, wie auch auf der *Prozeßkomponente* liegen, da in diesem Bereich die Interaktionen für den Erfolg von großer Bedeutung sind.
Im vertrauens-dienstleistungsorientierten Bereich muß neben der Ergebniskomponente die Konzeption besonders stark auf die *Prozeßkomponente* ausgerichtet sein, da die persönliche Beziehung zwischen Kunden und Unternehmensmitarbeitern den Erfolg des Leistungsbündels bestimmt.

Ausgangspunkt für die Konzeption sind einmal die *Kundengruppe*[185] mit ähnlichen Präferenzstrukturen, Erwartungen und Nutzenwahrnehmungen[186] und zum anderen die Kompetenzen des eigenen Unternehmens und die Möglichkeiten der Marktpartner. Neben diesen beiden Hauptbereichen ist die Konzeption vor allem im Zusammenhang mit den bestehenden *Rahmenfaktoren* zu sehen. Hierbei sollten durch die Konzeption die Möglichkeiten der Rahmenfaktoren genutzt und die Risiken, die sich hieraus ergeben, reduziert werden. Beispielsweise muß die Konzeption von Bereichen, die in hohen Maße Trend- und Zeitgeistströmungen ausgesetzt sind (z.B. Mode- und Freizeitbereich), Flexibilität und schnelle Ideenumsetzung ermöglichen und dabei hohe trendspezifische Investitionen vermeiden.

Innerhalb dieses Rahmens muß nun festgestellt werden, welche Möglichkeiten zur Bedürfnisbefriedigung der Kundengruppe möglich sind. Dabei sollten nicht nur bestehende Lösungsansätze berücksichtigt, sondern gerade neue Lösungsmöglichkeiten auch mit Hilfe *neuer technischer Systeme* gesucht und gefunden werden. Hierzu sollte eine Ideengenerierung mit Hilfe unterschiedlicher *Kreativitätstechniken* (z.B. Brainstorming, morphologische Methode, Synektik) vorgeschaltet werden[187]. Besitzen die potentiellen Kunden problemlösungsspezifisches Wissen, wie dies in den industriell-dienstleistungsorientierten Bereichen der Fall ist,

[185] Vgl. hierzu Kapitel IV. 1.1.2.
[186] Vgl. Biehal (1994), S. 21, Green; Rao (1971), S. 358.
[187] Vgl. Kupsch et al. (1991), S. 1111 ff.

sollten diese in die Ideengenerierungsphase integriert werden. Sind für die Erstellung der Leistungsbündel auch Bereiche notwendig, in denen das Unternehmen nur geringes Wissen besitzt, müssen auch entsprechende Marktpartner (z.B. Unternehmen der Informations- und Kommunikationstechnik) in die Ideengenerierungsphase einbezogen werden. Bei der Konzeption ist jedoch immer darauf zu achten, daß die strategische Ausrichtung der Konzeption bedarfsorientiert von den unternehmensinternen Kompetenzen getragen wird. Ist die Ideengenerierung abgeschlossen, sind die möglichen Leistungsbündelalternativen mit Hilfe von Flow-Charts darzustellen[188]. Auf diesen Flow-Charts sind auch die Informations- und Kommunikationsflüsse sowie die Kundenbeteiligungen am Leistungserstellungsprozeß einzutragen.

Je stärker ein Leistungsbündel von Informationen geprägt wird, desto wichtiger wird die *Unterstützung des Informationsflusses* durch eine adäquate Konzeption. So muß die Konzeption den schnittstellenfreien und verzerrungsfreien Informations- und Kommunikationsaustausch innerhalb des gesamten Leistungsbündels gewährleisten.

In der *Geschäftsanbahnungsphase* muß durch die Konzeption des Leistungsbündels sichergestellt werden, daß der Informations- und Kommunikationsaustausch zwischen Kunden und Unternehmen kostengünstig und einfach abläuft.
Der mögliche Nutzen eines unbekannten Leistungsbündels ist für die potentiellen Kunden aufgrund der bestehenden *Informationsdefizite*, insbesondere bei indeterminierten Leistungsprozessen und den "hidden characteristics" der Mitarbeiter und der Technik des dienstleistungsorientierten Leistungsbündels, schwer abzuschätzen. Dies gilt verstärkt für Bereiche mit hohen Anteilen an Vertrauenseigenschaften wie bei den kreativ- und vertrauensdienstleistungsorientierten Unternehmen. Für die Informationssuche und -analyse können somit bei den potentiellen Kunden prohibitiv hohe Transaktionskosten anfallen[189]. Sind diese Switching-Costs[190] im Verhältnis zum erwarteten Nutzen zu hoch, unterbleibt der Wechsel bzw. die Nutzung des Leistungsbündels[191]. Als Implikation für die Gestaltung der Leistungsbündelkonzeption läßt sich hieraus ableiten, daß durch die Gestaltung der Konzeption der Kunde Informationen über die Leistungsfähigkeit des Leistungsbündels erhält ( z.B. Qualifikationsnachweise, Visualisierung der Leistungserstellung). Mit Hilfe dieses Signalings können die Kunden Informationen erhalten, ob das entsprechende Unternehmen über die gewünschten Fähigkeiten und Eigenschaften verfügt. Zusätzlich kann das Unternehmen durch einen modularen Aufbau des Leistungsbündelsangebots dem Kunden die Zusammenstellung seines Leistungsbündels übertragen, die seinen Bedürfnissen entspricht. Durch dieses self selecting erhält das Unternehmen kostengünstig Informationen über die Eigenschaften seiner Kunden. Mit Hilfe dieser Methoden entfallen für das Unternehmen teuere Selektionsbemühungen. Kunden, die nicht der potentiellen Kundengruppe angehören, verursachen durch ihre abweichenden Bedürfnisse Koordinationsprobleme, beeinträchtigen das Konsumverhalten der

[188] Vgl. Shostack (1984), S.94 ff.
[189] Vgl. Schäfer (1995), S. 540.
[190] Vgl. Weizsäcker (1984), S. 1088.
[191] Diese Tatsache stellt einen wichtigen Faktor für unterschiedlich hohe Beschäftigungsquoten des Dienstleistungssektors in den verschiedenen Ländern dar. So zeigt sich, daß in Ländern mit experimentierfreudiger Ausrichtung eine höhere Beschäftigungsquote vorhanden ist.

eigentlichen Kundengruppe (z.B. beim Restaurantbesuch, Theaterbesuch) und sorgen aufgrund der nicht erfüllten Erwartungen für eine negative Mundpropaganda. Ein vorgeschalteter Selektionsmechanismus ist in der Konzeption besonders in den Bereichen einzurichten, in denen aufgrund des hohen Know-how-Bedarfs des Leistungsträgers und der großen Bedeutung dieser Person für die Leistungserstellung eine Trennung von Marketing- und Produktionsfunktion nicht möglich ist. Der Know-how-Träger muß aufgrund der hohen Vertrauenseigenschaften, die hauptsächlich an seine Person gebunden sind, in einem persönlichen Gespräch das Vertrauen des Kunden in seine Leistungsfähigkeit erwerben. Da der Know-how-Träger aber auch die Leistungserstellung abdecken muß, ist seine Zeit für die Marketingfunktion beschränkt. Um diese Zeit effizient zu nutzen, muß es durch das Selektionsverfahren gelingen, nur solche Kunden in das Vorbereitungsgespräch gelangen zu lassen, die zur potentiellen Zielgruppe gehören (z.B. durch das Vorschalten eines Arztes für Allgemeinmedizin vor den Spezialarzt). Ein derartiges Vorgehen ist besonders im vertrauens-dienstleistungsorientierten Bereich angebracht.

Die Konzeption sollte auch so ausgelegt sein, daß der zur Leistungserstellung notwendige Informations- und Kommunikationsablauf zwischen dem Unternehmen und den Kunden reibungslos ablaufen kann. Bei den Neukunden steht die Informationsgewinnung beider Seiten im Vordergrund. Für den Kunden ist die *Schulung* und der *Abbau von Hemmschwellen* wichtig. Der Kunde muß insbesondere im industriell-dienstleistungsorientierten Bereich im Umgang mit der zu bedienenden Technik (z.B. automatische Serviceschalter in Banken) geschult werden. Ist durch die Technik eine Anwesenheit von Mitarbeitern des dienstleistungsorientierten Unternehmens nicht mehr nötig, so ist die Kundenschulung ein wichtiger Aspekt für eine effiziente Produktion. Ist dagegen für die Produktion die Kundenanwesenheit nicht erforderlich, so muß die Konzeption so gestaltet sein, daß der Kunde durch unnötige Interaktionen die Leistungserstellung nicht beeinträchtigen kann. Im kreativ- und vertrauens-dienstleistungsorientierten Bereich, mit einer hohen Interaktion zwischen Kunden und Unternehmen, muß der Kunde über den Ablauf und seine Beteiligung am Prozeß fortlaufend informiert werden.

Diese *Informations- und Schulungskomponente* kann im industriell- und kreativ-dienstleistungsorientierten Bereich mit technischen Hilfsmitteln substituiert oder unterstützt werden (z.B. Datenbank, die der Kunde über Fernabfrage abrufen kann). Im vertrauens-dienstleistungsorientierten Bereich dagegen muß diese Informations- und Schulungskomponente bei hoher Informationsasymmetrie, hohem vertrauensbildenden Kontext und mit viel Sozialkompetenz von der Bezugsperson im Unternehmen durchgeführt werden. Dieser Prozeß ist zwar kostenintensiv für das Unternehmen, ist aber bei langfristigen Beziehungen effizient. Ein informierter Kunde weiß, was er zu tun hat und unterbricht nicht unnötig die Leistungsprozesse. Die hierdurch erzielte Reduzierung der Unsicherheit im Kundenverhalten ist somit transaktionskostensenkend. In der Konzeption ist somit bei vertrauens-dienstleistungsorientierten Unternehmen eine den Kunden informierende Komponente von hoher Bedeutung. Gerade bei Neukunden, die noch keine hohen spezifischen Investitionen in die Beziehung getätigt haben, ist die Gefahr eines schnellen Abwanderns bei Mißfallen größer als bei Stammkunden.

Je stärker das Leistungsbündel auf *kundenspezifische Faktoren* zugeschnitten werden muß, desto wichtiger wird der Kunde als Informationsquelle. Dies trifft weniger auf den industrielldienstleistungsorientierten Bereich als vielmehr auf den kreativ- und vertrauens-dienstleistungsorientierten Bereich zu. Um für spätere Wiederholungskäufe diese kundenspezifischen Daten parat zu haben, empfiehlt sich die Speicherung dieser Daten in Datenbanksystemen. Bei Wiederholungskäufen des Kunden können diese Daten sofort abgerufen und eventuell aktualisiert werden.

Je stärker der Kunde in die Produktion des Leistungsbündels integriert ist, desto wichtiger wird bei der Konzeption die *Berücksichtigung des Zeitaspekts*. So haben die meisten dienstleistungsorientierten Leistungsbündel einen Zeitverkürzungsaspekt (z.B. Fast-Food), Zeitvertreibaspekt (z.B. Besuch einer Sportveranstaltung) oder eine Kombination aus beiden (z.B. Flugreisen mit zusätzlichen Annehmlichkeiten z.B. Videos und gutes Essen)[192]. Je nachdem, unter welchem Aspekt der Kunde das Leistungsbündel nutzt, muß dies in der Konzeption berücksichtigt werden. Steht der Zeitverkürzungsaspekt im Vordergrund, so sollte durch die Konzeption der Kunde Zeitvorteile gegenüber Konkurrenzangeboten erzielen können[193]. Wartezeiten werden unter Zeitverkürzungsaspekten subjektiv vom Kunden als wesentlich länger empfunden und die Verärgerung des Kunden setzt früher ein, als dieses beim Zeitvertreibaspekt der Fall wäre. Deshalb sind im Bereich des Zeitverkürzungsaspektes, der hauptsächlich im industriell-dienstleistungsorientierten Bereich vorherrscht, Wartezeiten mit Hilfe der Konzeption möglichst zu vermeiden.

Eine *optimale Kapazitätsplanung* ist hierbei von entscheidender Bedeutung. Viele dienstleistungsorientierte Leistungsbündel können nicht gelagert werden. Steht die Kapazität (Personal und/oder Technik) zur Verfügung und wird sie vom Kunden nicht genutzt, so geht sie ungenutzt unter (z.B. ungenutzte Sitzplätze und Frachtkapazitäten bei Fluggesellschaften). Aufgrund der ständig steigenden Personalkosten und Investitionssummen für technisches Material, kann die Reduzierung dieser sogenannten Leerkosten wettbewerbsentscheidend sein. Auf der anderen Seite ist zu beachten, daß eine Bereitstellung von zu geringer Kapazität die Kunden schnell verärgert und zur Abwanderung bewegt. Für die Konzeption ergibt sich hieraus, daß die Kapazitäten der einzelnen Bereiche gut aufeinander abzustimmen sind und genügend Informationen über die Nutzungsgewohnheiten der Kunden vorhanden sein müssen, um diese in die Kapazitätsplanungen einzubeziehen. Dabei ist es auch besonders wichtig, die Zusammenhänge zwischen Nutzung der Leistungsbündel und anderen Faktoren (z.B. Ferien, Konferenzen) zu kennen. Diese Informationen können mit Hilfe von Datenbanken zur Kapazitätsplanung verwendet werden und können in Bereichen mit hoher Planungsunsicherheit große Wettbewerbsvorteile erzeugen.

Ein weiterer wichtiger Faktor, der mit Hilfe der Konzeption erreicht werden muß, ist die *Zuverlässigkeit* des Leistungsbündels. Die Zuverlässigkeit der Kernleistung muß gewährleistet

192 Vgl. Stauss (1991), S. 81.
193 Vgl. Stauss (1991), S. 85.

sein, damit das Leistungsbündel überhaupt konkurrenzfähig sein kann[194]. Für die Konzeptionierung des Leistungsbündels ergibt sich hieraus, daß das System möglichst einfach, wartungs- und kundenfreundlich geplant wird. Auch die einzelnen technischen Komponenten des Systems müssen eine hohe Ausfallsicherheit besitzen, leicht für die Kunden bedienbar und von den Mitarbeitern des dienstleistungsorientierten Unternehmens einfach zu warten sein (z.B. durch Modularisierung und automatische Fehleranalyse). Im industriell-dienstleistungsorientierten Sektor bedeutet dies, daß die die persönliche Leistung substituierende Technik bedienungsfreundlich und ausfallsicher gestaltet sein muß. Im kreativ- und vertrauens-dienstleistungsorientierten Bereich werden mit zunehmender Integration des Kunden in den Prozeß die Forderungen nach ausfallsicheren, wartungsarmen und kundenfreundlichen Konzeptionen noch wichtiger, da der Kunde mit Unzulänglichkeiten und Fehlern bzw. Ausfällen direkt konfrontiert wird und diese somit auf die Gesamtbeurteilung des Leistungsbündels stark einwirken. Konkret bedeutet dies eine kontinuierliche Weiterbildung des betroffenen Personals einerseits, die Gewährung entsprechender kreativer Freiräume andererseits.

Der dienstleistungsorientierte Bereich wird somit stark von der Arbeit der Mitarbeiter geprägt und trotz einfacher Gestaltung des Leistungsbündels und einer guten und breiten *Aus- und Weiterbildung* der Mitarbeiter wird eine vollkommen fehlerfreie Leistungserstellung niemals möglich sein. Die Konzeption muß deshalb so gestaltet sein, daß auftretende Mängel schnell und zur Zufriedenheit der Kunden beseitigt werden und die Wiederholung des Mangels durch das Leistungserstellungssystem mit Hilfe schneller Fehleranalysen und Veränderungen im System vermieden wird. Dabei kann ein internes Informationssystem in Kombination mit einer Fehleranalysedatenbank nützlich sein.
Bei vielen Kunden nimmt bei der Beurteilung von dienstleistungsorientierten Unternehmen die Art und Weise, wie das Unternehmen mit Problemen umgeht, eine zentrale Stellung ein[195]. Beide Faktoren, zufriedenstellende Leistung oder zufriedenstellende Problem- bzw. Mängelbeseitigung, tragen zur Bildung einer Vertrauensbasis und zur Schaffung langfristiger Kundenbeziehungen bei.

Die Konzeption muß schließlich auch so geschaffen sein, daß die *Erfahrungen und Lerneffekte*, die Kunden und Mitarbeiter während des Leistungserstellungsprozesses sowie die Kunden mit dem Leistungsergebnis gemacht haben, in das System einfließen und bei Bedarf entsprechend berücksichtigt werden. Mit der Erfahrung der Kunden steigt aber auch das Niveau des adäquaten Services[196]. Somit kann gesagt werden, daß mit zunehmendem Stammkundenanteil das System verstärkt zu Systemverbesserungen veranlaßt wird. Hinzu kommt, daß der Aufwand für Stammkunden bedingt durch ihr Wissen und durch die vorhandenen Kundeninformationen wesentlich geringer ausfällt als dies bei Neukunden der Fall ist. Des weiteren sind Stammkunden für das System als Werbeträger und somit für die Reputation des Unternehmens von unschätzbarem Wert[197]. Mit steigendem Anteil der Vertrauenseigenschaften

194 Vgl. Berry et al. (1990), S. 34 f.
195 Vgl. Heskett et al. (1991), S. 217.
196 Vgl. Parasuraman et al. (1991), S. 47.
197 Hart et al. schreiben, daß es fünfmal soviel kostet einen Kunden zu gewinnen, wie ihn zu halten (Vgl. Hart et al. (1990), S. 148). Während positive Eindrücke an durchschnittlich nur acht Personen weitergebenen werden;

wird die positive Mundpropaganda für das System zum wichtigsten Marketinginstrument[198]. Neben den bereits erwähnten Informationsquellen dürfen aber auch sogenannte Nichtkunden als wichtige Informationsquelle nicht unterschätzt werden[199]. Bei diesen handelt es sich um potentielle Kunden, die aber das Leistungsbündel des Unternehmens nicht nachfragen. Gerade die Eruierung der Gründe hierfür kann wichtige Informationen für konkrete Anpassungsmöglichkeiten der Konzeption geben.

Unter Berücksichtigung der hier sicherlich nicht vollständig aufgelisteten Forderungen sind die Konzeptionsalternativen so auszuwählen und zu kombinieren, daß die Kunden durch die Hilfestellung der Technik und/oder des Personals einen maximalen Nutzen aus dem Leistungsbündel erzielen können und die unternehmenseigenen Kompetenzen für die strategische Ausrichtung der Konzeption von entscheidender Bedeutung sind. Eine wesentliche Rolle spielt dabei, ob es sich um industriell-, kreativ- oder vertrauens-dienstleistungsorientierte Leistungsbündel handelt. Abbildung 16 in Abschnitt IV.4. faßt die sich hieraus ergebenden unterschiedlichen Anforderungen nochmals zusammen. Doch zunächst soll die Konzeptionsphase an Hand eines Fallbeispiels beispielhaft aufgezeigt werden.

### 1.3 Fallbeispiel zur Konzeption

Als Beispiel für die Konzeption von dienstleistungsorientierten Leistungsbündeln wurde hier ein Fall aus dem Sektor der Waschhygiene ausgewählt. Leistungsbündel für öffentliche Waschräume besitzen aufgrund der verwendeten Geräte einen hohen Grad an Sucheigenschaften und die Kunden kennen die Probleme und die Problemlösungen. Es handelt sich somit um industriell-dienstleistungsorientierte Leistungsbündel. Das hier betrachtete Unternehmen ist weltweit in zwölf Ländern vertreten und gehört in diesem Sektor zu den führenden europäischen Unternehmen.
Im folgenden wird die bestehende Konzeption beschrieben und im Hinblick auf Schwachstellen analysiert, um auf dieser Basis sowohl spezielle Empfehlungen für das ausgewählte Unternehmen als auch allgemeine Folgerungen für industriell-dienstleistungsorientierte Konzeptionen ableiten zu können.

Das Unternehmen hat sich in den letzten Jahren mit Hilfe seiner Konzeption der modularen Leistungsbündel für öffentliche Waschräume zum europäischen Marktführer entwickelt. Bei dieser Konzeption werden den Kunden (z.B. öffentliche Einrichtungen, Gastronomie) verschiedenste Kombinationsmöglichkeiten von Produkten[200] und Leistungen[201] angeboten, um den unterschiedlichsten Bedarfsstrukturen in diesem Bereich gerecht zu werden. Somit

besteht die Gefahr, daß negative Eindrücke an durchschnittlich 22 Personen übermittelt werden (Vgl. Breuer (1991), S. 176).

198 Vgl. Zeithaml et al. (1985), S. 40.

199 Vgl. Drucker (1994), S. 102.

200 Hierzu zählen Handtuchspender, Waschschaumspender, Dustmatten, keimfreie Toillettenbrillen und Geräte zur Geruchsreduktion.

201 Hierzu zählt die Wartung , Reinigung und Bestückung der Geräte, sowie die Abholung und Reinigung von gebrauchtem Material (Dustmatten und Baumwollhandtücher).

kann den Kunden bedarfsgerecht ein Leistungsbündel angeboten werden, das den Aufwand für die Sauberhaltung der Waschräume reduziert und den Bedienungskomfort der Benutzer dieser Einrichtungen erhöht.
Ausgangspunkt bei der Entwicklung der Konzeption und deren Fortentwicklung waren repräsentative Kunden und deren Probleme und Bedarfsbündel im Bereich öffentlicher Waschräume (z.B. Aufwandsreduktion bei der Sauberhaltung, bequeme und einfach Bedienung von Geräten). Diese Bedarfsbündel führten unter Berücksichtigung der Rahmenfaktoren (z.B. Umweltschutzgedanke, innovative Logistik- und Wäschereitechnologien, Berücksichtigung der Wettbewerbssituation und Trend zu hygienischeren und luxuriöseren Waschräumen) zur Konzeption: ein umwelt-, benutzungs-, und wartungsfreundliches Full-Service-Angebot für öffentliche Waschräume.

Sauberkeit, Bedienungskomfort und Aufwandsreduzierung bei der Reinhaltung der Räume können mit Hilfe von Geräten verbessert werden. So werden von der unternehmenseigenen Entwicklungsabteilung Geräte nach dem Bedarf der Kunden entwickelt, die bedienungsfreundlich, wartungsarme und ausfallsichere Elemente besitzen. Um die Sauberhaltung der Räume zu unterstützen wurde beispielsweise ein Waschschaum entwickelt, der nicht tropft und somit nicht unnötig die Waschräume verschmutzt.

Um den Umweltgedanken in der Konzeption zu integrieren, werden von der Unternehmung die Einsatzstoffe propagiert (z.B. Baumwollhandtücher), die die günstigste Ökobilanz aufweisen. Die Geräte werden so konstruiert, daß nur die geringstmögliche Umweltbelastung (z.B. durch Waschschaum und Desinfektionsmittel) auftritt. Die Baumwollhandtücher werden in zentralen Wäschereien, die auf dem neuesten technischen Stand sind, gewaschen. Das Wasser wird anschließend zurückgewonnen und für die Reinigung der Dustmatten verwendet.

Sind die Geräte, die gekauft oder gemietet werden können, bei den Kunden installiert, werden sie je nach Nutzungsintensität durch das Personal des Unternehmens in bestimmten Intervallen gewartet und neu bestückt. Da die Kapazität der Geräte (z.B. Handtuchspender mit max. zwei Baumwollhandtuchrollen) begrenzt ist, wäre das Neubestücken durch die Mitarbeiter aufgrund der Fahrtkosten sehr kostenintensiv. Deshalb spielt der Kunde eine wichtige Rolle in diesem Konzept. Der Mitarbeiter des Unternehmens tauscht bei seinen Besuchen die benutzten Einheiten aus, läßt aber zusätzlich noch weitere Einheiten vor Ort, die dann von Mitarbeitern des Kunden bei Bedarf in die Geräte eingesetzt werden.

Ein weiterer wichtiger Punkt bei der Konzeption ist der Kostenaspekt. So ist eine Konzeption, die nur auf Leistungsdiversifizierung angelegt ist, im industriell-dienstleistungsorientierten Bereich kaum durchsetzbar. Die Konzeption muß somit auch auf Kostenvorteile ausgelegt sein. So müssen jederzeit alle Verbrauchsstätten mit ausreichend neuem Material versorgt sein, gleichzeitig müssen aber auch die Kosten der Belieferung minimiert werden. Eine Routenplanung, die durch spezielle Computerprogramme gesteuert wird, ermöglicht unter Heranziehung der Verbrauchsprognose durch das System bzw. auch durch den Kunden (z.B. bei außergewöhnlichen Anlässen wie Kongressen), die Kapitalbindung (z.B. durch in Verbrauchsstätten liegende Handtuchrollen) und die Fahrtkosten zu minimieren, bei einer nahezu 100% Lieferbereitschaft.

Die Problemfelder dieser Konzeption sind in vier Bereichen zu sehen.
Die Konzeption berücksichtigt sehr umfassend den Bedarf der Kunden. Die Benutzer der öffentlichen Waschräume mit ihren Bedürfnissen und Anregungen werden für die Konzeption nur indirekt über die Kunden berücksichtigt. Auch wenn der Benutzer in den meisten Fällen für die Leistungsinanspruchnahme nicht zahlt, ist er im Vergleich zum Kunden (z.B. Gastronom) wesentlich direkter mit Problemen und Unzulänglichkeiten bei der Benutzung konfrontiert. Dem Unternehmen gehen durch die ungenügende Einbindung der Benutzer in die Konzeption wichtige Informationen verloren.

Wie bereits in der Ist-Analyse dargestellt, spielt der Kunde für die einwandfreie Funktion des Leistungsbündels eine wichtige Rolle. Die Mitarbeiter der Kunden müssen rechtzeitig und ordnungsgemäß die Neubestückung bzw. den Wechsel der Materialien vornehmen, um so die störungsfreie Benutzung zu ermöglichen. Bei der vorliegenden Konzeption ergeben sich jedoch Defizite in der Kundenschulung und es fehlen Anreize für die Mitarbeiter der Kunden, sich für das einwandfreie Funktionieren des Leistungsbündels einzusetzen. Folge hiervon sind Fälle, bei denen die Geräte durch die fehlende Neubestückung nicht genutzt werden können. Da auf den Geräten der Firmenname zu lesen ist, entsteht somit ein nicht zu unterschätzender Reputationsschaden bei der Benutzergruppe.

Zu ähnlichen Folgen führt ein weiterer kritischer Punkt, der in dem vom Unternehmen propagierten Full-Service-Konzept liegt. Das Unternehmen stellt nur Geräte und Leistungen zur Verfügung, die die Sauberkeit in den Waschräumen unterstützen, sie jedoch nicht erzeugen können. Ein funktionierender Reinigungsdienst in den Waschräumen ist deshalb eine wichtige Voraussetzung für eine vollendete Konzeption. Verschmutzte Waschräume werden vom Benutzer häufig zu Unrecht mit dem Namen des Unternehmens in Verbindung gebracht, da meist nur deren Firmennamen in den Waschräumen vorhanden ist. Auch dies kann zu einem beträchtlichen Reputationsschaden führen. Auf die ihn auslösenden vielschichtigen Informationsasymmetrien wird an anderer Stelle ausführlicher eingegangen[202].

Ein weiteres Problemfeld kann darin gesehen werden, daß das Unternehmen neben Baumwollhandtüchern auch Papierhandtücher anbietet, obwohl die Grundkonzeption durch die Integration der Großwäschereien im Leistungsbündel stark auf die Baumwollhandtücher ausgerichtet ist. Eine Änderung in den Benutzungsgewohnheiten hin zu Papierhandtüchern könnte somit die Konzeption entscheidend beeinträchtigen, da eine Neuausrichtung dadurch notwendig würde.
Zu diesen vier Problemfeldern lassen sich nun folgende Empfehlungen geben.
Um die Konzeption marktorientiert gestalten zu können, sind nicht nur die Bedarfsbündel der Kunden zu beachten, sondern es sind auch die Bedürfnisse der Benutzer zu berücksichtigen.

[202] Vgl. Abschnitt III.2.2.3.

Zu diesem Zweck sollten repräsentative Benutzer regelmäßig mit Hilfe von Fragebogen- bzw. Interviewtechniken in die Konzeptionserstellung bzw. -verbesserung integriert werden. Neben ihren für die Konzeption wichtigen Informationen, können die Benutzer auch als Kontrollinstanzen einbezogen werden. Zusätzlich können Benutzer durch Mund-zu-Mund Propagada auch zu einem schlagkräftigen Marketinginstrumentarium werden.

Für das einwandfreie Funktionieren der Konzeption ist eine Schulung der betreffenden Mitarbeiter der Kunden unerläßlich. Dabei sollte die Schulung nicht nur das Wann und das Wie des Austausches berücksichtigen, sondern auch den Aufbau und die Funktion der Geräte sowie die häufigsten Fehlerursachen und deren Behebung beinhalten. Durch diese umfangreichere Kundenschulung können somit häufig teurere Wartungsfahrten reduziert werden. Diese stärkere Integration der Kundenmitarbeiter in die Konzeption trägt dazu bei, daß die Konzeption kostengünstiger wird und der Bereitschaftsgrad der Geräte erhöht wird. Für die Mitarbeiter der Kunden sollten die zusätzlichen Anstrengungen mit Hilfe finanzieller Anreize attraktiv gestaltet werden. Eine alternative Empfehlung ist die Substitution der Kundentätigkeit mit Hilfe der Technik.

Um ihrem Full-Service Konzept für öffentliche Waschräume gerecht zu werden und keine Reputationsschäden zu erlangen, muß das Unternehmen nach Wegen suchen, die zu sauberen Waschräumen führen. Dies könnte dadurch erzielt werden, daß das Unternehmen die Säuberung der Waschräume in ihre Konzeption mitübernimmt. Da dies jedoch eine hohe Präsenz vor Ort erforderlich machen würde, ist eine solchen Konzeption aus Kostengründen und Effizienzgesichtspunkten nicht erstrebenswert. Eine weitere Möglichkeit besteht darin, daß unternehmenseigene Mitarbeiter stichprobenartige Kontrollen der Waschräume durchführen[203]. Eine ähnliche Vorgehensweise würde die gezielte Befragung der Nutzer darstellen. Bei Nichteinhaltung gewisser vereinbarter Hygienestandards könnte durch die Aufkündigung des Vertrags von Unternehmensseite ein gewisses Drohpotential gegenüber den Kunden aufgebaut werden.
Als dritte Lösung bietet sich die Schaffung von Anreizen, für die Reinhaltung der Waschräume, an. Diese Anreize können darin bestehen, daß Kunden mit hohem Reinheitsgrad in den Waschräumen Preisnachlässe gewährt und den dafür zuständigen Mitarbeitern Belohnungen zuerkannt werden (z.B. durch Incentives, Auszeichnungen wie Kundenmitarbeiter des Monats).

Der Gefahr der Substitution der Baumwollhandtücher durch Papiertücher, die auf Grund der stark sinkenden Papierpreise reell ist, sollte damit begegnet werden, daß die Grundkonzeption stärker auf die anderen Kernleistungen des Unternehmens ausgerichtet wird. Dazu zählen die Entwicklung, die Produktion und das Marketing der Geräte sowie der Installations-, Wartungs- und Belieferungsservice. Die Großwäschereien sollten dagegen in Zukunft eher als Zusatzleistung gesehen werden.

---

[203] Singapore Airlines setzt beispielsweise professionelle Flieger zur Überprüfung und Verbesserung der Servicequalität ein.

Aus den Erkenntnissen dieser Fallstudie lassen sich nun folgende verallgemeinerungsfähige Empfehlungen für industriell-dienstleistungsorientierte Konzeptionen ableiten.
Eine marktorientierte Konzeption kann nur dann erzielt werden, wenn sämtliche relevanten Rahmenfaktoren und Informationen Berücksichtigung finden. Fallen Kunden und Benutzer auseinander, müssen sowohl die Bedarfsbündel der Kunden wie die Bedürfnisse der Benutzer die Basis jeder Konzeption sein.
Die Konzeption im industriell-dienstleistungsorientierten Bereich muß vor allem auf Kostenvorteile und Zeitvorteile ausgerichtet werden.
Gerade im industriell-dienstleistungsorientierten Bereich spielt durch die verstärkte Automatisierung und die häufig fehlende Unternehmenspräsenz bei der Leistungserstellung, der Kunde eine zentrale Rolle im Leistungsbündel. Eine umfangreiche und funktionsgerechte Kundenschulung kann langfristig Kosten sparen und zu Zeitvorteilen führen.
In diesem Sektor sollte die Konzeption so gestaltet sein, daß möglichst hohe economies of scale erzielt werden können. Ein größerer Kundenkreis kann durch eine Mediatisierung der Interaktionen zwischen Kunden und Unternehmen erzielt werden. Eine größere Bedarfspalette kann auch durch einen modularen Aufbau des Leistungsbündels erzielt werden.
Da Geräte in der industriell-dienstleistungsorientierten Konzeption für den Erfolg wichtig sind, müssen sie einen hohen Grad an Zuverlässigkeit und Benutzerfreundlichkeit besitzen. Des weiteren müssen Kernprodukte und Kerngeschäftabläufe gut aufeinander abgestimmt sein. Dabei spielt die Kapazitätsplanung und die -anpassung eine wichtige Rolle.
Auch wenn die Kommunikations- und Informationsbeziehungen in diesem Bereich einfach und standardisiert sind, darf deren Einfluß auf den Erfolg des Leistungsbündels nicht unterschätzt werden. Eine exakte Planung des Informationsflusses und verzerrungsfreie, schnittstellenlose und direkte Informationsbeziehungen sind wichtige Voraussetzungen für kosten- und zeiteinsparende Leistungsbündel.

## 2. Leistungstiefenentscheidungen bei dienstleistungsorientierten Unternehmen

Während in der Konzeptionsphase das Konzept des Leistungsbündels festgelegt wurde, muß in der zweiten Phase bestimmt werden, durch welche Akteure die durch das Konzept notwendigen Prozesse und Fähigkeiten erbracht werden sollen[204]. Diese Verteilungsentscheidungen konzentrieren sich nicht auf die Verteilung einzelner Teile des Leistungsbündels. Vielmehr stehen die Fähigkeiten im Vordergrund, die für die Umsetzung der Konzeption benötigt werden[205]. Nicht mehr die Unternehmen selbst stehen im Vordergrund, sondern das bei ihnen vorhandene Know-how wird entscheidend. Im Wettbewerb kommt es deshalb darauf an, dieses unternehmensinterne Wissen zu kombinieren und mit unternehmensexternem Wissen so zu ergänzen, daß die Leistungsbündel den Kunden einen möglichst hohen Nutzen erzielen lassen. Die zunehmende Internationalisierung sowie die schnelle Informationsverbreitung und -verarbeitung führen zu immer kürzeren Produktlebenszyklen. Durch bessere und kostengünstigere Informationsmöglichkeiten und eine größere internationale Angebotspalette ist der Kunde anspruchsvoller geworden. Aus diesen Gründen muß sich ein Unternehmen auf

[204] Vgl. Picot; Franck (1995), S. 27.
[205] Vgl. Prahalad; Hamel (1990), S. 83. Vgl. hierzu auch Abbildung 4.

Sektoren konzentrieren, in denen es Wettbewerbsvorteile erzielt oder erzielen kann. Deshalb sind Wertschöpfungsbereiche, in denen kompetente Marktpartner Wettbewerbsvorteile besitzen, rechtzeitig auszulagern und vertrags- und kommunikationstechnisch so einzubinden, daß die Anreizsysteme zielkonform gestaltet und die Koordinationsprobleme minimiert werden. Bei diesen Marktpartnern ist auch darauf zu achten, daß sie nicht nur in der Lage sind, die aktuellen Leistungsbereiche effizient zu gestalten, sondern auch die Fähigkeiten besitzen, auf Veränderungen schnell und flexibel zu reagieren. Neue Rahmenfaktoren und Techniken verändern auch die Organisationsformen, die für die einzelnen Teilbereiche am geeignetsten sind[206].

Für die Leistungstiefenentscheidung ist es somit wichtig, zuerst die **zentralen Fähigkeiten** für die verschiedenen Leistungsbündel zu identifizieren (IV.2.1.), um dann in einem zweiten Schritt zu analysieren, unter welchen Bedingungen die einzelnen Prozesse vom **Unternehmen** (IV.2.2.1.), von den **Kunden** (IV.2.2.2.) oder von **Dritten** (IV.2.2.3.) erbracht werden sollen. An einem **Fallbeispiel** soll dies dann verdeutlicht werden (IV.2.3.).

## 2.1 Kernkompetenzen, Kernprodukte und Kernprozesse

Um ein Leistungsbündel im Markt erfolgreich plazieren zu können, müssen die strategisch wichtigen Elemente identifiziert werden[207]. Von diesen strategisch wichtigen Bereichen hängt die zukünftige Marktstellung und die Entwicklungsmöglichkeit der dienstleistungsorientierten Unternehmen ab. Aus diesem Grund muß das konzeptionierende Unternehmen auf diese Bereiche Einfluß nehmen und sie entsprechend der Konzeption gestalten können, um sich auf diese Weise vom Wettbewerb zu differenzieren. Es ist deshalb wichtig, in diesen Bereichen Informationsvorsprünge gegenüber den Wettbewerbern zu erzielen und diese Vorteile in die zentralen Produkte und Prozesse, die sogenannten Kernprodukte und Kernprozesse oder auch "key success factors"[208], einfließen zu lassen. Wichtig ist somit einerseits die Identifizierung der für die Konzeption wichtigen Bereiche, sowie die Erzielung von Wissensvorteilen in diesen Bereichen. Jedoch erst durch das Hineinkonzeptionieren dieser Kernkompetenzen in die zentralen Produkte und Prozesse des Leistungsbündels wird dieser Wissensvorsprung von den Kunden wahrgenommen und am Markt wirksam. Häufig ist das Wissen zwar dezentral im Unternehmen vorhanden, von vielen Unternehmen wird es aber versäumt, dieses Wissen durch Kombination und Pflege zu Kernkompetenzen zu entwickeln[209]. Andererseits wird es häufig unterlassen, bestehende Kernkompetenzen in Produkte und Prozesse zu integrieren. Es ist somit daher von Bedeutung zu wissen, welche Kompetenzen im Unternehmen, aber auch außerhalb des Unternehmens vorhanden sind und wie diese Kompetenzen zu Kernkompetenzen gebündelt werden und in die Kernleistungen einfließen können. Eine wichtige Rahmenbedingung hierfür ist ein gut funktionierendes Informations- und Kommuni-

---

[206] Vgl. Milgrom; Roberts (1992), S. 543.
[207] Vgl. Sasser et al. (1978), S. 14.
[208] Schoemaker (1992), S. 76.
[209] Vgl. Boos; Jarmai (1994), S. 22.

kationssystem, in das sämtliche relevanten internen und externen Informationen einfließen können.

Im industriell-dienstleistungsorientierten Sektor liegt die Kernleistung häufig in durch technische Hilfsmittel verbesserten Problemlösungen. Damit kann die Kernkompetenz in der Bündelung von Wissen liegen, das für die Entwicklung der technischen Hilfsmittel notwendig ist (z.B. informationstechnische Unterstützung der Logistik bei Federal Express[210]), aber auch in der Fähigkeit, bestehende technische Hilfsmittel durch neue Kombinationen für die strategische Ausrichtung des Leistungsbündels zu benutzen (z.B. Southwest Airline[211]). Im industriell-dienstleistungsorientierten Bereich steht häufig der Zeitverkürzungsaspekt im Vordergrund. Somit spielt die Logistik in diesem Bereich eine zentrale Rolle. Durch die Bündelung von Wissen über die neuen Informations- und Kommunikationstechniken und deren adäquate Einsatzmöglichkeiten können Transportwege durch bessere Informationsflüsse substituiert werden (z.B. durch neue Logistikkonzepte[212]) und bestehende Logistiksysteme schneller und flexibler gestaltet werden.

Im kreativ-dienstleistungsorientierten Bereich besteht die Kernleistung in der Schaffung von schnellen, kreativen und kundenspezifischen Problemlösungen. Schnelle und korrekte Problemerfassung, die Bündelung von unterschiedlichem Wissen zur Problemlösung und die schnelle Problemlösungsrealisierung stehen hier im Mittelpunkt. Da dieser Bereich sehr informationsintensiv ist, ist die Handhabung der Ressource Information besonders wichtig. Technische Hilfsmittel sind hier vor allem zur Unterstützung des Informationsflusses, des Ideenfindungsprozesses und der Lösungsumsetzung einsetzbar (z.B. Datenbanken, CAD-Geräte und Expertensysteme). So kann ein Architekt mit Hilfe von CAD-Geräten und mit Beteiligung seiner Kunden nach ihren Wünschen die Pläne für ein neues Haus entwerfen. Die Kunden sehen das Resultat und können Verbesserungsvorschläge einbringen. Der Vorteil ist für die Kunden klar zu ersehen. Zentraler Punkt im kreativ-dienstleistungsorientierten Bereich ist somit die Gestaltung des Kernprozesses in der Art, daß es gelingt, Problemstellung, kreatives Potential von Kunden und Unternehmensmitarbeitern zu kombinieren und technisch zu unterstützen. Resultat sollte eine schnelle und kundenspezifische Lösung sein.

Im vertrauens-dienstleistungsorientierten Bereich ist das Fachwissen[213] ein zentraler Punkt. Dabei kommt es darauf an, mit Hilfe dieses Fachwissens eine möglichst schnelle und effiziente Problemanalyse und Problemlösung zu erreichen. Häufig reicht das Fachwissen einer Fachkraft nicht zur Problemanalyse und zur Problemlösung aus. Große Bedeutung bei der Kernleistung hat deshalb die optimale und überschneidungsfreie Kombination der Fachkenntnisse unterschiedlicher Fachkräfte mit den Informationen des Kunden, insbesondere in

[210] Das hierfür notwendige Wissen wurde auch mit Hilfe von Kooperationen mit Unternehmen der Informations- und Kommunikationsindustrie aufgebaut.

[211] Bei Southwest Airline wurden bestehende technische Lösungen neu kombiniert, um die Aufenthaltszeiten der Flugzeuge auf den Flughäfen zu reduzieren.

[212] Vgl. hierzu u.a. Wegener (1993), S. 87 ff.

[213] Es handelt sich hierbei häufig um Berufe, die eine lange Ausbildungszeit verlangen (z.B. Ärzte, Rechtsanwälte).

der Problemanalysephase. Aufgrund der hohen Immaterialität des Leistungsbündels und der hohen Informationsasymmetrie ist die Schaffung von Vertrauen ein weiterer wichtiger Punkt. Prozesse sollten somit so gestaltet werden, daß ein Abbau der Informationsasymmetrie erfolgt und eine vertrauensbildende Atmosphäre geschaffen wird. Kernkompetenz des vertrauensdienstleistungs-orientierten Bereichs ist die Schaffung von Kernprozessen, bei denen das Fachwissen verschiedener Fachkräfte und vertrauensschaffende Maßnahmen jeweils so kombiniert werden, daß eine für den Kunden zugeschnittene Lösung erzielt wird.

Auch wenn die verschiedenen Bereiche unterschiedliche Erfolgsfaktoren besitzen, ist in allen Sektoren eine kontinuierliche Bildung und Weiterentwicklung der Kernkompetenzen für zukünftige Marktentwicklungen wichtig. Ist dies einem Unternehmen nicht mehr möglich, stellt sich die Frage, ob es sich aus diesem Bereich zurückziehen oder durch eine neue Konzeption, die durch unternehmensinternes Wissen abgesichert ist, alternative Wege beschreiten soll.

Ein weiterer Fall der Konzeptionsänderung kann sich ergeben, wenn es schwierig ist, sich mit der Kernleistung zu differenzieren. Durch eine Neukonzeptionierung können Zusatzleistungen zu Kernleistungen umfunktioniert werden. Kunden werden eine solche Neukonzeption immer dann honorieren, wenn sie dadurch einen höheren Nutzen erzielen können. Diese Veränderung bedingt zwangsläufig auch einen Wandel in den Kernkompetenzen, und das Unternehmen wird nur dann erfolgreich sein können, wenn es in den neu konzeptionierten Bereichen Kernkompetenzen aufbauen kann.
So war es in den USA im Gebäudereinigungsgewerbe schwierig, sich mit der Kernleistung (Gebäudereinigung) von den Wettbewerbern zu differenzieren und den Kunden die Vorteile sichtbar aufzuzeigen. Das Unternehmen ServiceMaster begann deshalb, eine bisherige Zusatzleistung, die Schulung des eigenen Personals, zu einer Kernleistung umzubauen und das Gebäudereinigungspersonal ihrer Kunden zu schulen und zu führen. Unterstützt wurde diese Neuorientierung durch eigene Entwicklungen im Bereich von Gebäudereinigungsmitteln (z.B. Reinigungsmittel und Reinigungsgeräte).

Ein weiterer wichtiger Punkt ist, daß ein bestimmter dienstleistungsorientierter Bereich nicht unbedingt bestimmte Kernkompetenzen erfordert. Vielmehr fordert die jeweilige strategische Ausrichtung einer Konzeption bestimmte Kernkompetenzen. So können zwei Unternehmen im gleichen Bereich tätig sein, aber aufgrund der alternativen Konzeptionen auch unterschiedliche Kernkompetenzen besitzen. Das bedeutet aber auch, daß gleiche Aufgabenbereiche durch die unterschiedliche Konzeptionsausrichtung mit alternativen Koordinationsmechanismen Effizenzvorteile erzielen können[214].

Ist die Kernleistung bestimmt, geht es im nächsten Punkt um die Frage der externen oder internen Leistungserstellung.

[214] Vgl. Picot; Wolff (1995), S. 13 ff.

## 2.2. Kontinuum zwischen externer und interner Leistungserstellung bei dienstleistungsorientierten Unternehmen

Die Frage nach den geeignetsten Koordinationsmechanismen im dienstleistungsorientierten Bereich läßt sich nicht nur aus Kosteneffizienzgesichtspunkten beantworten. Für die Auswahl des Koordinationsmechanismus eines bestimmten Leistungsaustausches sind insgesamt drei Faktoren zu berücksichtigen: *die Transaktionskosten, die Produktionskosten* sowie als Besonderheit im dienstleistungsorientierten Bereich die *persönliche Komponente* im Leistungsaustausch. Grund hierfür ist die Integration des Kunden sowie die komplexen Informationsasymmetrien[215]. Während bei der Auswahlentscheidung im industriell-dienstleistungsorientierten Bereich die Transaktionskosten dominieren, nimmt auf Grund der zunehmenden Integration des Kunden die Bedeutung der persönlichen Komponente bei dem kreativ-dienstleistungsorientierten Bereich zu und verstärkt sich nochmals im vertrauens-dienstleistungsorientierten Bereich. Die Produktionskosten spielen in allen drei Bereichen nur eine nachgeordnete Rolle.

Je stärker in einem Leistungsaustausch Transaktionskosteneinflußgrößen (strategische Bedeutung, Spezifität und Unsicherheit) wirken[216], desto höher werden die den Leistungsaustausch beeinträchtigenden Transaktionskosten. Durch das Kontinuum der verschiedenen Koordinationsmechanismen[217] ( von unternehmensinterner Koordination über Kooperationsformen bis hin zu kurzfristigen Verträgen) stehen Rahmenbedingungen zur Verfügung, die die Transaktionskosten mit Hilfe adäquater Koordinationsformen senken. Bei hoher strategischer Bedeutung und Spezifität können die Kontroll- und Anreizmechanismen interner Unternehmenskoordination oder enger langfristiger Kooperationen die durch diese Faktoren entstehenden Handlungsspielräume besser eingrenzen als dies mit anderen Koordinationsmechanismen der Fall wäre. Damit kann auch die Höhe der Transaktionskosten reduziert werden. Erhöhte Unsicherheit verlangt dagegen einen hohen Grad an Flexibilität und somit große Handlungsspielräume. Damit diese Handlungsspielräume aber nicht opportunistisch ausgenutzt werden, empfehlen sich Koordinationsmechanismen, die einerseits eine hohe Flexibilität ermöglichen, andererseits aber das opportunistische Ausnutzen der Handlungsspielräume verhindern. Als Beispiel für einen derartigen Koordinationsmechanismus ist das strategische Netzwerk[218] zu sehen. Unter einem strategischen Netzwerk sind viele kleinere Unternehmen zu verstehen, die arbeitsteilig zusammenarbeiten, durch ihre Größe sehr flexibel sind und durch ihre Beteiligung am Gesamterfolg nicht opportunistisch agieren.

Mit der Zunahme von Immaterialität und Interaktion entstehen im dienstleistungsorientierten Bereich höhere Anbahnungs-, Vereinbarungs- sowie Kontroll- und Anpassungskosten[219]. Da hierdurch die Beschreibbarkeit des Leistungsaustauschs und die exakte Zuordnung von Mängelursachen abnimmt. Durch die auf die Zukunft bezogenen Leistungsversprechungen der

[215] Vgl. hierzu auch III.2.2.3.
[216] Vgl. hierzu auch III.2.2.2.
[217] Vgl. Picot (1993a), S. 173.
[218] Vgl. hierzu u.a. Jarillo (1988).
[219] Vgl. Sydow (1994), S. 107.

Parteien ist der Erfolg der zu tätigen Investitionen von dem Verhalten der Parteien und von Umweltveränderungen abhängig[220]. Neben diesen Faktoren steigt bei den dienstleistungsorientierten Leistungen der Anteil an Vertrauens- und Erfahrungseigenschaften sowie die Informationsasymmetrien. Dadurch wird es für die Parteien immer schwieriger, die Leistungen der anderen Seite richtig zu bewerten[221]. Transaktionskostenerhöhend ist dies insbesondere, wenn bei den Parteien unterschiedliche Ziele und Motive bestehen. Diese Kosten sind dann besonders hoch, wenn die Vorteile des opportunistischen gegenüber dem kooperativen Verhalten hoch sind. Dies ist dann der Fall, wenn einseitige Abhängigkeiten, hohe Plastizität der zu verwendenden Faktoren, schlechte Transparenz bzw. geringe Wiederholungswahrscheinlichkeit vorliegen[222].
Aus transaktionskostentheoretischer Sicht empfiehlt sich somit tendenziell eine stärkere vertikale Integration. Ein nicht zu vernachlässigender Faktor im dienstleistungsorientierten Bereich ist jedoch die Flexibilität. Sie spricht wiederum gegen unternehmensinterne Koordinationsformen. Um beiden Forderungen (niedrige Transaktionskosten und hohe Flexibilität) gerecht zu werden, empfehlen sich enge Kooperationsformen wie z.B. strategische Netzwerke.

Der zweite Faktor, der bei der Frage nach den geeignetsten Koordinationsmechanismen einbezogen werden muß, sind die Produktionskosten. Zwar kann Williamson bedingt zugestimmt werden, daß Transaktionskosten- und Produktionskostenvorteile bei den einzelnen Koordinationsformen parallel laufen[223]. So können bei spezifischen Leistungen Transaktionskostenvorteile durch vertikale Lösungen erzielt werden. Produktionsvorteile sind dagegen bei derartigen Leistungen durch eine marktliche Lösung nicht zu erzielen. Dagegen können bei einer standardisierten Leistung Transaktionskosten- und Produktionskostenvorteile durch marktliche Lösungen erzielt werden. Länderspezifische und tarifspezifische Produktionskostenvorteile bilden hier aber eine Sonderstellung. So müssen Unternehmen, um Produktionskostenvorteile einer anderen Tarifzugehörigkeit für Teilbereiche nutzen zu können, Tochtergesellschaften gründen oder diese Leistungen fremd beziehen, um beispielsweise aus dem teureren Montantarif in den billigeren Metalltarif wechseln zu können. Beide Lösungen führen zu einer geringeren vertikalen Integration. Länderspezifische Produktionskostenvorteile lassen sich nutzen, wenn Zweigniederlassungen in Billiglohnländern gegründet werden. Häufig sind gerade bei hohen Lohnkostenvorteilen die sozio-kulturellen Unterschiede und die damit zusammenhängenden Transaktionskosten hoch. Als Kompromiß wird häufig zur Senkung der soziokulturell bedingten Transaktionskosten ein Kooperationsunternehmen mit einheimischen Unternehmen gegründet. Im dienstleistungsorientierten Bereich spielen diese Erwägungen jedoch nur eine Rolle, wenn die Leistungen und die meisten Interaktionen mit Hilfe der modernen Informations- und Kommunikationstechnik transferiert werden können (z.B. Softwareprogrammierung für deutsche Kunden in Indien). Mit zunehmend weiterentwickelten technischen Möglichkeiten wird sich diese Tendenz weiter verstärken.

---

[220] Vgl. Alchian; Woodward (1988), S. 66.
[221] Vgl. Bowen; Jones (1986), S. 430 f.
[222] Vgl. Bowen; Jones (1986), S. 432 f.
[223] Vgl. Williamson (1993), S. 35 ff.

Der dritte Faktor bei der Entscheidung der Koordinationsform betrifft die persönliche Komponente des Leistungsaustausches. Je schwieriger die Ergebniskomponente für den Kunden abzuschätzen ist und je stärker der Kunde in den Prozeß involviert ist, desto wichtiger wird für den Kunden die persönliche Beziehung zu dem Unternehmen. Transaktions- und Produktionskostenaspekte spielen hier lediglich eine untergeordnete Rolle. Im Vordergrund steht die Frage, wer die Leistung erbringt und wie er sie erbringt. Je stärker der Einfluß der persönlichen Komponente auf die Beurteilung der Leistungserbringung ist, desto wichtiger ist es für das Unternehmen, die Koordinationsform nicht aus Kosteneffizienzgesichtspunkten auszuwählen, als vielmehr darauf zu achten, mit der Koordinationsform die persönliche Beziehung zwischen Kunden und Mitarbeiter beeinflussen zu können. Dazu zählen die Gewährleistung der Beziehungskontinuität (z.B. durch Aufrechterhaltung bewährter Kunden-Mitarbeiter-Beziehungen), die Einflußmöglichkeiten durch Mitarbeiterauswahlverfahren sowie Weiterbildungskonzepte und die Gestaltungsmöglichkeiten der Rahmenfaktoren für reibungslose Kunden-Mitarbeiter-Beziehungen.
Spielt also das persönliche Vertrauen des Kunden in das Unternehmen und seine Mitarbeiter eine tragende Rolle, muß das Unternehmen durch die geeigneten Koordinationsmechanismen und Anreizmechanismen dafür sorgen, daß zwischen Kunden und Mitarbeitern das notwendige Vertrauen aufgebaut wird. Kostengesichtspunkte sollten hier eine nachrangige Rolle spielen.

Zusammenfassend kann davon ausgegangen werden, daß im dienstleistungsorientierten Bereich bei hoher Bedeutung der persönlichen Komponente häufig mit internen bzw. netzwerkartigen Koordinationsformen zu rechnen ist, auch wenn Spezifität und Unsicherheit dagegen sprechen. In diesem Zusammenhang werden weniger klassische (exchanges) als vielmehr relationale (contracts) Verträge auftreten. Im Bereich der Prozesse ohne Kundenbeteiligung empfehlen sich transaktionskosteneffiziente Auslagerungsvarianten, um sich intensiver den Prozessen mit Kundenbeteiligung widmen zu können[224]. Mit Zunahme der Bedeutung der persönlichen Komponente im Leistungsaustausch spielen vertrauensbildende Koordinations- und Anreizmechanismen eine immer stärkere Rolle. Insgesamt läßt sich auf diese Weise eine kundenorientierte Organisation gestalten.

### 2.2.1 Erstellung durch das Unternehmen

Kernpunkt der Eigenleistung aller dienstleistungsorientierten Unternehmen muß die Akquisition und Bündelung von Wissen und Fähigkeiten für die Bereiche mit strategischer Bedeutung sein sowie eine Umsetzung in Kernprodukte und Kernprozesse[225]. Durch den stark prozeßorientierten Charakter vieler dienstleistungsorientierter Unternehmen ist für den Erfolg dieser Unternehmen häufig die Kombination und Abstimmung mehrerer Kernkompetenzen innerhalb der Kernprozesse von hoher Bedeutung. Dabei haben diese Kernkompetenzen häufig den Charakter eines "cospecified asset", d.h. nur in ihrer Kombination entwickeln diese Kernkompetenzen ihren höchsten Nutzen für die Kunden. Somit ist die vertikale Integration aller für

[224] Vgl. Schlesinger; Heskett (1991), S. 78.
[225] Vgl. Quinn; Paquette (1990), S. 74.

den Erfolg erforderlichen Kernkompetenzen der Kernprozesse notwendig. Hierfür spricht auch die Transaktionskostentheorie. Mit zunehmender Spezifität der für den Aufbau von Kernkompetenzen notwendigen Ressourcen[226] wird ihre exakte Beschreibung und vertragliche Dokumentation immer schwieriger. Es entstehen Vertragslücken, die opportunistisch ausgenutzt werden können.
Auch die strategische Bedeutung spricht für die interne Bereitstellung der Kernkompetenzen. Um die Kernkompetenzen vor Imitation zu schützen, bedürfen sie einer hohen Geheimhaltung. Da im dienstleistungsorientierten Bereich ein großer Teil der Kernkompetenzen aus Informationen und Wissen besteht, tritt hier die Gefahr der Diffusion von Informationen auf. Dadurch kann der Wert der Informationen für das Unternehmen erheblich sinken. Vertragsrechtlich läßt sich die Diffusion von Informationen nur sehr schwer verhindern.

> "Patent protections on intellectual property are still not nearly as developed as they are on "hard" technologies, so the half-life of proprietary information is short."[227]

Durch die möglichen Kontrollmechanismen der Eigenproduktion ist eine Absicherung der Informationsströme besser möglich. Strategisch wichtige Informationsflüsse, die eine hohe Plastizität besitzen und vertragsrechtlich nicht oder nicht genügend (z.B. durch Patentrecht) abgesichert werden können, sollten unter internen Koordinationsmechanismen ablaufen. Je höher der potentielle Wert solcher Informationen für andere Unternehmen ist, desto stärker ist die Tendenz zur Eigenerstellung.

Neben dem Informationsfluß hat der Zugang zu den Informationsquellen für viele dienstleistungsorientierte Unternehmen eine strategische Bedeutung. Aufgrund der häufig bestehenden einseitigen Abhängigkeiten von diesen Quellen sowie den getätigten spezifischen Investitionen in diesen Quellenzugang, entsteht hier häufig die Situation des Hold-Up. Da meistens der Aufbau einer gegenseitigen Abhängigkeit unmöglich ist, ist auch hier in vielen Fällen die vertikale Integration die einzige transaktionskostensenkende Möglichkeit. Der sich bei den Informationsdiensten abzeichnende Trend zur verstärkten Rückwärtsintegration unterstützt diese These.

Neben den bereits erwähnten Faktoren spielt bei den Kernkompetenzen auch die Unsicherheit eine wichtige Rolle. Das Unternehmen muß in diesen Bereichen schnell auf Umweltveränderungen reagieren können. Dies ist nur bei entsprechenden Einflußmöglichkeiten auf die betroffenen Bereiche möglich, wie ihn z.B. enge Kooperationsformen zulassen.

Ist eine interne Erzielung des Wissens für die Kernkompetenzen teilweise nur unter Inkaufnahme hoher Transaktionskosten und mit hohem Zeitbedarf möglich, so können diese "Know-how-Barrieren" mit Hilfe enger vertikaler Kooperationsformen transaktionskostengünstiger überwunden werden[228]. So kann durch ein Netz von strategischen Kooperationsverträgen

[226] Vgl. Picot (1991c), S. 345.
[227] Davis; Botkin (1994), S. 169.
[228] Vgl. Picot (1991c), S. 348.

Wissen aus verschiedensten Bereichen zusammengeführt werden und das Unternehmen kann durch deren Kombination neue Kernkompetenzen erzielen. Da Kooperationen in den meisten Fällen nicht auf einen einseitigen Informationsfluß ausgerichtet sind, muß sichergestellt sein, daß die abfließende Information an die Kooperationspartner für das eigene Unternehmen nicht von strategischer Bedeutung ist.
Unter Transaktionskostengesichtspunkten sollte also der Bereich der Kernkompetenzen intern abgewickelt werden. In den übrigen Bereichen sollten so viele standardisierte Leistungen wie möglich eingesetzt werden, um hier Transaktionskosten einsparen zu können. Dies gilt allerdings nicht für Leistungsaustauschbeziehungen, in denen die persönliche Beziehungskomponente eine wichtige Rolle spielt. Auch hier sollte intern abgewickelt werden.

Dieser Faktor spielt weniger im industriell-dienstleistungsorientierten Bereich als vielmehr im kreativ- und insbesondere im vertrauens-dienstleistungsorientierten Bereich eine wichtige Rolle.
Im vertrauens-dienstleistungsorientierten Bereich ist die Schaffung von Vertrauen in die Leistungsfähigkeit und den Leistungswillen des Systems von großer Bedeutung. Die sozialen Kontakte und die Klärung der sozialen Ebene sind nicht nur für den späteren Informationsfluß wichtig, sondern ermöglichen häufig auch erst die Geschäftsanbahnung. Es herrschen hier dementsprechend auch face-to-face Beziehungen vor. Der Informationsfluß gerade in der Problemanalysephase ist für den Erfolg des Leistungsbündels von Bedeutung. Eine Kontrolle und eine Gestaltung der Interaktionen ist wichtig und kann durch eine vertikale Integration erreicht werden.
Im Bereich der kreativ-dienstleistungsorientierten Leistungen sind die Interaktionen der Problembeschreibungsphase und der Informationsaustausch in Bezug auf die erzielte Problemlösung für den Unternehmenserfolg von zentraler Bedeutung. Sie sollten somit im Einflußbereich des Unternehmens angesiedelt sein.
Während der Kunde im kreativ- und vertrauens-dienstleistungsorientierten Bereich durch seine spezifischen Informationen in den Erstellungsprozeß stark integriert werden sollte, sind die Kundeninformationen im industriell-dienstleistungsorientierten Bereich von standardisierter Art. Deshalb kann bei der Gestaltung der Interaktionen mit den Kunden die Reduzierung der Unsicherheit durch das Kundenverhalten im Vordergrund stehen und somit ein Ausgleich

> " ....between service production efficiency and marketing opportunities so as to maximize total organizational performance."[229]

geschaffen werden. Lediglich die Konzeptionserstellung und zentrale Koordination sollten hier intern abgewickelt werden.
In vielen dienstleistungsorientierten Bereichen besteht noch ein hoher vertikaler Integrationsgrad, da in möglichen Auslagerungsbereichen eine sogenannte small-numbers Problematik[230] vorliegt. Damit soll ausgedrückt werden, daß es nur eine sehr geringe Anzahl bzw. keine potentiellen Lieferanten gibt. Werden diese Bereiche ausgelagert und nicht mehr selbst erzeugt,

---

[229] Tansik (1990), S. 55.
[230] Vgl. Williamson (1975), S.28 f.

begibt sich das Unternehmen durch den fehlenden Wettbewerb in eine Abhängigkeitsposition, die von den betreffenden Unternehmen opportunistisch ausgenützt werden könnte.

In einigen dienstleistungsorientierten Branchen sind zudem die Markteintrittsbarrieren niedrig (z.B. bei der Gebäudereinigung). Die Unternehmen sehen in einer stärkeren vertikalen Integration zum einen eine Erhöhung der Markteintrittsbarrieren[231] zum anderen soll die vertikale Integration über mehrere Stufen dem Kunden eine höhere Kompetenz des Unternehmens signalisieren.

Bei der Entscheidung für eine vertikale Integration ist immer zu berücksichtigen, daß damit eine Erhöhung der Ausstiegsbarrieren und eine Reduzierung der konzeptionellen Flexibilität in Kauf genommen wird. Gerade in der Bundesrepublik Deutschland mit ihrer hohen Regulierungsdichte im Kündigungsbereich ist es schwierig und häufig auch sehr teuer, vertikal integrierte Bereiche wieder auszulagern. Deshalb sollten gerade Entscheidungen zur vertikalen Integration sehr langfristig mit allen möglichen Folgekosten gesehen werden und nur dann getroffen werden, wenn aus Gesamtkostensicht langfristig ein Vorteil erzielt werden kann.

### 2.2.2 Erstellung durch den Kunden

Bei den meisten dienstleistungsorientierten Unternehmen sind die Kunden in den Leistungserstellungsprozeß integriert. Insoweit stellt sich gerade in diesem Bereich die Frage, in welchem Maße die Kunden an der Leistungserstellung beteiligt werden sollen. So lassen sich prinzipiell Prozesse durch den Kunden mit Unterstützung des Unternehmens (sogenannter self service), Prozesse durch das Unternehmen mit intensiver Einbindung des Kunden durchgeführt werden.
Ausschlaggebend hierfür sind einerseits die Übertragbarkeit der Problemlösung und der Technik zur Problemlösung vom Unternehmen auf den Kunden und andererseits die Übertragbarkeit der für die Probleme und Problemlösung relevanten Informationen vom Kunden auf das Unternehmen.
In vielen Fällen besteht eine beidseitige Informationsasymmetrie. Diese besteht darin, daß der Kunde mehr Informationen über seine Probleme besitzt und das Unternehmen einen Informationsvorsprung bei der Problemlösung hat. Damit sich eine nutzenbringende Leistungserstellung erzeugen läßt, muß entweder der Kunde seine Informationen über das Problem übertragen oder das Unternehmen überträgt seine Informationen zur Problemlösung auf den Kunden und der Kunde erstellt Teile der Leistung selbst. Dieser Informationsaustausch ist jedoch nicht kostenlos. Im Zuge dieses Austausches entstehen Transaktionskosten. So kann bei komplexen und spezifischen Problemstellungen die Informationsübertragung vom Kunden zum Unternehmen langwierig und kostspielig sein, da durch Mißverständnisse langfristig hohe Anpassungskosten entstehen können. Andererseits kann auch die Informationsübertragung zur Problemlösung sowie die notwendige Schulung der Kunden hierzu komplex und problembehaftet und somit transaktionskostenintensiv sein. Zusätzlich kann in vielen Bereichen die zur Pro-

[231] Vgl. Milgrom; Roberts (1992), S. 561.

blemlösung notwendige Technik auf Grund von Kostenaspekten und fehlender dezentralen Anwendbarkeit nicht auf den Kunden übertragen werden.
Abbildung 10 stellt den Zusammenhang dar.

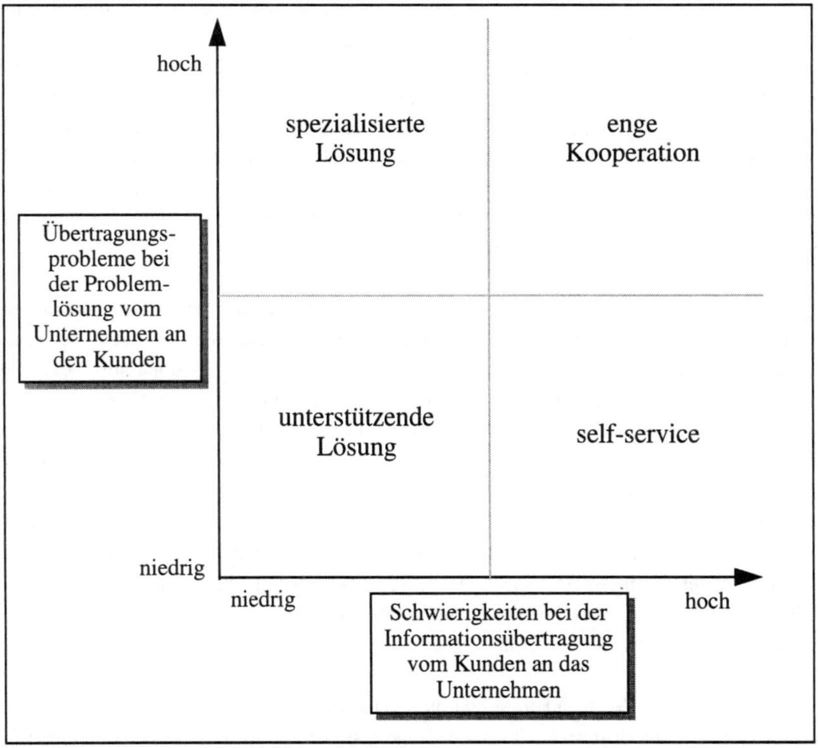


**Abb. 10: Spannungsfeld zwischen Kundenerstellung und Unternehmenserstellung.**

Ausgehend von einer komplexen und schwierigen Informationsübertragung seitens des Kunden empfiehlt sich bei einfacher Übertragbarkeit von Problemlösung und Technik zur Problemlösung auf den Kunden die Möglichkeit des self service. Ist dies lediglich bei Teilprozessen möglich, bietet sich die Auslagerung dieser Teilprozesse auf den Kunden an. Die Möglichkeiten dieses self services sind vor allem bei kreativ-dienstleistungsorientierten Leistungsbündel gegeben.
Ein Beispiel für self service sind die Recherchedienste. Durch individuelle, komplexe und schlecht beschreibbare Probleme ist eine Probleminformationsübertragung an ein Unterneh-

men, das die Informationssuche dann durchführt, kostenintensiv. Andererseits war die Suche des Kunden durch die komplizierte Technik zeit -und kostenintensiv. Aufgrund dieser Transaktionskostenbarrieren hatten die Recherchedienste damit nur bescheidene Erfolge. Durch eine Dezentralisierung der Informations- und Kommunikationstechnik sowie durch benutzerfreundliche menügesteuerte Datenbankabfragen wurde die Suche durch den Kunden einfacher und kostengünstiger. Der Kunde übernimmt heutzutage in vielen Informationsdiensten selbst die Informationssuche und -auswahl.
Die technischen Fortschritte ermöglichen es, daß sich komplizierte Problemlösungen schneller, einfacher und bedienerfreundlicher durchführen lassen. Wichtige Komponenten sind hierbei die Multimedia-Technik zur Unterstützung von Schulung und Training sowie die zunehmende bedienungsfreundlichere Technikhandhabung (z.B. menügesteuerte Softwareprodukte).
Im Zuge dieser Entwicklungen ist zu erwarten, daß Unternehmen verstärkt Gesamt- oder Teilprozesse auf den Kunden auslagern werden.

Bestehen dagegen große Schwierigkeiten bei der Übertragbarkeit der Informationen des Kunden und Probleme bei der Übertragung der Problemlösung auf den Kunden sowie der unterstützenden Technik bei der Problemlösung, empfiehlt eine sehr enge Kooperation zwischen Kunden und Unternehmen. Die Fälle der engen Kooperation sind insbesondere im vertrauensdienstleistungsorientierten Bereich vorzufinden. Ein Beispiel für eine enge Kooperation sind Entwicklungsaufträge für Kunden. Zum einen sind die Bedürfnisse der Kunden nur schwer zu verbalisieren und deshalb schwer zu übertragen, zum anderen hat der Kunde nicht das Knowhow um die Entwicklung selbst durchzuführen. Zusätzlich ist die Übertragung des notwendigen Know-how nicht bzw. nur unter sehr hohen Kosten- und Zeitaufwand durchführbar (z.B. Entwicklungen der Raumfahrtindustrie). Als Lösungsmodell wird hier häufig eine enge Kooperation gewählt. So arbeiten Ingenieure des Kunden und Ingenieure des Lieferanten vor Ort beim Lieferanten in gemeinsamen Teams zusammen[232].

Sind die Informationen der Kunden einfach und standardisiert sowie die Problemlösung und die Technik zur Problemlösung leicht zu übertragen, sind aus transaktionskostentheoretischer Sicht sowohl eine Produktion durch das Unternehmen, wie auch eine Produktion durch den Kunden möglich. Wer die Prozesse durchführt, wird letztendlich nicht vorrangig durch Transaktionskostenargumente sondern durch andere Argumente entschieden. So stehen hierbei insbesondere Economies of scale and Scope und der Zusatznutzen der Kunden im Vordergrund. Kann das Unternehmen durch die Übernahme der Prozesse Skaleneffekte erzielen und kann der Kunde nur geringen oder keinen Zusatznutzen durch die Selbsterstellung erzielen, so bietet sich eine Erstellung durch das Unternehmen an. Die Anbindung des Kunden sollte soweit wie möglich auf Telekommunikationsbasis erfolgen. Ein Beispiel hierfür sind Rohrreinigungsunternehmen.

---

[232] So arbeiten Ingenieure der Lufthansa AG bei Neuentwicklungen von Boing in deren Entwicklungsteams in Seattle mit.

Können dagegen dienstleistungsorientierte Unternehmen keine oder nur geringe Economies of scale and Scope erzielen und können Kunden durch die Selbsterstellung einen Zusatznutzen erzielen (z.B. kundenspezifische Leistungszusammenstellung, Unabhängigkeit von Öffnungszeiten), empfiehlt sich eine Erstellung durch den Kunden mit Unterstützung des Unternehmens. Dabei kann es sich bei der Unterstützung durch das Unternehmen um Schulungen oder auch um das Management der kundeneigenen Ressourcen handeln (z.B. Facility Management). Der Kunde wird dabei vom Koordinationsaufwand befreit und kann durch die eigene Auswahl und den Einfluß auf die Ressourcen Transaktionskosten einsparen. Damit solche Konstellationen funktionieren können, ist das richtige Anreizschema von Bedeutung. So müssen beide Partner (Kunde und Unternehmen) Anreize haben, zum Erfolg dieser Arbeitsteilung beizutragen. Dies kann z.B. dadurch erzeugt werden, daß beide Partner an Kostenreduzierungen bei stabiler oder gestiegener Qualität beteiligt werden.
Als eine weitere wichtige Unterstützungsleistung muß es dem Unternehmen gelingen, daß die Kunden durch eine adäquate Gestaltung der Konzeption und der Technik sich ihren Nutzen selbst schaffen können[233].
Hauptanwendungsgebiete dieser als unterstützende Lösung bezeichneten Arbeitsteilung sind industriell-dienstleistungsorientierte Leistungsbündel. Aber auch Teilprozesse des vertrauensdienstleistungsorientierten Bereichs können in diesem Gebiet angesiedelt sein. Als Beispiele seien die Bereiche des Gesundheitswesens und der Psychologie genannt, in denen die Patienten geschult werden, bei den eigenen therapeutischen Maßnahmen sowie denen der anderen Patienten mitzuwirken[234].

Ist die Informationsübertragung vom Kunden einfach und standardisiert, bestehen aber Schwierigkeiten bei der Übertragung der Problemlösung bzw. der Technik zur Problemlösung auf den Kunden, empfiehlt sich eine spezialisierte Erstellung durch das Unternehmen. Verstärkt wird diese Tendenz, wenn das Unternehmen zusätzlich Economies of Scope and Scale nutzen kann. Aufgrund der standardisierten Informationen der Kunden bietet sich, wenn möglich, eine Anbindung der Kunden auf Telekommunikationsbasis an.
Als Beispielsfälle für derartig spezialisierte Lösungen bieten sich Leistungen an, bei deren Erstellung ein Netzwerk benötigt wird (z.B. Beförderungsunternehmen). Die in dieses Gebiet passenden Leistungen sind hauptsächlich dem industriell- und kreativ-dienstleistungsorientierten Bereich zuzuordnen.

Zusammenfassend kann gesagt werden, daß die Entscheidung der Erstellung durch das Unternehmen oder den Kunden sich nicht nur auf den gesamten Leistungserstellungsprozeß erstreckt, sondern daß sehr wohl auch Teilprozesse eines Gesamtprozesses an den Kunden ausgelagert werden können, während die übrigen Teilprozesse durch das Unternehmen erstellt werden. Die hier dargestellten vier Felder stehen nicht unverbunden nebeneinander, sondern es besteht ein Kontinuum zwischen diesen Feldern. So können Teile eines Leistungserstellungsprozesses unterschiedlichen Feldern zugeordnet werden.

---

[233] Vgl. Normann; Ramirez (1993), S. 67.
[234] Vgl. Heskett (1988a), S. 30.

Für die Effizienz der Kundenbeteiligung spielt nicht nur die Art, sondern auch der Ort der Kundenbeteiligung eine wesentliche Rolle. Zu unterscheiden sind die Beteiligung des Kunden bei der Leistungserstellung im Unternehmen, beim Kunden sowie durch virtuelle Kontakte. Tendenziell läßt sich sagen, daß spezialisierte Lösungen eher beim Unternehmen durchgeführt werden, während der Bereich des self-service beim Kunden bzw. über virtuelle Kontakte stattfindet. Für die übrigen Bereiche Kooperation und unterstützende Lösung lassen sich keine vergleichbaren Aussagen treffen. Abbildung 11 zeigt für alle vier Bereiche konkrete Beispiele in Abhängigkeit des zugrundeliegenden Ortes der Kundenbeteiligung.

| **Art der Kundenbeteiligung** / **Ort der Kundenbeteiligung** | ***unterstützende Lösung*** | ***spezialisierte Lösung*** | ***self-service*** | ***Koopertation*** |
|---|---|---|---|---|
| ***Unternehmen*** | Gastronomie | Laboranalyse | Self-Service-Center in Banken | Entwicklung von kundenspezifischen Flugzeugen |
| ***Kunde*** | Rohrreinigung | Brandsanierung | Entwicklung von Asic-Bausteinen | Unternehmensberatung |
| ***virtueller Kontakt*** | Teleüberwachung | Tele-Teaching | On-line Recherchedienste | Telekooperation im FuE-Bereich |

**Abb. 11: Zusammenhang zwischen Art und Ort der Kundenbeteiligung**

**In Anlehnung an Picot (1995), S. 21**

Durch die Weiterentwicklung der Technik wird es in der Zukunft verstärkt möglich sein, das Wissen dienstleistungsorientierter Unternehmen den Kunden zugänglich zu machen und dadurch den Kunden intensiver in den Leistungserstellungsprozeß einzubeziehen. Der Ort der Kundenbeteiligung wird sich verstärkt auf den Kunden- bzw. virtuellen Bereich verlagern.

### 2.2.3 Erstellung durch Dritte

Neben der Eigen- und der Kundenerstellung besteht eine Vielzahl von Möglichkeiten, die Leistungserstellung durch unabhängige Dritte erbringen zu lassen. Dabei ist die jeweils geeignetste Organisationsform auszuwählen.

Teilleistungen, die einen hohen Normierungsgrad, hohe Verfügbarkeit durch ein umfangreiches Angebot, große Skaleneffekte durch große Nachfrage und kurze Leistungserbringungszeiträume aufweisen und für das Leistungsbündel von untergeordneter Bedeutung sind, können durch klar umrissene, klassische kurzfristige Verträge beschafft werden. Der Preis enthält alle erforderlichen Informationen und auf Grund der kurzen Bindungsdauer können sich die Rahmenfaktoren während der Vertragsbeziehung kaum ändern. Die Unsicherheit ist somit gering und die Flexibilität wird durch den kurzfristigen Charakter der Verträge aufrecht erhalten.

Mit abnehmender Standardisierung der Leistung und mit steigendem Leistungserstellungszeitraum sowie den damit verbundenen Unwägbarkeiten bei der Leistungserbringung der einzelnen Parteien wird es immer schwieriger und teurer, einen vollständigen Vertrag mit allen Eventualitäten auszuhandeln. Insoweit wird jeder Vertrag in diesem Bereich Vertragslücken aufweisen[235]. Um ein opportunistisches Ausnutzen dieser Vertragslücken zu minimieren, müssen die Verträge und Leistungsaustauschbeziehungen so gestaltet werden, daß es für beide Parteien sinnvoller ist, sich zielkonform als opportunistisch zu verhalten. Kurzfristige Beziehungen sind aufgrund der nur kurzfristigen Gewinnerzielungsmöglichkeit prädestiniert für opportunistisches Handeln. Langfristige Beziehungen steigern die langfristigen Gewinnerzielungsmöglichkeiten und reduzieren die Intention, Vertragslücken auszunutzen. Steigt der Anteil der Vertrauenseigenschaften, ist neben den entsprechenden Anreizgestaltungen die Reputation ein wichtiges Instrument für das zielkonforme Verhalten des Lieferunternehmens. Gelingt es, die Reputation des Lieferanten an die des Herstellers zu koppeln, wird der Lieferant den Handlungsspielraum kaum opportunistisch ausnützen. Es muß grundsätzlich versucht werden, eine einseitige Abhängigkeit zu verhindern, indem eine zweiseitige Abhängigkeit aufgebaut wird. Hierfür eignen sich relationale Verträge, die Rahmenfaktoren wie zum Beispiel Ziele und Erfolgsbeteiligung festlegen und den Beziehungsaspekt zwischen den Parteien betonen.

Mit einer weiteren Steigerung des Leistungserstellungszeitraums und den damit verbundenen Umweltveränderungen, der Abnahme der Beschreibbarkeit des Leistungsaustausches, der Bedeutung für das Gesamtleistungsbündel und der Beteiligung spezifischer Ressourcen müssen immer stärker Anreizsubstitute die Aufgaben vertraglicher Kontroll- und Regulierungsfunktionen übernehmen. Beispiele hierfür sind gemeinsame Werte und Normen, Gewinnbeteiligungen und Kapitalverflechtungen.

---

[235] Vgl. Milgrom; Roberts (1992), S. 131.

Die Beteiligung dritter Unternehmen an der Leistungserstellung dienstleistungsorientierter Leistungsbündel ist häufig jedoch dadurch behindert, daß eine fehlende Transportfähigkeit des Leistungsbündels vorliegt und die Synchronität von Produktion und Verbrauch gegeben sein muß. Dies bedeutet, daß ein drittes Unternehmen vor Ort seine Leistungen erbringen müßte. Häufig ist aber die benötigte Kapazität vor Ort so gering, daß eine Spezialisierung ökonomisch nicht sinnvoll wäre. Eine Spezialisierung unterbleibt, und die entsprechende Leistung wird vom Unternehmen mitproduziert.

Für eine stärkere Beteiligung dritter Unternehmen am Leistungsbündel sind die Möglichkeiten der Codierung des Informationsaustauschs und der Leistungsübertragung durch unternehmensübergreifende standardisierte Informations- und Kommunikationssysteme von großer Bedeutung (z.B. arbeitsteilige Marktlösungen mit Hilfe des Internet[236]). Mit Hilfe der Festlegung internationaler Standards[237] bei der Datenübertragung (z.B. EDIFACT[238]) und im Zuge der Verbreitung der Datenautobahnen, d.h. eines schnittstellenfreien, gemeinsamen und mit hohen Übertragungskapazitäten ausgestatteten Übertragungsmediums, werden die Möglichkeiten der verstärkten Einbeziehung größer.

Aufgrund der komplexen, spezifischen und vertrauensorientierten Interaktionsbeziehungen zwischen Kunden und Mitarbeitern werden im vertrauens-dienstleistungsorientierten Sektor tendenziell weniger Bereiche an Dritte als im kreativ-dienstleistungsorientierten Bereich ausgelagert. Dagegen bieten sich im industriell-dienstleistungsorientierten Bereich Lösungen mit dritten Unternehmen an, wenn es sich nicht um Kernbereiche handelt und wenn aus Gesamtkostensicht Vorteile erzielt werden können. In Frage kommen damit Bereiche ohne spezifische Investitionen, deren Interaktionsbedarf leicht kodiert werden kann. Vorteile sind besonders dann zu erwarten, wenn mehrere alternative Vertragspartner zur Verfügung stehen und die Umstiegskosten bei einem Wechsel zu einem alternativen Partner gering sind. Hiermit kann die Gefahr des opportunistischen Verhaltens seitens des Vertragspartners reduziert werden[239].
Im kreativ-dienstleistungsorientierten Bereich können Prozesse zwischen der Problemdarstellungsphase und der Phase der Erläuterung der Problemlösung für den Kunden gemeinsam mit Partnerunternehmen durchgeführt werden, wenn der Informationsfluß nicht gestört wird und durch diese Koordinationsformen Kosten- bzw. Qualitätsvorteile erzielt werden können. Es handelt sich somit um Bereiche ohne spezifische Investitionen, die sich durch das Wissen und die Lerneffekte der Lieferanten qualitativ besser durchführen lassen.
Schwierig ist die Auslagerung von Prozessen an dritte Unternehmen im vertrauens-dienstleistungsorientierten Bereich, da hier der gesamte Leistungserstellungsprozeß von der Vertrauensbeziehung zwischen Unternehmensmitarbeitern und dem Kunden geprägt wird. In diesem Bereich können nur Ergänzungsprozesse und Zusatzprozesse, wenn sie nicht den Charakter eines "cospecifed asset" haben, von marktlichen Partnern übernommen werden.

---

[236] Vgl. Jaros-Sturhahn; Neuburger (1995), S. 38 ff.
[237] Vgl. hierzu auch Niggl (1994).
[238] Vgl. Neuburger (1994), S. 92 ff.
[239] Vgl. Picot; Maier (1992), S. 23.

Abschließend läßt sich somit feststellen, daß mit abnehmender Bedeutung der persönlichen Komponente die Leistungstiefenentscheidung aus Gesamtkostensicht entschieden wird. In diesen Feldern wird in Zukunft, unterstützt durch die technische Entwicklung, die Auslagerung an dritte Unternehmen in Form neuer Kooperationsformen (z.B. Telekooperationen) wesentlich an Bedeutung gewinnen[240]. Unabhängig davon ist bei der Leistungstiefenentscheidung immer die Art des zugrundeliegenden Leistungsbündels zu berücksichtigen. Abbildung 16 in Abschnitt IV.4. zeigt die diesbezüglichen Unterschiede zusammenfassend auf.

### 2.3 Fallbeispiel zur Leistungstiefenentscheidung

Das im folgenden zu zeigende Beispiel ist dem vertrauens-dienstleistungsorientierten Sektor zuzuordnen. Der Untersuchungsbereich ist Teil eines Unternehmens der Umweltberatungsbranche. Das in mehreren Ländern agierende Unternehmen ist zwar bezogen auf Umsatz und Mitarbeiterzahl als mittleres Unternehmen einzustufen, gehört jedoch auf diesem Sektor zu den größeren europäischen Unternehmen. Zur besseren Übersicht wird nur ein Geschäftsbereich auf Leistungstiefenaspekte untersucht. Es handelt sich hierbei um den Bereich der ökologischen Altlasten. Mit diesem Geschäftsfeld erzielt das Unternehmen knapp die Hälfte des gegenwärtigen Umsatzes. Ziel des Geschäftsbereichs ist die Erstellung von Schadstoffanalysen für kundeneigene Grundstücke, sowie die Unterstützung der Kunden bei der Sanierung der Grundstücke. Analog zur Konzeptions-Fallstudie wird kurz die Ist-Situation der Leistungstiefe dargestellt, eine Schwachstellenanalyse in Bezug auf die bestehenden Koordinationsformen durchgeführt, um dann abschließend spezielle wie auch allgemeine Empfehlungen zur Leistungstiefenentscheidung zu erörtern.

Abbildung 12 zeigt die bestehenden Prozeßschritte und deren Einbindungsformen im Überblick.

[240] Vgl. hierzu Reichwald (1994), S. 14 ff.

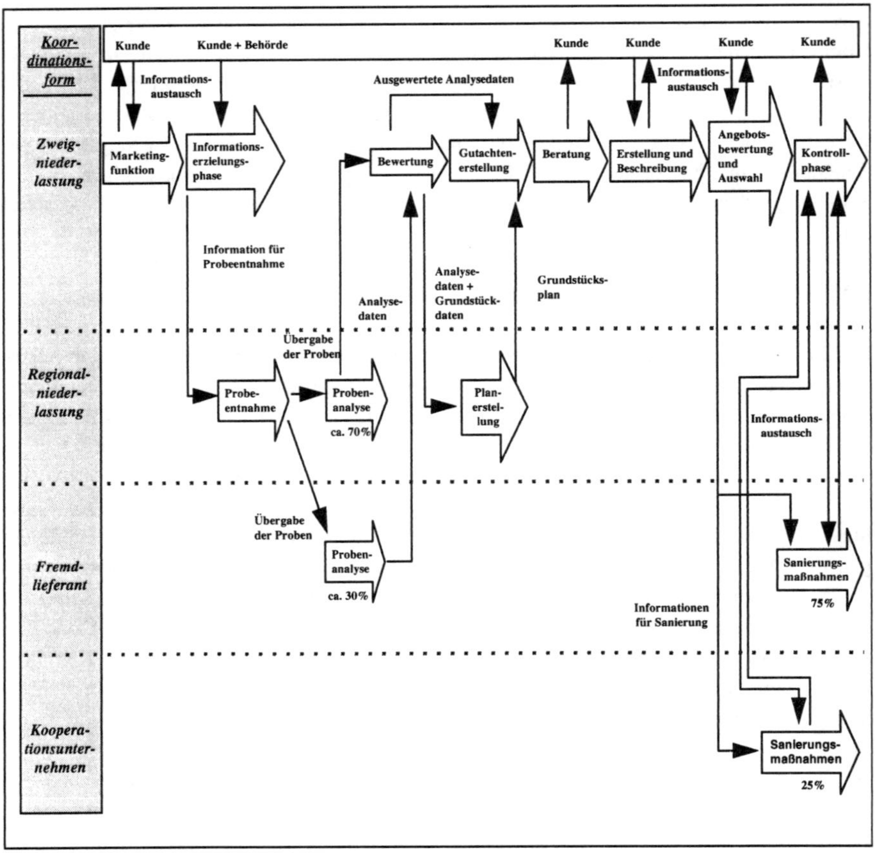


**Abb. 12: Prozeßschritte und deren Einbindungsformen.**

Der erste Schritt besteht in der Kontaktaufnahme mit potentiellen Kunden. Die Aufgaben umfassen den Abbau von Informationsasymmetrien und den Aufbau von Vertrauen beim Kunden. Die Leistungsfähigkeit und der Leistungswille des Unternehmens muß dem Kunden nähergebracht werden. Das Unternehmen hat für diesen Prozeß als Einbindungsform eine dezentrale Eigenerstellung gewählt.

Kommt es zu einem Vertragsabschluß, muß das Unternehmen, um die Probeentnahmen in der richtigen Tiefe und an den richtigen Stellen durchführen zu können, alle verfügbaren Informationen über das jeweilige Grundstück eruieren. Hierzu gehören die Historie des betreffenden Grundstücks und seiner Umgebung sowie auch die Grundwasserströmungen. Auch hier wurde als Koordinationsform die dezentrale Eigenerstellung gewählt.

Anhand dieser Informationen wird bestimmt, wo, wieviele und welche Art von Proben entnommen werden sollen. Die Probeentnahme wird mit Hilfe von Spezialbohrern und -werkzeug durchgeführt. Dieser Schritt wird ebenfalls in Form der Eigenerstellung durchgeführt. Im Unterschied zu den ersten beiden Schritten, die dezentral in den Zweigniederlassungen durchgeführt werden, steht das Probeentnahmewerkzeug und die hierfür notwendigen Mitarbeiter jeweils nur in den Regionalzentralen zur Verfügung.

Die Proben werden in einem weiteren Schritt analysiert. Die hierfür verwendete Labortechnik weist einen hohen Standardisierungsgrad auf. Das Unternehmen hat zur Analyse der Proben regionale eigene Labors, auf Kundenwunsch werden die Proben aber auch bei externen Labors untersucht. Mit einigen externen Labors bestehen zu diesem Zweck Rahmenverträge. Durch zunehmenden Kundendruck steigt der Anteil der an externe Laborunternehmen weitergegebenen Aufträge.

Sind die Proben analysiert, müssen die vorliegenden Daten bewertet werden. Die Daten der Probeanalyse werden durch Spezialisten beurteilt und hieraus wird ein Gutachten entwickelt. Dieser Prozeß wird durch eine Datenbank mit Erfahrungswerten unterstützt. Falls notwendig, ist die Ausarbeitung eines Sanierungsvorschlags für das betreffende Grundstück Teil des Gutachtens. Die Bewertung und Erstellung des Gutachtens wird dezentral in Eigenerstellung durchgeführt.

Für das Gutachten wird auch ein Rasterplan erstellt. Dieser Plan zeigt das Grundstück mit den genauen Stellen der Probeentnahmen sowie die Analysewerte der einzelnen Proben. Hierfür müssen die relevanten Daten mit Hilfe von CAD-Systemen verarbeitet werden. Die Umsetzung dieser Daten in die Grundstückspläne wird vom Unternehmen in eigenen regionalen Zeichenabteilungen durchgeführt.

Ist auf Grund der Bewertung der Analysedaten oder auf Grund gesetzlicher Vorschriften eine Sanierung des Grundstücks notwendig, steht der Kunde vor der Frage, wie, durch wen und was im einzelnen saniert werden muß. Auch hier besitzt der Kunde eine hohe Informationsasymmetrie.

Das Unternehmen bietet hierfür seine Beratungstätigkeiten, die Unterstützung bei der Erstellung von Sanierungsausschreibungen, die Auswertung der Sanierungsangebote und die Kontrolle des beauftragten Sanierungsunternehmens an. Das Angebot dieser Funktionen erfolgt dezentral in Eigenerstellung.

Darüber hinaus besteht bei dem untersuchten Unternehmen eine Kooperation mit einem Sanierungsunternehmen, die auch durch eine Kapitalbeteiligung an ihm untermauert ist.

Die Darstellung der bestehenden Koordinationsformen des Unternehmens hat gezeigt, daß bei der Prozeßkette ein hoher Grad an vertikaler Integration vorherrscht. Im folgenden ist zu untersuchen, ob dieser hohe Grad der Eigenerstellung ökonomisch und strategisch gerechtfertigt ist.

Die Marketingfunktion bedarf aufgrund des hohen Anteils an Vertrauenseigenschaften bei den Leistungsbündeln und der hohen Informationsasymmetrie eine direkte und verzerrungsfreie Schnittstelle zwischen Kunden und Unternehmen. Da das Humankapital der Mitarbeiter die Qualität der Leistungsbündel stark determiniert, ist der direkte Kontakt zwischen Mitarbeitern und Kunden für den Vertrauensaufbau wichtig.

Die korrekte Informationserzielung beeinflußt die Kosten und den Erfolg des gesamten Leistungsbündels. In Verbindung mit den Erfahrungen und dem Wissen der Spezialisten können Problembereiche schnell und sicher lokalisiert werden.

Die Probeentnahmen sind gut beschreibbar und unterliegen keiner großen Unsicherheit. Diese Faktoren sprechen gegen die Eigenerstellung als effizienteste Einbindungsform. Für eine Eigenerstellung spricht, daß unreine Probeentnahmen zu falschen Ergebnissen und Lösungsvorschlägen führen können sowie die Tatsache, daß für die Probeentnahmen hohe spezifische Investitionen in Form der Spezialwerkzeuge notwendig sind. Somit ist sowohl eine reine Eigenerstellung wie eine reine Fremderstellung für diesen Bereich ungeeignet.

Die für die Analyse benötigte Labortechnik weist einen hohen Standardisierungsgrad und eine hohe Verfügbarkeit auf. Somit wird hier durch die Eigenerstellung unnötig Kapital gebunden, da externe Unternehmen höhere Degressionseffekte erzielen können. Einer reinen externen Lösung stehen jedoch Schnittstellenprobleme bei der Datenüberspielung in die unternehmenseigene Datenbank sowie geringere Haftungsübernahmen der externen Lieferanten entgegen. Gerade in Sektoren mit hoher Informationsasymmetrie ist eine hohe Haftungsgrundlage ein Signal für den Kunden, das Vertrauen schafft. Grundsätzlich ist davon auszugehen, daß durch die Normierung in diesem Bereich die Fehlerwahrscheinlichkeit besonders bei qualifizierten Betrieben gering ist. Die steigende Zahl der Kunden, die ein externes Laborunternehmen wünschen, bestätigt den abnehmenden Zusatznutzen einer hohen unternehmensinternen Laborhaftung. Die immer stärker werdende Tendenz der Standardisierung unternehmensübergreifender Informationsflüsse, in Kombination mit entsprechenden Rahmenverträgen, wird die Schnittstellenproblematik mit externen Lieferanten in Zukunft wesentlich reduzieren.

Die Bewertung der erzielten Daten, die Ausarbeitung eines Sanierungsplans sowie die Erstellung und Besprechung des Gutachtens mit dem Kunden, stellen den Kernprozeß des Unternehmens dar. Die Kombination von spezifischem Fachwissen und Erfahrungen mit den erzielten Analysedaten, besitzen eine hohe strategische Bedeutung sowie einen hohen Spezifitätsgrad.

Für das Gutachten ist die Erstellung eines Rasterplans mit den erzielten Analysedaten notwendig. Die Planerstellung mit Hilfe von CAD-Systemen besitzt einen hohen Standardisierungsgrad, der einer Eigenerstellung des Plans widerspricht. Die Schnittstellenproblematik und die Kompatibilität der CAD-Systeme machen dagegen marktliche Lösungen hier problematisch. So scheitert häufig auch die Überspielung von Rasterplänen vom Kunden an das Unternehmen an der fehlenden Kompatibilität der Systeme. Es muß somit in diesem Bereich nach Lösungen gesucht werden, zur Vermeidung von Schnittstellenproblemen und damit zur Effizienzsteigerung führen.

Bei der Beratung der Kunden, der Erstellung einer Ausschreibung und bei der Angebotsauswahl in Bezug auf Sanierungsmaßnahmen hat das Unternehmen durch das spezifische Fachwissen sowie der umfangreichen Datenbank Wettbewerbsvorteile gegenüber den Konkurrenten. Auch bei der Kontrolle der Sanierungsmaßnahmen besitzt das Unternehmen durch die Vertrauensposition bei den Kunden Vorteile. Die Kenntnisse über die Schadstoffe, wie auch das Wissen über Sanierungsmöglichkeiten, ermöglichen es dem Unternehmen, die Sanierungsmaßnahmen zu überwachen und die Informationsasymmetrie bei den Kunden abzubauen.

Eine gravierende Schwachstelle in der Leistungstiefengestaltung ist in der Kooperation und finanziellen Beteiligung an einem Sanierungsunternehmen zu sehen. So besteht zwischen der Auswahl und Kontrolle des Sanierungsunternehmens einerseits und der Beteiligung an einem Sanierungsunternehmen andererseits ein Interessenskonflikt. So signalisiert die Einbindung des Sanierungsprozesses dem Kunden, daß das Unternehmen auch andere Anreize haben könnte, nicht voll und ganz die Interessen des Kunden durchzusetzen. Um die Vorteile bei Auswahl und Kontrolle des Sanierungsunternehmens voll zur Geltung kommen zu lassen, muß die absolute Unabhängigkeit vom Sanierungsprozeß gewährleistet sein.

Aufgrund dieser Schwachstellenanalyse ergeben sich nun folgende Empfehlungen für die Leistungstiefe.
Die strategische Bedeutung für den Erfolg des Leistungsbündels und das hierfür benötigte spezifische Wissen machen eine Eigenerstellung der Marketingfunktion und Informationserzielung notwendig.

Im Bereich der Probeentnahme sprechen sowohl einige Tatsachen für eine Eigenerstellung (z.B. spezifische Werkzeuge, small numbers Problematik), andere Fakten sprechen jedoch für eine Fremderstellung (z.B. gute Beschreibbarkeit, geringe Unsicherheit). Aus transaktionskostentheoretischer Sicht ist deshalb in diesem Bereich eine Mischform zu empfehlen. So könnten durch eine enge Kooperationsform sowohl die Kosten aufgrund der Spezifität und geringen Partneranzahl reduziert werden, aber auch die Vorteile einer marktorientierteren Erstellung genutzt werden. Vorhandene Kapazitäten können so auch extern vermarktet werden. Die bestehende vertikale Integration sollte deshalb schrittweise reduziert werden.

Bei der Analysetechnik sprechen die hohe Verfügbarkeit, der hohe Standardisierungsgrad und die geringe Unsicherheit für eine marktliche Lösung. Damit die externen Laborunternehmen die notwendigen informationstechnischen Investitionen zur Vermeidung von Schnittstellenproblemen tätigen, bieten sich mit mehreren qualifizierten Unternehmen langfristige Rahmenverträge an. Je nach Performanz erhalten die Unternehmen dann in den folgenden Jahren mehr oder weniger Aufträge.

Für die Bewertung der Daten, die Erstellung des Gutachtens und die Erläuterung des Gutachtens gegenüber den Kunden ist aufgrund der bestehenden Spezifität, der Geheimhaltung und der bestehenden Vertrauensbasis die Eigenerstellung zu empfehlen.

Die Erstellung des Rasterplans erfordert nur sehr bedingt spezifisches Wissen und spezifische Investitionen. Daher läßt sich der vertikale Integrationsgrad in diesem Sektor reduzieren. Unter Berücksichtigung des Kompatibilitätsaspektes lassen sich hier durch eine Auslagerung der Zeichenabteilung in eine Tochtergesellschaft Effizienzvorteile erzielen. Zum einen sind Zusatzumsätze von Externen denkbar, wobei auch neue Anwendungsmöglichkeiten (z.B. Planverwaltung und -pflege bei Großkunden) geschaffen werden könnten. Zum anderen läßt sich durch den externen Wettbewerb eine Effizienzsteigerung erreichen.

Der Bereich Beratung, Unterstützung bei der Ausschreibung sowie Auswahl und Kontrolle des Sanierungsunternehmens sollte aufgrund des spezifischen Wissen in diesem Bereich sowie der Vertrauensbasis zu den Kunden in Eigenerstellung angeboten werden.

Um aber diese, für das Leistungsbündel wichtige, Vertrauensbasis nicht zu zerstören, ist die Kooperation und Kapitalbeteiligung mit einem Sanierungsunternehmen zu beenden. Nur so ist es möglich, die Kontrollfunktion über das Sanierungsunternehmen unbeeinflußt und in vollem Interesse des Kunden durchzuführen.

Aus dieser Fallstudie lassen sich nun folgende allgemeine Empfehlungen für dienstleistungsorientierte Unternehmen geben.

Je stärker der Vertrauensaspekt einen Leistungsaustausch dominiert, desto stärker sollte dieser Leistungsaustausch vertikal integriert werden.
Gerade im dienstleistungsorientierten Bereich spielt das im Unternehmen vorhandene Wissen eine wichtige Rolle. Je wichtiger im Unternehmen vorhandenes spezifisches Wissen für einen Leistungsaustausch ist und je schwieriger dieses Wissen rechtlich geschützt werden kann, desto stärker sollte dieser Austausch vertikal integriert sein.

Bei den Leistungstiefenentscheidungen sind potentielle Interessenskonflikte unbedingt zu berücksichtigen. Negative Folgen für den Erfolg der Leistungsbündel lassen sich dadurch vermeiden.

Die hohe Dynamik im dienstleistungsorientierten Bereich und die geringe Halbwertszeit von Wissen in diesem Bereich macht es notwendig, die vorhandenen Ressourcen auf wenige Kernbereiche zu konzentrieren.

Die technischen Entwicklungen der letzten Jahre haben zu einer zunehmenden Kompatibilität der unterschiedlichen Systeme geführt. Es ist deshalb zu überprüfen, ob durch diesen Fortschritt effizientere Koordinationsmechanismen gewählt werden können.

## 3. Unternehmensinterne Organisation für dienstleistungsorientierte Unternehmen

Sind die Teilprozesse aufgrund der entsprechenden Kriterien auf die dafür geeignetsten Marktpartner verteilt, folgt als weiterer Schritt die Strukturierung der unternehmensinternen Organisation. Dabei ist zuerst zu analysieren, ob die intern zu erbringenden Leistungen **prozeß-** oder **funktionsorientiert** erbracht werden sollen (IV.3.1.). Auch im Bereich der internen Organisation muß neben dem Koordinationsproblem ebenfalls das Motivationsproblem betrachtet werden[241]. Die Koordinationsprobleme werden durch die optimale Mischung von **Zentralisierung** und **Dezentralisierung** (IV.3.2.1.) bzw. **Front-Office** und **Back-Office** (IV.3.2.2.2.) reduziert. Auch mit Hilfe der Steuerung der **Interaktionsintensität** können die Koordinationsprobleme verkleinert werden (IV.3.2.2.1.).

Die Motivationsprobleme werden dagegen ihren **Ursachen** entsprechend (IV.3.2.2.3.) durch adäquate **Anreiz- oder Kontrollsysteme** vermindert (IV.3.2.2.4.). Ein **Fallbeispiel** soll die Kombination der Instrumente verdeutlichen (IV.3.3.).

### 3.1 Prozeßanalyse

Die intern zu erstellenden Teilprozesse sind im weiteren zu analysieren und die Schnittstellen zu den anderen Partnern zu optimieren. So ist zu untersuchen, welche Informationen und Leistungen die Marktpartner (z.B. Kunden) fordern und welche Informationen und Leistungen dem Unternehmen selbst durch Zulieferunternehmen zur Verfügung gestellt werden. Dabei muß überprüft werden, ob die für die Erstellung benötigten Informationen bereits bei den Zulieferern vorhanden sind und ob durch eine bessere Abstimmung der Input verbessert werden kann. Gerade in informationsintensiven Gebieten wie den kreativ- und vertrauens-dienstleistungsorientierten Bereichen ist ein störungsfreier Informationsfluß an den Schnittstellen aufgrund der Komplexität und Spezifität schwierig zu bewerkstelligen. Es muß deshalb hier insbesondere darauf geachtet werden, daß die Informationen direkt zum Verwender gelangen und von diesem auch entsprechend interpretiert werden können. Redundante Informationsvorgänge müssen eliminiert werden[242]. Besondere Bedeutung erhält der Informationsfluß, wenn inhaltlich abgeschlossene Erfüllungsvorgänge, die in einem logischen inneren Zusammenhang

---

[241] Vgl. Wolff (1994), S. 24.
[242] Vgl. Picot; Franck (1995), S. 28.

stehen, auf mehrere Marktteilnehmer verteilt werden[243]. Beispielhaft sei hier aus dem vertrauens-dienstleistungsorientierten Bereich die Zusammenarbeit verschiedener Spezialkliniken zur Wiederherstellung der Gesundheit eines schwerverletzten Unfallpatienten erwähnt. Nur durch einen klaren, standardisierten und vollständigen Informationsfluß kann die Gesundheit des Patienten ohne unnötige Belastungen (z.B. doppelte Untersuchen und Analytikverfahren wie z.B. Röntgen, Computertomographie, Sonographie) wiederhergestellt werden.

Ist der Informationsfluß weitgehend optimiert, stellt sich als nächstes die Frage nach einer geeigneten organisatorischen Struktur für die interne Abwicklung. Dabei geht es zum einen darum, ob ein Prozeß oder die Auflösung in Teilprozesse effizienter ist. Zum anderen ist zu überprüfen, inwieweit durch eine teilweise funktionale Gliederung Vorteile erzielt werden können. Dabei spielt die Datenintegration innerhalb der Prozesse, die Teilbarkeit von Objekten und das vorhandene Know-how eine große Rolle. Der Prozeß sollte dann in Teilprozesse untergliedert werden, wenn durch die Prozeßuntergliederung eine Datenintegration besser möglich ist, Spezialisierungseffekte erhöht und Koordinationskosten gesenkt werden können. Die Grenze der Prozeßunterteilung ist dann erreicht, wenn die Koordinationskosten zwischen den Teilprozessen größer werden als die Vorteile durch eine weitere Untergliederung. Des weiteren ist auch zu beachten, daß eine zu hohe Auflösung des Prozesses die Einsicht in den Gesamtprozeß reduziert. Auf der anderen Seite kann eine zu geringe Auflösung zu einer Vernachlässigung wichtiger Aktivitäten führen[244]. Die Frage der Untergliederung stellt sich bei den Primärprozessen sowie bei den Sekundär- und Verwaltungsprozessen. Zusätzlich muß bei den Verwaltungsprozessen entschieden werden, ob sie verselbständigt oder in die Primärprozesse integriert werden sollen. Auch hier spielt der Koordinationsaufwand eine entscheidende Rolle. Können durch spezielle Sekundärprozesse die Koordinationskosten der Primärprozesse gesenkt werden und Spezialisierungseffekte erzielt werden, so sollten Sekundärprozesse geschaffen werden. Es sollte jedoch immer darauf geachtet werden, daß die Informationen in den Primärprozessen geschaffen werden und somit ein hoher Koordinationsaufwand für den Transfer zu den Sekundärprozessen zu erwarten ist. Durch die moderne Informations- und Kommunikationstechnik ist es möglich geworden, immer stärker Sekundärfunktionen in den Primärprozessen zu belassen.

### 3.2. Prozeßsynthese

Bei der Prozeßsynthese ist darauf zu achten, daß die Motivations- und Koordinationsprobleme im Unternehmen so stark wie möglich reduziert werden. Mit geeigneten Prozeßstrukturen muß eine Modularisierung des Unternehmens in relativ autonome Prozesse mit möglichst einfachen Schnittstellen und geringem Abstimmungsbedarf erfolgen[245].

---

[243] Vgl. Gaitanides (1983), S. 65.
[244] Vgl. Gaitanides (1983), S. 80.
[245] Vgl. Picot (1994), S. 36.

### 3.2.1 Gestaltungsmöglichkeiten

Eine wichtige Frage ist dabei die optimale Mischung zwischen Zentralisierung und Dezentralisierung. So benötigen viele dienstleistungsorientierte Unternehmen aufgrund der Gleichzeitigkeit von Produktion und Konsum sowie der Interaktionen zwischen Kunden und Unternehmen die Nähe zu den Abnehmern. Andererseits versuchen die Unternehmen, durch Zentralisierung die Kosten der dezentralen Strukturen (z.B. Filial- und Personalkosten) einzusparen und verstärkt Skaleneffekte zu nutzen. Eine wichtige Rolle spielt in diesem Zusammenhang auch die Weiterentwicklung der Informations- und Kommunikationstechnik. Mit Hilfe der Unterstützung der Technik versuchen immer mehr dienstleistungsorientierte Unternehmen, die Vorteile der Dezentralisierung (z.B. schnelle und kundenspezifische Problemlösung) und der Zentralisierung (z.B. economies of scale) gleichzeitig zu nutzen. Als Beispiel sei hier der Versicherungsvertreter genannt, der mit Hilfe eines tragbaren PC mit Mobilanschluß die Kunden vor Ort beraten und dabei die Daten des Zentralrechners nutzen kann. Nach Vertragsabschluß übermittelt er die Daten online an die Zentrale. Hier werden dann die Versicherungsverträge ausgearbeitet.

Es stellt sich also die Frage, was für eine verstärkte Dezentralisierung spricht und wann sich eine größere Zentralisierung empfiehlt. Hierbei sind im dienstleistungsorientierten Bereich zwei Arten der Spezifität zu unterscheiden: Anwenderspezifität und Abwicklungsspezifität[246].
Hohe Anwenderspezifität ist dann gegeben, wenn die Problemlösung auf die individuelle Situation des Anwenders zugeschnitten werden muß und hierfür häufige, komplexe und spezifische Interaktionen zwischen Kunden und Unternehmen stattfinden. Hohe Abwicklungsspezifität liegt vor, wenn für die Problemlösung ein komplexer, spezifischer und häufig technisch unterstützter Bearbeitungsapparat sowie hierfür notwendiges, aber schwer zu übertragendes Know-how benötigt werden. Abbildung 13 verdeutlicht den Zusammenhang.

[246] Vgl. hierzu Picot (1990a), S.301 ff, Picot (1993b), S. 232 ff. Picot unterscheidet hierbei zwischen Fachspezifität und technischer Spezifität bzw. Infrastrukturspezifität.

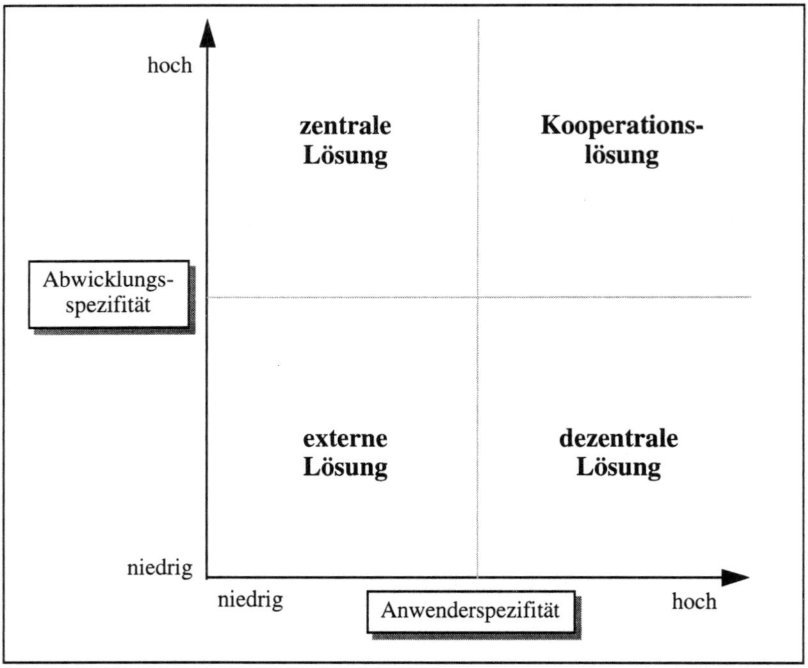


**Abb. 13: Dezentrale oder zentrale Organisation im dienstleistungsorientierten Bereich.**

In Anlehnung an Picot (1990a), S. 302 .

Ist die Anwenderspezifität hoch bei geringer Abwicklungsspezifität, so liegt das zentrale Problem darin, daß das Unternehmen mit dem Kunden vor Ort individuelle Problemlösungen erstellt. Der persönliche Kontakt mit dem Kunden ist ein wichtiger Erfolgsfaktor für das Unternehmen. Derartige Unternehmen werden, um erfolgreich sein zu können, dezentrale Prozeßstrukturen wählen müssen. Viele vertrauens-dienstleistungsorientierte Unternehmen, bei denen das Know-how und die persönliche Beziehung zwischen Kunden und Know-how Träger (z.B. Anwalt, Arzt) im Vordergrund stehen und nicht das technische Equipment, sind hier einzuordnen. Ein Beispiel hierfür ist der praktische Arzt, der für seine Analyse die Informationen des Patienten benötigt, jedoch kein aufwendiges technisches Equipment.

Ist die Anwenderspezifität gering bei hoher Abwicklungsspezifität, so sind für die Erstellung des Leistungsbündels komplexe, meist technisch unterstützte Abwicklungsformen notwendig.

Eine Duplizierung der Abwicklungseinrichtungen ist häufig aus Kostengründen erst bei sehr hoher Nachfrage möglich. Aus diesen Gründen ist für derartige Unternehmen eine zentrale Lösung vorzuziehen. Bei vielen industriell-dienstleistungsorientierten Unternehmen ist der Wettbewerbsvorteil in den zentralen Prozessen zu sehen. So entscheidet sich der Erfolg eines Paketlieferunternehmens insbesondere bei der Gestaltung der zentralen Prozesse (z.B. Routenplanung, Logistik, Informationsabwicklung). Es bleibt festzustellen, daß viele industriell-dienstleistungsorientierte Unternehmen trotz ihrer häufig dezentral-orientierten Aufgabenerfüllung ihren Schwerpunkt auf die zentralen Prozesse fokussieren sollten.

Sind sowohl Abwicklungs- als auch Anwenderspezifität hoch, wird es zu Mischformen kommen. Welche Prozeßform dann überwiegt, hängt stark von der Transportfähigkeit der einzubeziehenden Objekte und Subjekte ab. In diesem Bereich sind viele kreativ- und vertrauensdienstleistungsorientierte Unternehmen angesiedelt. Als Beispiel sei hier eine ärztliche Operation erwähnt, die sicherlich sowohl anwenderspezifisch wie auch abwicklungsspezifisch ist. Das technische Equipment und das hohe spezifische Know-how des Operationsteams ist sicherlich nur zentral sinnvoll einsetzbar. Der Patient kann, solange er noch transportfähig ist, in Spezialkliniken transportiert und dort individuell behandelt werden.

Sind dagegen sowohl Anwenderspezifität wie Abwicklungsspezifität niedrig, liegt ein Bereich vor, der für das Unternehmen keine strategische Bedeutung hat. Es empfiehlt sich diesen Bereich mit Hilfe Dritter abzuwickeln[247].

Die Beziehung zwischen Dezentralisierung und Zentralisierung ist nicht statisch, sondern dynamisch. Jedes dienstleistungsorientierte Unternehmen wird aufgrund seiner Eigenschaften (z.B. Interaktion mit dem Kunden) auf eine gewisse Dezentralisierung nicht verzichten können. Es muß deshalb versucht werden, zentrale Einrichtungen mit Hilfe der Telekommunikation für den Kunden dezentral nutzbar zu machen. Eine andere Möglichkeit besteht darin, daß zentrale Einrichtungen aufgrund von starken Preisverfällen und einer Miniaturisierung dezentral nutzbar gemacht werden können. Bestes Beispiel hierfür ist die Computertechnologie. Durch die Erfindung des PC können die früher zentralen Möglichkeiten nun dezentral genutzt werden. Hierbei zeigt sich aber auch, daß der Anwender nun stärker involviert ist und durch Computerschulungen sein Arbeitsgebiet nun ganzheitlich bearbeiten kann. Ähnliche Tendenzen sind auch in vielen dienstleistungsorientierten Unternehmen für die Kunden in Zukunft zu erwarten.
Anhand der Frage, inwieweit Zentralisierung oder Dezentralisierung forciert werden sollte, können aber auch die Grenzen der Prozeßspezialisierung aufgezeigt werden: Je stärker für bestimmte Problemlösungen spezifisches Know-how benötigt wird, das nicht teilbar ist, und technische Geräte, die ebenfalls nicht teilbar sind, desto stärker muß eine Prozeßspezialisierung einer Funktionsspezialisierung weichen[248]. Je schwieriger und kostenintensiver die Duplizierung von benötigtem Know-how und Technik ist, desto eher sind zentrale Abwick-

247 Vgl. hierzu auch Kapitel IV.2.2.3.
248 Vgl. Picot; Franck (1995), S. 33.

lungsformen vorzufinden. Diese Formen können aber häufiger aufgrund der oben genannten Reglementierungen nicht prozeßorientiert sein sondern eher funktionsspezifisch.

Lassen sich dagegen das benötigte Know-how und die notwendige Technik leicht duplizieren, so sind dies wichtige Voraussetzungen für eine stärkere Dezentralisierung und eine ganzheitliche Aufgabenerfüllung. Dabei kann die Technik als Träger für früher in Menschen inkorporiertes Know-how eine wichtige Rolle spielen.
Eine ganzheitliche Bearbeitung durch einen Mitarbeiter ist immer dann sinnvoll, wenn die Spezialisierungseffekte gering und die Transaktionskosten einer weiteren Arbeitsteilung hoch sind und durch technische Unterstützungen eine gesamtheitliche Aufgabenerfüllung möglich ist. Dieses sogenannte CASE-Management[249] sollte dann eingeführt werden, wenn notwendiges spezifisches Humankapital und benötigte Fähigkeiten leicht bei einer Person aufgebaut werden können und die Qualitätseinbußen gegenüber einer Spezialisierung gering sind. Des weiteren darf es sich hierbei nicht um ein Arbeitsfeld mit hoher Dynamik handeln und die Varianz, die durch den Kunden in den Prozeß hineingebracht wird, darf nicht zu groß sein. Durch eine Programmierung des Prozeßablaufs in Verbindung mit technischer Unterstützung kann eine Effektivitäts- und Effizienzsteigerung erzielt werden. Diese Art der Prozeßspezialisierung ist in vielen Bereichen der industriell-dienstleistungsorientierten Unternehmen möglich und wird verstärkt auch hier genutzt.

Steigt jedoch die Varianz der Kundenprobleme und erhöhen sich die Umweltdynamik und somit auch die Anforderungen an das Know-how des Caseworkers, so benötigt dieser Unterstützungsmöglichkeiten zur Lösung der Probleme. Sind die Problemlösungen gut verbalisierbar und standardisierbar, so können Expertensysteme oder Datenbanken als technische Unterstützungsmöglichkeiten herangezogen werden. Ist dies nicht der Fall, können auch funktionale Spezialisten in Stabsstellen den Caseworker unterstützen. Je schwieriger der Know-how Transfer wird, desto stärker kommt es zu einer teilweisen Integration der funktionalen Spezialisten in den Prozeßablauf. Somit entsteht ein Teamprozeß, in dem die funktionalen Spezialisten ihr schwer zu übertragendes Know-how selbst im Prozeß umsetzen. Vorteile durch den Teamprozeß sind in einer Qualitätssteigerung durch Spezialisierung zu sehen. Eine Unterteilung in weitere Teilprozesse ist hierbei nicht sinnvoll, da das Know-how häufig nicht teilbar ist und somit prohibitive Transaktionskosten entstehen würden. Ähnliches ist auch bei funktional spezialisierten Geräten der Fall[250]. Eine Teilung ist auch hier häufig nicht möglich, aber mehrere Prozesse benötigen dieses Gerät. Um hier eine effiziente Auslastung und Koordination zu gewährleisten, muß um das Gerät herum ein Teilprozeß mit klaren Schnittstellen zu den anderen Prozessen gebildet werden. Dabei ist auch hier der Informationsfluß zwischen den Prozessen als Koordinationsmechanismus von hoher Bedeutung. Mit zunehmender Unsicherheit und Dynamik in den Prozessen kann die Steuerung nicht mehr durch die Programmierung gewährleistet werden, sondern muß durch gemeinsame Werte und Ziele ablaufen.

[249] Vgl. Hammer; Champy (1994), S. 86 f.
[250] Vgl. Picot; Franck (1995), S. 33.

Im Bereich der Teamprozesse sind zwei Arten zu unterscheiden. Zum einen die bereits erwähnten funktionalen Spezialisten, die im Teamprozeß ihr im funktionalen Sektor erworbenes und weiterentwickeltes Know-how umsetzen. Es handelt sich hierbei häufig um die Know-how Träger im vertrauens-dienstleistungsorientierten Bereich (z.B. Fachärzte, Patentanwälte). Bei diesen Berufen bilden die funktionalen Bereiche den Schwerpunkt ihrer beruflichen Tätigkeit. Genauso wie bei den spezifischen und schlecht trennbaren Know-how Trägern verhält es sich auch mit Kernkompetenzen, die für mehrere Prozesse benötigt werden. Auch hier müssen die Kernkompetenzen zentral aufgebaut und gepflegt werden. Dies entspricht einer funktionalen Gliederung. Diese funktional vorhandenen Kernkompetenzen fließen dann in die jeweiligen Prozesse ein. Wird eine neue Transplantationstechnik als Kernkompetenz einer Klinik bezeichnet, so wird diese Technik funktional im Forschungsbereich der Klinik in Zusammenarbeit mit Kollegen aus anderen Spezialeinrichtungen entwickelt. Diese Kernkompetenz fließt dann über die Know-how Träger in die unterschiedlichsten Prozesse ein, die diese Kernkompetenzen benötigen. In diesem Beispiel wären dies die Transplantationsprozesse und der Prozeß der Ausbildung neuer Spezialisten.

Die andere Art der Teamproduktion ist dann gegeben, wenn eine andauernde Integration in das Teamprojekt höhere Spezialisierungs- und Transaktionskostenvorteile bringt als die Qualitätssteigerung durch eine funktionale Weiterentwicklung. Dies ist überall dort gegeben, wo nicht so sehr die technische und fachliche Spezialisierung im Vordergrund steht, als vielmehr das vorhandene Spezialwissen und die technischen Geräte immer wieder neu zu kombinieren sind, um auf Probleme mit hohem Einmaligkeitscharakter mit innovativen Lösungen antworten zu können. Die möglichst reibungslose Kombination des unterschiedlichen Know-how steht hier im Vordergrund. Deshalb ist hier eine dauerhafte Teamproduktion vorzuziehen. Hauptsächlich werden diese dauerhaften Teamproduktionen im kreativ-dienstleistungsorientierten Bereich eingesetzt. Zu erwähnen sind hier FuE-Projekte, Filmproduktionen und Werbedesign.
Ähnlich verhält es sich auch mit der Organisation von Kernkompetenzen, die für einen zentralen Prozeß benötigt werden. Wird dieser zentrale Prozeß für verschiedene Leistungen benötigt, so sollte die Kernkompetenz in den zentralen Prozeß integriert werden. Beispielhaft hierfür ist der im dienstleistungsorientierten Bereich immer wichtigere Prozeß der Informationserzielung. Die hierfür notwendigen Kernkompetenzen (z.B. Zugang zu Informationsquellen, Speicher- und Selektionstechniken) müssen in diesem Prozeß integriert werden, Folgeprozesse verarbeiten dann die Informationen zu unterschiedlichen Informationsprodukten (vgl. Abb. 14).

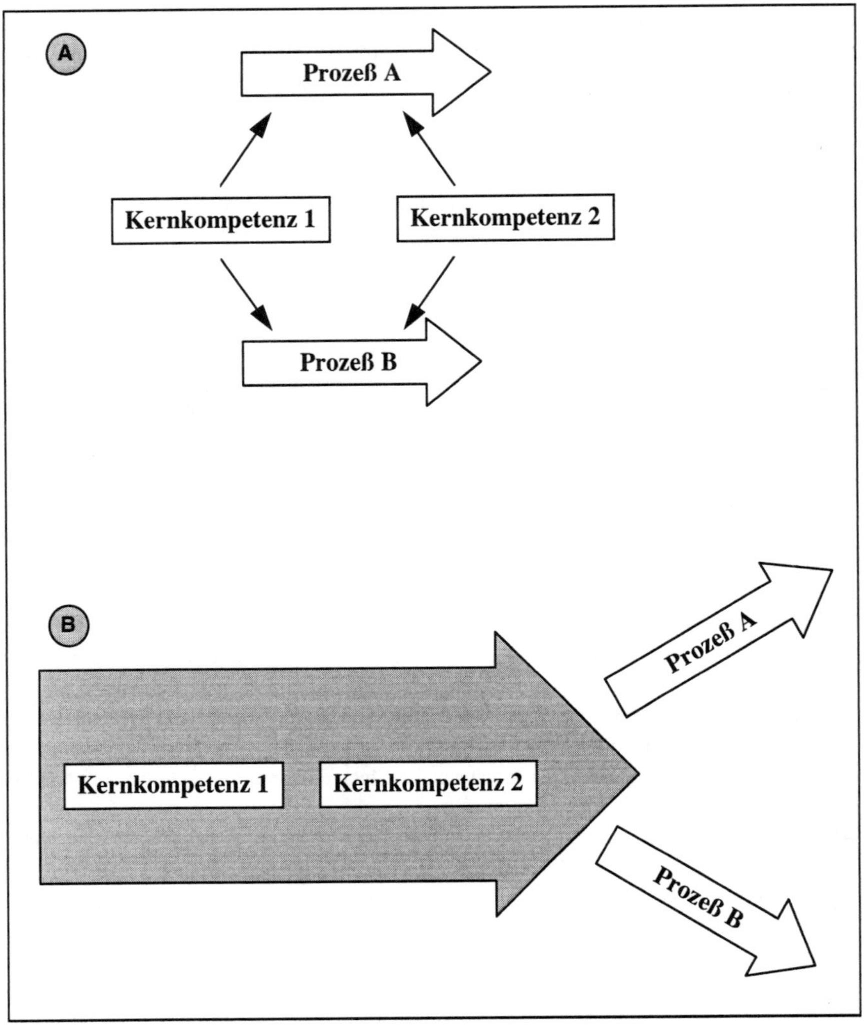


**Abb. 14: Funktions- Ⓐ oder Prozeßorientierte Ⓑ Organisation von Kernkompetenzen.**

Bei der Prozeßgestaltung im dienstleistungsorientierten Bereich ist die Beachtung des Informationsflusses von großer Bedeutung. So kann mit Hilfe einer Datenintegration in den Prozessen eine Modularisierung des Unternehmens mit klaren und einfachen Schnittstellen erzielt werden. Dabei muß der Informationsfluß auch mit Hilfe der Technik durchgängig gemacht werden, um dadurch eine bessere und flexiblere Abstimmung zu erzielen. Jeder Prozeß ist als kleines Unternehmen in einem größeren Unternehmen zu sehen. Dabei arbeiten alle Prozesse, auch die unternehmensinternen Prozesse, kundenorientiert. Damit bestimmt der unternehmensexterne wie auch der unternehmensinterne Kunde mit seinem Bedarf und seinen Forderungen die Zielgrößen eines jeden Prozesses. Anhand dieser Zielgrößen und der werte- und grundsatzbezogenen Führung hat die Koordination modularisierter Prozesse zu erfolgen.

### 3.2.2. Mitarbeiter-Kunden-Beziehung

Eine zentrale Bedeutung bei der Organisation dienstleistungsorientierter Unternehmen nimmt die Gestaltung der Mitarbeiter-Kunden-Beziehung ein. In dieser Beziehung findet der Informationsaustausch und die Leistungserbringung der Unternehmensmitarbeiter für den Kunden statt. So stellt sich die Frage, wie diese Beziehung optimal zu gestalten ist. Zum einen sollte der Kunde so stark in den Prozeß integriert werden, daß ein optimaler Informationsfluß für eine kundenadäquate Problemlösung erzielt wird. Zum anderen sollte die Unsicherheit durch die Beteiligung des Kunden am Produktionsprozeß reduziert werden, um dadurch die Produktivität zu steigern[251]. Es ist daher der Integrationsgrad zu finden, der die Transaktionskosten zwischen Mitarbeitern und Kunden minimiert.

#### 3.2.2.1 Interaktionsintensität und Zeit

In der Literatur ist die Einbindungsintensität zwischen Kunden und Unternehmen ein wichtiges Feld im Dienstleistungssektor[252]. Der Tenor der Literatur läßt sich insofern zusammenfassen, daß mit zunehmender Spezifität der Kundeninformationen für die Problemlösung sowie besonderer Fähigkeiten der Kunden, die für die Problemlösung wichtig sind, und der Erfordernis der Anwesenheit des Kunden bei der Produktion, eine stärkere Integration des Kunden in den Prozeß wichtig und transaktionskostensenkend ist[253]. Dabei ist der Kunde wie ein "partial employee"[254] zu behandeln. Sind die lösungsrelevanten Informationen dagegen standardisiert und die Mitarbeit des Kunden im Prozeß nicht erforderlich, so ist der Kunde möglichst vom Prozeß zu trennen und mit klaren und einfachen Schnittstellen mit dem Unternehmen zu verbinden (z.B. auf Telekommunikationsbasis)[255]. Eine Ausgrenzung des Kunden von den Prozessen ist aufgrund der Reduzierung der Unsicherheit durch den Kunden transaktionskostenreduzierend.

Der Literaturmeinung ist mit Einschränkungen zuzustimmen. Anzumerken ist lediglich, daß die Integrationsintensität im Verlauf der Kunden-Mitarbeiter-Beziehung aus transaktionskostentheoretischer Sicht dem jeweiligen Bedarf angepaßt und damit flexibel gestaltet werden sollte.

Zu Beginn der Mitarbeiter-Kunden-Beziehung stehen Informationsübertragungen und die Problemanalyse im Vordergrund. Im industriell-dienstleistungsorientierten Bereich handelt es

---

251 Vgl. Bowen; Jones (1986), S. 429.

252 Vgl. hierzu u.a. Tansik (1990), Jones (1990), Mills; Morris (1986), Bowen; Jones (1986), Mills et al. (1983a).

253 Vgl. u.a. Mills; Morris (1986), S. 731.

254 Mills et al. (1983a), S. 305.

255 Vgl. u.a. Jones (1990), S. 24 ff.

sich häufig um standardisierte Probleme, spezifische Kundeninformationen sind deshalb nur bedingt notwendig. Dagegen muß der Kunde, um ihm die spezifischen Vorteile des Unternehmens näherzubringen, stärker durch eine intensive Kundenbetreuung und -beratung integriert werden. Eine intensive Kundenbetreuung insbesondere am Beginn der Kundenbeziehung ist wichtig, da sich die Kunden ihr Urteil über ein Unternehmen vor allem durch die ersten Eindrücke bilden. Zusätzlich ist die Gefahr der Abwanderung des Kunden in der Anfangsphase am größten. Ein abgewanderter Kunde ist nur sehr schwer wieder zurückzugewinnen. Die höhere Integrationsintensität in der Anfangsphase dient somit nicht so sehr der Problemanalyse, als vielmehr dem Beziehungsaufbau.

Der Integrationsgrad zu Beginn der Beziehung ist im kreativ-dienstleistungsorientierten Bereich wesentlich höher als im industriell-dienstleistungsorientierten Bereich. Zum einen benötigen die Mitarbeiter zur Problemlösung kundenspezifische Informationen, die häufig schlecht beschreibbar und verbalisierbar sind. Zum anderen besitzen die Problemlösungen einen hohen Anteil an Erfahrungs- und Vertrauenseigenschaften. Auch dieser Wissenstransfer benötigt einen hohen Integrationsgrad.

Eine noch stärkere Integrationsintensität verlangt der vertrauens-dienstleistungsorientierte Bereich. Zu Beginn der Kundenbeziehung sind intensiv kundenspezifische Informationen zu sammeln, da der Kunde nicht weiß, welche Art von Problemen er hat. Neben dem Informationstransfer von zur Problemlösung notwendiger Vertrauens- und Erfahrungseigenschaften, muß zu Beginn der Beziehung ein Vertrauensverhältnis zwischen Mitarbeitern und Kunden hergestellt werden. Hierzu sind mehrere persönliche Gespräche notwendig.

In der Problemlösungsphase steht in allen drei Bereichen die effiziente Problemlösung im Vordergrund. Es ist wichtig, den Kunden nur dann zu integrieren, wenn mit seiner Mithilfe die Problemlösung schneller und kostengünstiger durchgeführt werden kann. Grundsätzlich kann davon ausgegangen werden, daß in allen drei Bereichen der Integrationsgrad reduziert werden muß, um eine effiziente Problemlösung zu erzielen. Um die Unsicherheit beim Kunden und unnötige Nachfragen seitens des Kunden zu reduzieren, sollte der Kunde während der Produktionsphase kontinuierlich mit den notwendigen Informationen versorgt werden, ohne dadurch den Produktionsprozeß zu unterbrechen. Als Beispiel hierfür wäre eine Datenbankabfrage von einem Kunden eines Paketlieferservices zu nennen, bei der die aktuelle Position eines benötigten Paketes festgestellt werden kann.

Eine vergleichsweise stärkere Reduktion der Interaktionsintensität ist im kreativ-dienstleistungsorientierten Bereich vorzunehmen, um die kreativen Problemlösungsprozesse der Unternehmensmitarbeiter nicht durch externe Störfaktoren zu behindern.

Dagegen läßt sich die Integration im vertrauens-dienstleistungsorientierten Bereich kaum reduzieren, da aufgrund der hohen Vertrauenseigenschaften und den schwer verbalisierbaren Informationen eine intensive Beziehung bestehen bleiben muß. Ein kontinuierlicher Informationsfluß auch in der Problemlösungsphase wird die Vertrauensbasis des Kunden aufrechterhalten.

Nach der Problemlösungsphase muß dann wieder eine höhere Integration des Kunden erfolgen. Zum einen ist der Kunde durch den Konsum des Leistungsbündels und seine dadurch erworbenen Erfahrungen eine wichtige Informationsquelle für Verbesserungsmöglichkeiten. Außerdem muß versucht werden, Folgeakquisitionen zu erzielen. Aufgrund der bereits vorhandenen Kundeninformationen lassen sich hierbei hohe Kosteneinsparungspotentiale erreichen[256]. Dies gilt für alle drei Bereiche. Abbildung 15 zeigt die diesbezüglichen Ausführungen nochmals im Überblick.

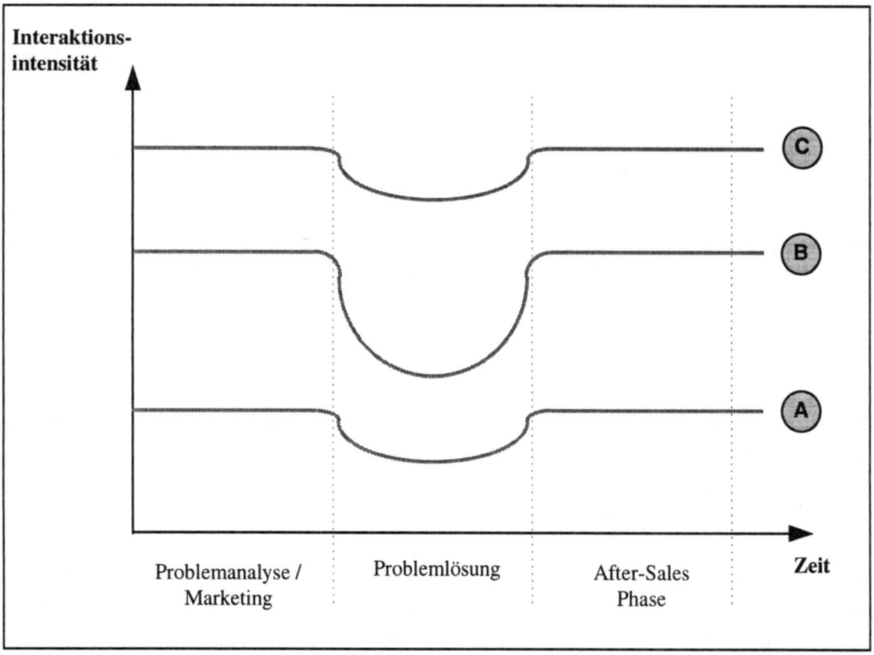


**Abb. 15: Beziehung zwischen Interaktionsintensität und Phasen des Leistungserstellungsprozesses für industriell- (A), kreativ- (B) und vertrauens- (C) dienstleistungsorientierte Leistungsbündel.**

[256] Vgl. Hart et al. (1991), S. 151.

### 3.2.2.2 Verhältnis zwischen "Front-Office" und "Back-Office"

Die Produktivität eines dienstleistungsorientierten Unternehmens läßt sich steigern, wenn die Kundenbeteiligung auf die notwendigen Bereiche beschränkt wird und die interne Arbeitsteilung und der Informationsfluß optimiert werden. Hierbei spielt die Trennung zwischen dem sogenannten "Front-Office" und dem "Back-Office"[257] eine wichtige Rolle. Das "Front-Office" bezeichnet Prozesse, die durch Beteiligung der Kunden am Prozeß schneller und kostengünstiger zu den erwünschten kundenorientierten Lösungen führen. Das "Back-Office" bezeichnet Prozesse, die ohne Kundenbeteiligung mit Hilfe standardisierter Informationsinputs und Arbeitsabläufe ablaufen[258]. Es stellt sich die Frage, welche Prozesse dem Front-Office Bereich und welche dem Back-Office Bereich zuzuordnen sind und wie die Verbindung zwischen Front-Office und Back-Office möglichst reibungslos organisiert werden kann.

Leistungsbündel, die gut beschreibbar, kodierbar, vom Kunden leicht erlernbar sind und somit bei der Durchführung nur geringe Spezialisierungseffekte entstehen lassen, sollten vom Kunden durchgeführt werden. Das dienstleistungsorientierte Unternehmen stellt das technische Equipment zur Verfügung. Das Front-Office wird hierbei stark automatisiert (z.B. Bankomat). Durch leistungsfähige und kostengünstige Telekommunikationsnetze und -dienste können die automatisierten Front-Offices vom Back-Office entkoppelt werden[259]. Die überregionale Bündelung von standardisierten Aufträgen in einem Back-Office führt zu hohen Skaleneffekten. Diese Konstellationen sind im industriell- und kreativ-dienstleistungsorientierten Bereich vorzufinden.

Wird die Problemstellung komplexer und die Codierung schwieriger, so wird vom Unternehmen zentral ein Mitarbeiter zwischengeschaltet. Ein Beispiel hierfür ist das Phonebanking. Der Kunde ruft zentral im Unternehmen an und übermittelt einem Mitarbeiter seine Wünsche, die dieser mit Hilfe technischer Unterstützungsmöglichkeiten ausführt. Der Ablauf findet somit auf einer Mensch-Mensch-Maschinen-Basis statt. Auch dieser Bereich ist im industriell- und kreativ-dienstleistungsorientierten Bereich vorzufinden.

Ist der Leistungsaustausch nicht auf Telekommunikationsbasis kodierbar oder sind die Kundeninformationen, die für die Problemlösung wichtig sind, spezifisch und schlecht strukturiert und die Unternehmensinformationen über die Problemlösungseigenschaften schwierig zu beschreiben, so wird das dezentrale Front-Office mit Unternehmensmitarbeitern für eine effiziente Organisation immer wichtiger. Aus Produktivitätsgründen ist es jedoch wichtig, Bereiche in denen eine Kundenbeteiligung nicht erforderlich ist, ohne Kundenbeteiligung im Back-Office Bereich durchzuführen. Im Back-Office Bereich können, wenn durch die Arbeitsteilung Spezialisierungseffekte entstehen und der Informationstransfer einfach ist, andere Mitarbeiter bestimmte Prozesse durchführen. Diese Konstellation ist bei allen drei Typen dienstleistungsorientierte Leistungsbündel anzutreffen.

[257] Chase; Tansik (1983), S. 1042.
[258] Vgl. Mills et al. (1983a), S. 303.
[259] Vgl. Picot (1995), S. 43.

Ist der Informations- und Know-how Transfer schwierig zu bewerkstelligen, müssen die Prozesse hauptsächlich im Front-Office Bereich durchgeführt werden. Häufig ist dies im kreativ- und vertrauens-dienstleistungsorientierten Bereich gegeben. Aber auch hier muß es gelingen, Bereiche mit geringen Informationstransferproblemen, wie etwa Routineaufgaben an Subprozesse (z.B. Suchprozeduren) zu delegieren, um somit die zentralen Know-how-Träger entsprechend ihrem Wissens (z.B. Vertrauensaufbau, Problemanalyse) effizient einzusetzen[260]. Auch hier ist wichtig, daß der Informationstransfer standardisiert ist und ohne Bruchstellen durchgeführt werden kann. Die Beziehungen auf diesem Gebiet laufen auf einer Mensch-Mensch-Basis ab, die durch technische Hilfsmittel unterstützt wird.

### 3.2.2.3 Adverse Selection und Moral Hazard

Zu Beginn der Mitarbeiter-Kunden-Beziehung können Probleme der Adverse Selection auftreten[261]. So weiß der Kunde insbesondere bei Erfahrungs- und Vertrauenseigenschaften nicht, ob der potentielle Vertragspartner die Eigenschaften für eine effiziente Problemlösung besitzt. Der Mitarbeiter des Unternehmens dagegen weiß nicht, welche exakten Eigenschaften das Problem des Kunden besitzt. Mit zunehmender Informationsasymmetrie steigt hier die Gefahr von hidden characteristics. Um der Gefahr einer falschen Vertragspartnerauswahl entgegnen zu können, werden beide Partner Informationen einholen. Da diese Informationseinholung nicht kostenlos ist, sinkt zum einen der Preis, den der Kunde bereit ist zu zahlen. Andererseits steigt jedoch der Preis, den der Anbieter fordert oder die Qualität der Leistung sinkt. Der Preis, den der Kunde bereit ist zu zahlen sinkt, da der Kunde der Leistung einen bestimmten Nutzen zuordnet und durch die Suchkosten die Leistung teurer wird. Will der Kunde dennoch einen positiven Grenznutzen erzielen, wird seine Zahlungsbereitschaft entsprechend sinken. Die Suchkosten des Unternehmens erhöhen die Kosten, die das Unternehmen durch geringere Leistung oder höhere Preise abfangen muß, um ebenfalls einen positiven Grenznutzen zu erhalten. Dies bedeutet, daß nicht opportunistisch orientierte Geschäftspartner mit Zunahme der hidden characteristics daran interessiert sein müssen, die Informationsasymmetrien durch Informationsübertragung auf potentielle Partner zu reduzieren[262]. Eine der wichtigsten Funktionen des Marketings von dienstleistungsorientierten Unternehmen ist daher eine klare und kundenverständliche Darstellung der problemlösungsrelevanten Eigenschaften. Während in vielen sachleistungsorientierten Unternehmen eine Arbeitsteilung zwischen Vermarktung und Produktion üblich ist, ist eine derartige Trennung aufgrund des hohen und untrennbaren Know-how Bedarfs im kreativ- und im vertrauens-dienstleistungsorientierten Bereichs nicht sinnvoll[263]. Die Übernahme der Marketing-Funktion durch den zentralen Know-how Träger im kreativ- und vertrauens-dienstleistungsorientierten Bereich (z.B. Unternehmensberatungen), kann wichtige Signale (z.B. Vorträge über erfolgreiche Projekte) über die Leistungsfähigkeit an den Kunden übermitteln. Weitere Möglichkeiten, Suchkosten einzusparen, bestehen durch weitere Arten des Signalings und des Screenings. Beim Signaling kann dies durch

[260] Vgl. Thomas (1983), S. 46.
[261] Vgl. hierzu Mills (1990), S. 35.
[262] Vgl. Kaas (1990), S.540 ff.
[263] Vgl. Heskett (1988 b), S. 59 f.

Zeichen ausgedrückt werden, die nur durch Unternehmen mit den gewünschten Eigenschaften (z.B. Gütesiegel, Zeugnisse, Reputation, Qualitätsgarantien) ausgesandt werden können. Beim Screening spielt besonders die Mundpropaganda von Kunden eine sehr wichtige Rolle. Eine weitere Form von Screening, die in vielen dienstleistungsorientierten Bereichen immer stärker Verbreitung findet, ist die Zwischenschaltung von Maklern[264]. Hierbei ist es wichtig, daß der Makler unabhängig von der besser informierten Seite ist und von der schlechter informierten Seite für seine Tätigkeit bezahlt wird. Der Vorteil dieser Lösung ist, daß die Suchkosten des Maklers auf mehrere Kunden verteilt werden können[265].
Die Kunden können auch den Unternehmen differenzierte Vertragsangebote anbieten, um durch die Auswahl Informationen über die Leistungsfähigkeit der Unternehmen zu erhalten.

Neben der Reduzierung der Adverse-Selection Probleme muß die Mitarbeiter-Kunden-Beziehung auch so gestaltet werden, daß Moral-Hazard Probleme reduziert werden. Moral-Hazard Probleme entstehen immer dann, wenn es aufgrund einer Informationsasymmetrie, die nach Vertragsabschluß entstanden ist (ex-post), für die schlechter informierte Seite schwierig ist, die Anstrengungen der anderen Seite zur Erbringung der Leistung zu quantifizieren. Durch die schlechte Meßbarkeit des Anstrengungsniveaus des Mitarbeiters besteht ein Anreiz für den Mitarbeiter, weniger Leistung als für eine optimale Leistungserfüllung sinnvoll wäre zu erbringen, es sei denn, es bestehen Anreiz- oder Kontrollsysteme, die eine derartige Unterversorgung für den Mitarbeiter unattraktiv erscheinen lassen[266]. Die Lösungen hierfür sind in adäquaten Anreiz- und Kontrollsystemen zu sehen.

### 3.2.3 Anreiz- und Kontrollsysteme

In vielen dienstleistungsorientierten Unternehmen ist es aufgrund des hohen Anteils an Vertrauenseigenschaften und den gezeigten Möglichkeiten der Mitarbeiter, ex-post Informationsasymmetrien aufzubauen, denkbar diese Verhaltensspielräume opportunistisch auszunutzen. Je schwieriger der Aufbau der Fachkenntnisse und je höher der Anteil an Vertrauenseigenschaften ist, desto schwieriger wird es für den Kunden, die Verhaltensmuster der Mitarbeiter richtig zu beurteilen (z.B. bei Spezialärzten). Dies betrifft insbesondere den vertrauensdienstleistungsorientierten Bereich.
Zur Lösung der Infoasymmetrie-Problematik ist deshalb wichtig, Anreizsysteme zu schaffen, die die Mitarbeiter veranlassen, ihren Verhaltensspielraum nicht zum Nachteil des Unternehmens und der Kunden für eigene Zwecke zu mißbrauchen. Ist dies nicht durch erfolgsabhängige Anreizsysteme möglich, weil der Output nicht unmittelbar meßbar ist, so muß als Ergänzung bzw. Substitut ein adäquates Überwachungssystem etabliert werden, mit Hilfe dessen die Tätigkeit des Mitarbeiters evaluiert werden kann. Die prozeßorientierte Gestaltung erleichtert eine anreizorientierte Steuerung des Unternehmens. Durch die Prozeßorientierung können dem CASE-Manager oder dem Prozeßteam durch die gesamtheitliche Aufgabenerfüllung die

264 Vgl. Mills (1990), S. 33.
265 Vgl. Maister; Lovelock (1982), S. 20.
266 Vgl. Holstrom (1982), S. 327.

Folgen ihres Handelns leichter zugerechnet werden[267]. Es stellt sich jedoch die Frage, an welchen Faktoren die Leistungen des CASE-Managers oder des Prozeßteams gemessen werden sollten. Ist die Leistung, d.h. der Output schwierig zu messen, wie dies in den meisten dienstleistungsorientierten Unternehmen der Fall ist, wird häufig für die Bezahlung eine inputorientierte Meßgröße herangezogen. So ist in den meisten dienstleistungsorientierten Bereichen, in denen die Leistung schwierig zu messen ist, eine aufwandsbezogene Entlohnung vorgesehen. Eine inputorientierte Bezahlung öffnet gerade in Bereichen mit hoher Informationsasymmetrie und großen Verhaltensspielräumen Möglichkeiten des opportunistischen Handelns. Deshalb ist in Fällen, in denen eine outputorientierte Bezahlung möglich ist, grundsätzlich diese anzuwenden. Die Bezahlung muß sich dabei an Meßgrößen orientieren, die von den process ownern beeinflußt werden können, die eindeutig meßbar sind und von Umwelteinflüssen nicht zu stark beeinflußt werden. Werden die process owner nach dem Erreichen der kundenbezogenen Leistungsindikatoren entlohnt, werden diese ihre vorhandenen Verhaltensspielräume nicht opportunistisch ausnutzen, da sie die Einkommensfolgen selbst zu tragen haben. Erbringen die process owner mehrere Leistungen, so sind alle gewünschten Leistungskomponenten durch das Entlohnungsschema zu berücksichtigen. Damit die process owner ihre Arbeitszeit auch effizient einteilen, sollten auch die Leistungsfaktoren, die von den Kunden besonders hoch eingeschätzt werden, im Entlohnungsschema besonders stark berücksichtigt werden. Dagegen sollten Meßgrößen, die stark durch Umwelteinflüsse beeinflußt werden, geringer im Entlohnungsschema ihren Niederschlag finden. Zu berücksichtigen ist auch die Risikoeinstellung der process owner, da die Risikoübernahme durch annahmegemäß risikoaverse Agenten mit höheren Kosten verbunden ist als die Übernahme des Risikos durch den annahmegemäß risikoneutralen Principal. Dies spricht dafür, daß in Fällen mit hoher Umweltunsicherheit das Risiko entweder vom Kunden oder vom Unternehmen getragen wird und die Agenten eine fixe Entlohnung erhalten. Dagegen müssen in diesen Fällen die Kontrollbemühungen erhöht werden. Für die Übernahme des Risikos spielt neben der Risikoeinstellung auch der Informationsstand eine wichtige Rolle. So verursacht die Risikoübernahme bei höherem Informationsstand weniger Kosten. Aus diesem Grund und wegen des Gesetzes der großen Zahl tragen viele dienstleistungsorientierte Unternehmen in ihren Leistungsbündeln häufig das Risiko. Hieraus ergibt sich dann eine effiziente Vertragsgestaltung, da das Unternehmen durch den größeren Kenntnisstand den exogenen Umweltfaktoren mit geeigneten Maßnahmen besser entgegnen kann. Teuere Schadensfälle können durch diese Maßnahmen reduziert werden. Ein Beispiel hierfür ist die Hartford Steam Boiler Inspection & Insurance Company (HSB), die Dampfkessel wartet und versichert[268]. Dieses Unternehmen verfügt über eine Datenbank mit allen bekannten Schadensfällen bei Heizkesseln und kann so relativ schnell und kostengünstig geeignete Maßnahmen ergreifen, um derartige Schadensfälle zu vermeiden. Auf diese Weise kann das Unternehmen im Vergleich zu seinen Konkurrenten die niedrigsten Versicherungsprämien fordern.

Ein wichtiger Faktor ist auch der sorgsame und effiziente Umgang der Mitarbeiter mit den ihnen anvertrauten Ressourcen. Je umfangreicher die Zuordnung der Verfügungsrechte an den

[267] Vgl. Picot; Franck (1995), S. 34.
[268] Vgl. hierzu Heskett (1988b), S. 60 f.

Prozeßobjekten auf process owner stattfindet, desto sorgsamer und effizienter wird ihr Umgang mit den Ressourcen sein[269]. Auch qualitative Mängel bei den Leistungen sind den process ownern durch die Prozeßorientierung klar zuzuordnen und müssen durch diese beseitigt werden. Um diese zeitaufwendigen und kostenintensiven Nachbesserungen zu verhindern, werden die process owner sehr schnell Möglichkeiten ergreifen, diese Qualitätsprobleme abzustellen. Durch die möglichst vollständige Zuordnung der Verfügungsrechte des Prozesses auf die Prozeßmitglieder können diese auch schnell und flexibel den Prozeß an veränderte Rahmenbedingungen anpassen. Dies ist ein wichtiger Faktor für die Zufriedenheit der Mitarbeiter. So schreiben Heskett et al., daß die Mitarbeiterzufriedenheit stark davon abhängt, inwieweit die Mitarbeiter die Kunden zufriedenstellen können[270]. Hierzu benötigen die Mitarbeiter einerseits die Leistungsfähigkeit des Unternehmens, den Leistungswillen und die entsprechenden Verfügungsrechte, um den Kunden helfen zu können. Andererseits benötigen die Mitarbeiter aufgrund der ganzheitlichen Aufgabenerfüllung eine breite und umfangreiche Qualifizierung. Der Erfolg der dienstleistungsorientierten Unternehmen hängt in einem starken Maße von der Qualifizierung und der kontinuierlichen Weiterbildung der Mitarbeiter ab.

Je nach Risikoeinstellung, Beeinflußbarkeit der Meßgrößen und dem Einfuß von exogenen Umweltfaktoren enthält das hier vorgeschlagene Entlohnungsschema einen fixen qualifikationsorientierten Entlohnungsanteil, einen variablen vom Arbeitserfolg abhängigen sowie einen variablen vom Unternehmenserfolg abhängigen Anteil.
Der fixe Entlohnungsbestandteil orientiert sich an der Qualifizierung der Mitarbeiter und an der kontinuierlich betriebenen Weiterbildung. So erhält jeder Mitarbeiter den Anreiz, seine Qualifikationen ständig zu verbessern[271]. Eine zu starke Fokussierung auf die Weiterbildung wird es jedoch nicht geben, da durch eine zu starke Weiterbildung die erfolgsabhängigen Entlohnungsanteile leiden würden. Durch eine Erfolgsbeteiligung am Unternehmenserfolg kann es gelingen, daß Informationen, die auch für andere Prozesse erfolgversprechend sind, an diese weitergegeben werden[272]. Eine adäquate Zuordnung von Verfügungsrechten und Qualifikation der Mitarbeiter trägt entscheidend zur Zufriedenheit der Mitarbeiter bei. Zufriedene Mitarbeiter sind leistungsfähiger und tragen mehr zur Zufriedenheit der Kunden und deren Loyalität bei. Zufriedene Kunden erhöhen wiederum die Zufriedenheit der Mitarbeiter mit den wiederum positiven Folgen für die Kunden.

Die Schaffung von Prozeßteams hat zur Folge, daß häufig dem Einzelnen die Leistung nicht mehr zugerechnet werden kann, wohl aber dem Team. Hierbei empfehlen sich Team-Entlohnungssysteme, die den Vorteil haben, daß sich das Team selbst kontrolliert und motiviert[273]. Da in vielen dienstleistungsorientierten Bereichen der Know-how Aufbau sehr zeitaufwendig, komplex und eine externe Überprüfung des Prozeßablaufs sehr transaktionskostenintensiv ist, wird gerade im kreativ- und vertrauens-dienstleistungsorientiertem Bereich

[269] Als Beispiel hierfür kann der process owner am Verkaufserlös der von ihm genutzten Ressourcen (z.B. LKW) beteiligt werden.
[270] Vgl. Heskett et al (1994), S. 164 ff.
[271] Vgl. o.V. (1995), S. V1/11.
[272] Vgl. Milgrom; Roberts (1992), S. 10 f.
[273] Vgl. Milgrom; Roberts (1992), S. 413 ff.

häufig auf eine unabhängige Kontrollinstanz verzichtet. Vielmehr wird die Kontrollinstanz in das Team integriert und arbeitet mit, es handelt sich meistens um den zentralen Know-how Träger (z.B. Chefarzt). Hierdurch wird einerseits der doppelte Aufbau von Know-how reduziert und durch die Selbstkontrolle der Prozeß angereichert. Als Anreiz für die kundenorientierte Ausführung der Kontrolle dient die Reputation des zentralen Know-how Trägers.

Zusammenfassend läßt sich sagen, daß im dienstleistungsorientierten Bereich die kundenorientierte Ausrichtung auch bei den unternehmensinternen Prozessen ein wichtiges Steuerungsinstrument ist. Den Prozeßmitgliedern müssen so weit wie möglich die Ertragsfolgen ihres Handels zugeordnet werden, dabei ist jedoch Beeinflußbarkeit der Meßgrößen, Einfluß durch exogene Umweltfaktoren und die Risikoeinstellung zu berücksichtigen. Ein wichtiger Faktor ist dabei eine möglichst vollständige Zuordnung der Verfügungsrechte an den Prozeßobjekten auf die Prozeßmitglieder. Dadurch wird es möglich, daß die in vielen dienstleistungsorientierten Bereichen erfolgsnotwendigen Verhaltensfreiräume für die Erzielung der Kundenzufriedenheit und somit für den Unternehmenserfolg eingesetzt werden.
Die in diesem Bereich für die einzelnen Leistungsbündel geltenden Unterschiede faßt Abbildung 16 in Abschnitt IV.4. nochmals zusammen.

### 3.3 Fallbeispiel zur unternehmensinternen Organisation

Das im vorliegenden Fall betrachtete Unternehmen liefert Dienstleistungen im Bereich der Verkehrssicherheitssysteme. Hierzu gehören die Installation und Wartung von Verkehrsschildern und Signalbrücken, die Errichtung und Wartung von Leitplankensystemen, Verlegung von Fahrbahnmarkierungen und Gleitwänden an Fahrbahnbaustellen sowie das Bankettfräsen. Es handelt sich um ein industriell-dienstleistungsorientiertes Unternehmen, dessen Struktur und Geschäftstätigkeit mittelständisch geprägt ist. Analog zu den oben erwähnten Fallstudien wird kurz die Ist-Darstellung der internen Organisation geschildert, um dann nach einer Schwachstellenanalyse Empfehlungen für das Unternehmen und allgemeiner Natur zu geben.

Werden Neubaustrecken vergeben, kommt es zu einer Generalausschreibung. Die Generalunternehmer, in den meisten Fällen Hoch- und Tiefbauunternehmen, machen dann Unterausschreibungen für Schilderbrücken, Signalbrücken, Leitplankensysteme, aber auch für Baustellenabsicherungen. Wartungsverträge dagegen werden von den Autobahnmeistereien und bei unternehmenseigenen Straßen von den entsprechenden Unternehmen ausgeschrieben.

Da Straßenbauprojekte einen langen Planungshorizont haben und ein kontinuierlicher Kontakt zu den potentiellen Auftraggebern aufrecht erhalten werden soll, führt das Unternehmen die Akquisition mit Hilfe von Außendienstmitarbeitern durch. Diese Mitarbeiter, die vom Leistungserstellungsprozeß abgesondert sind, stellen den Kontakt zu den Kunden her und erzielen Informationen zu bevorstehenden Ausschreibungen. Diese Informationen werden an die zentrale Kalkulationsabteilung für die Angebotserstellung übermittelt. Die Organisationsform der zentralen Kalkulationsabteilung wurde vom Unternehmen gewählt, da hierdurch eine unternehmenseinheitliche Kalkulationsbasis geschaffen wird und lokale Informationen für die

Kalkulation eine untergeordnete Rolle spielen. Die Außendienstmitarbeiter erhalten für ihre Tätigkeit ein Grundgehalt zuzüglich Provisionen für erhaltene Aufträge.

Wird ein Auftrag erteilt, so wird er einem Baustellenleiter übergeben. Dieser nimmt Kontakt zum Kunden auf, tauscht Informationen aus und stimmt die Terminplanung ab. Über den Zentraleinkauf werden die notwendigen Materialien für den Auftrag bei den Lieferanten bestellt und zu den entsprechenden Terminen auf die Baustellen geliefert. Wird das Material dagegen für Wartungs- und Instandsetzungsaufträge benötigt, muß der Baustellenleiter das benötigte Material vom Zentrallager abrufen.

Zur Auftragsabwicklung teilt der Baustellenleiter je nach Auftragsvolumen bis zu drei Kolonnen mit Fahrzeugen und Spezialwerkzeugen einem Auftrag zu. Eine Kolonne besteht aus einem mitarbeitenden Kolonnenführer und zwei Arbeitern. Die Bezahlung der Kolonnen ist unterschiedlich geregelt. Bei Neubaustrecken ohne Verkehr erhalten die Kolonnen einen Gruppenakkordlohn, da sie hier den Arbeitsfortschritt hauptsächlich alleine zu verantworten haben. Bei laufendem Verkehr sind die externen Umwelteinflüsse so groß, daß der Arbeitsfortschritt nur noch tendenziell durch die Kolonne zu verantworten ist. In diesem Bereich wird das Risiko der termingerechten Fertigstellung vom Unternehmen getragen und ein Zeitlohn gezahlt. Die Kontrolle und Qualitätsüberprüfung findet durch den Baustellenleiter statt.
Der Baustellenleiter gibt die Daten der Baustellentätigkeit in das unternehmensinterne Abrechnungssystem ein, aus dem dann zentral die Rechnungserstellung und die Nachkalkulation erfolgt. Die Daten der Nachkalkulation werden zum Zwecke der Verbesserung an die Kalkulation weitergegeben. Der Baustellenleiter erhält keine Erfolgsbeteiligung für die von ihm betreuten Projekte.

Es stellt sich jetzt die Frage, ob die interne Organisation so effizient gestaltet ist, der Informationsfluß optimiert ist und für die Mitarbeiter entsprechende Anreizstrukturen zu erkennen sind.

Zunächst ist zu fragen, ob eine Funktionsspezialisierung der Akquisition gegenüber einer prozeßintegrativen Lösung Nachteile besitzt. Durch oligopolistische Struktur der Kunden ist eine laufende Kundenbetreuung und Informationsakquisition notwendig. Da es sich hierbei um einfache und standardisierte Informationen handelt, könnten durch eine Prozeßintegration nur geringfügig Transaktionskosten eingespart werden. Durch eine Funktionsspezialisierung kann eine breitere Marktabdeckung und eine transaktionskostensenkende Abschottung des Leistungserstellungsprozesses vor Umweltunsicherheiten erzielt werden. Problematisch erscheint jedoch der Aspekt, ob auch alle notwendigen Informationen (z.B. Gründe für eine Nichterteilung von Aufträgen) vom Außendienst eingeholt werden und den betroffenen Mitarbeitern zugänglich gemacht werden.

Die im Unternehmen gewählte zentrale Lösung für die Kalkulation besitzt durch die unternehmenseinheitliche Kalkulationsbasis und economies of scale Vorteile. Mit dieser zentralen Lösung wird jedoch die Gesamterfüllung der Aufgabe durch dezentrale Prozeßteams und die

Verarbeitung lokaler Informationen für die Kalkulation eingeschränkt. Zu überlegen ist, ob durch die Verwendung von modernen Informationssystemen (z.B. Datenbanken, Expertensysteme) die Vorteile beider Lösungen gemeinsam realisiert werden können.

Mit der Auftragserteilung übernimmt ein Baustellenleiter die Verantwortung für die sach- und termingerechte Aufgabenerfüllung. Um dieser Verantwortung gerecht zu werden, benötigt er entsprechende Weisungs- und Verfügungsrechte. Im vorliegenden Fall bestehen diese im Bereich der Materialdisposition nicht, vielmehr agiert hier der Zentraleinkauf. Zusätzlich können durch indirekte Informationsbeziehungen, Informationen unvollständig bzw. verzerrt übertragen werden. So gelangen Kundenbeschwerden über Materialqualitätsmängel mittels Baustellenleiter und Zentraleinkauf an den Lieferanten.

Eine zentrale Rechnungserstellung und Nachkalkulation wie sie im Beispielfall vorliegen, erhöhen sicherlich nicht die Verantwortung und Zurechenbarkeit des Auftragserfolgs auf das Projektteam. Das erfolgsorientierte Vorgehen des Prozeßteams kann nur gelingen, wenn ihm alle notwendigen Verfügungsrechte vollständig zugeordnet werden und das Team eine vom Erfolg abhängige Bezahlung erhält. In beiden Fällen sind im vorliegenden Unternehmen Mängel zu erkennen. So besitzt der Baustellenleiter keine vollständigen Verfügungsrechte an Werkzeugen und Fahrzeugen. Darüber hinaus ist die Bezahlung des Baustellenleiters nicht direkt an den Erfolg seiner Projekte gekoppelt.

Aus dieser Schwachstellenanalyse ergeben sich nun folgende Empfehlungen für das betrachtete Unternehmen.

Eine Funktionsspezialisierung der Akquisitionsaufgaben ist aus transaktionskostentheoretischer Sicht sinnvoll. Hierdurch gelingt es, den Leistungserstellungsprozeß von vielen Umweltunsicherheiten (z.B. unnötige Kundenkontakte) abzuschotten. Allerdings sollte der Informationsfluß im Bereich der Akquisition verändert werden. Die Außendienstmitarbeiter müssen Möglichkeiten besitzen, Informationen zu potentiellen Projekten in ein zentrales Managementsystem einzugeben. Des weiteren müßten sie verstärkt Informationen sammeln und in das System eingeben, weshalb das Unternehmen bestimmte Aufträge nicht erhalten hat. Um den Außendienstmitarbeitern hierfür Anreize zu bieten, müßte neben der Akquisitionsleistung auch die Informationsakquisition finanziell belohnt werden.

Bei der Kalkulation haben sich durch die zentrale Abwicklung auch Nachteile gezeigt. Um sowohl die Vorteile einer zentralen wie dezentralen Abwicklung zu nutzen, empfiehlt sich eine dezentrale Abwicklung, die mit Hilfe von Datenbanken und Expertensytemen auch die Vorteile einer zentralen Abwicklung gewährleisten. So kann mit den Systemen die einheitliche Kalkulationsbasis und das Fachwisssen bereitgestellt werden.

Auch bei der Auftragsabwicklung sollten sowohl die Vorteile einer zentralen wie dezentralen Durchführung genutzt werden. So ist es sicherlich sinnvoll, Rahmenverträge durch einen zentralen Einkauf abzuschließen, die Bestellungen könnten jedoch dezentral durch die Baustellenleiter abgerufen werden. Ein zusätzlicher Vorteil wäre darin zu sehen, daß der Baustellenleiter Anregungen von den Kunden und auch seine eigenen Informationen an die Lieferanten zur Verbesserung der Materialien direkt weitergeben könnte. Des weiteren stellt sich die Frage, ob ein kostenaufwendiges Zentrallager notwendig ist und wenn dies der Fall ist, ob eine Auslagerung auf spezialisierte Lagerhaltungsbetriebe Kosten- und Flexiblitätsvorteile bringen könnte.

Die Seperation der Kontroll- und Koordinationsaufgaben durch den Baustellenleiter und die ausführende Arbeit durch die Kolonnen ist aufgrund der geringen Vertrauenseigenschaften bei der Errichtung der Systeme und der komplementären Fähigkeiten des Baustellenleiters zu seinen Kolonnen aus transaktionskostentheoretischer Sicht sinnvoll. Die gesamte Abwicklung der Aufträge sollte jedoch stärker prozeßorientiert gestaltet werden. So sollten dem Baustellenleiter und seinen Kolonnen die Verfügungsrechte für die Aufträge und für die benötigten Werkzeuge sowie Fahrzeuge vollständig zugeordnet werden. Durch die Prozeßstruktur läßt sich dann den einzelnen Teams ihr Erfolg besser zugeordnen. Damit ist eine Beteiligung des Teams am Erfolg besser möglich. Zusätzlich kann ein Benchmarking zwischen den einzelnen Teams zu einer Erfolgsverbesserung führen.

Ähnlich empfiehlt sich eine dezentrale Abwicklung für die Rechnungserstellung und Nachkalkulation. Mit Unterstützung geeigneter technischer Systeme (z.B. Workflow-Management-Systeme[274]) ist ein zentraler Abruf aller relevanten Daten dennoch möglich.

Allgemeingültige Empfehlungen aus der Fallstudie lassen sich wie folgt zusammenfassen.

Die interne Organisation muß so auf den Kunden ausgerichtet sein, daß der potentielle Bedarf bei den Kunden frühzeitig erkannt wird und die notwendigen Kundeninformationen unverzerrt an die entsprechenden Stellen im Unternehmen gelangen können. Je wichtiger der Kunde entweder durch seine leistungserstellungsrelevanten Informationen oder durch seine Marktstellung ist, desto intensiver muß der Kontakt mit dem Kunden durch das Unternehmen gepflegt werden. Dabei ist es wichtig, daß der Kunde nicht unnötig den Leistungserstellungsprozeß beeinträchtigt. Dies kann wie im Beispielsfall durch die Separation der Akquisitionsfunktion von der Ausführungsfunktion geschehen. Liegen die zunehmenden Vertrauenseigenschaften in den Mitarbeitern des Unternehmens, ist eine Separation der Marketing- von der Produktionsfunktion nicht mehr möglich. Hier könnte eine Kundenschulung und eine bessere Informationspolitik gegenüber den Kunden unnötige Kundenkontakte vermindern.

Gerade im dienstleistungsorientierten Bereich muß versucht werden durch eine prozeßorientierte Organisation und der richtigen Anreizstruktur das Unternehmen auf den Bedarf der Kunden auszurichten.

[274] Vgl. u.a. Picot; Rohrbach (1994).

Durch die modernen Informations- und Kommunikationstechnologien können die für dienstleistungsorientierte Unternehmen häufig notwendigen dezentralen Strukturen mit den Vorteilen einer zentralen Abwicklung kombiniert werden.

Im Bereich der Informationsbeziehungen muß versucht werden, einen direkten Informationsfluß zu gewährleisten. Informationen sind die wichtigsten Ressourcen im dienstleistungsorientierten Bereich. Es ist deshalb wichtig, mit Hilfe entsprechender technischer Systeme Informationen zu sammeln und aufzubereiten, um sie den entsprechenden Mitarbeitern zur Verfügung stellen zu können.

## 4. Fazit: Typspezifische Ansatzpunkte bei der Organisation dienstleistungsorientierter Unternehmen

Abbildung 16 stellt die erwähnten typspezifischen Ansatzpunkte bei der Organisation dienstleistungsorientierter Unternehmen in tabellarischer Form dar.

| Arten dienstleistungsorientierter Leistungsbündel / Ansatzpunkte | *Industriell-dienstleistungsorientierte Leistungsbündel* | *Kreativ-dienstleistungsorientierte Leistungsbündel* | *Vertrauens-dienstleistungsorientierte Leistungsbündel* |
|---|---|---|---|
| **Konzeptionsphase** | | | |
| ***Technologie*** | Gesamtsubstitution bzw. Teilsubbstitution der bisher persönlich erbrachten Leistungsbündel | Unterstützung, Vereinfachung und Beschleunigung der Leistungsbündel | Entlastung bei zeitaufwendigen Such- und Koordinationsroutinen |
| ***Bedarfseruierung*** | Bedarfssignale der Kunden werden umgesetzt; Integration der potentiellen Kunden in die Konzeptionserstellung | Unternehmen sendet Informationen über kreative Lösungsansätze an potentielle Kunden mit ähnlichen Problemstellungen | Unternehmen muß durch Know How den potentiellen Kunden den Zusammenhang zwischen Ursachen und Problemen erläutern und Problemlösungen aufzeigen |
| ***Prozeßausrichtung*** | verstärkt ergebnisorientiert | ergebnis- und prozeßorientiert | verstärkt prozeßorientiert |
| ***Konzeptionsausrichtung*** | auf Zeit- und Kostenvorteile | auf schnelle, kreative und kundenspezifische Problemlösung | auf Visualisierung der Leistung und Vertrauensaufbau |
| ***Informationsfluß*** | im gesamten Prozeß: direkt, schnittstellenfrei und stark technisch unterstützt | in Geschäftsanbahnungsphase und Präsentationsphase wg. erhöhter Interaktivität: häufige face-to-face-Kontakte, in Problemlösungsphase: technisch unterstützt | im gesamten Prozeß: wg. Vertrauenseigenschaften häufige face-to-face-Kontakte |
| ***Informations- und Schulungskomponenten für den Kunden*** | häufig technisch substitutiert | Informationskomponenten: häufig technisch Schulungskomponenten: häufig persönlich | Information und Schulung durch Bezugsperson |
| ***Kapazität*** | limitiert durch technisches Equip-ment (nur länger-fristig anpaßbar) | limitiert durch Personal und Technik | limitiert durch Personal (langwierige Ausbildung) |

| Arten dienstleistungsorientierter Leistungsbündel / Ansatzpunkte | *Industrielldienstleistungsorientierte Leistungsbündel* | *Kreativdienstleistungsorientierte Leistungsbündel* | *Vertrauensdienstleistungsorientierte Leistungsbündel* |
|---|---|---|---|
| ***Zuverlässigkeit des Leistungsbündels*** | Verwendung von technischen Komponenten mit hoher Ausfallsicherheit; Programmierung von Arbeitsabläufen | technische Komponenten mit hoher Ausfallsicherheit; intensive personelle Weiterbildung und Gewährung größerer Freiräume | intensive Weiterbildung und Gewährung größerer persönlicher Freiräume für die Problembewältigung |
| ***Lernkomponente*** | tendentiell anonyme Kundenbefragungen, Benchmarking | Abschlußbesprechung mit den Kunden, Benchmarking | prozeßbegleitende Besprechungen mit den Kunden, Benchmarking |
| **Leistungstiefenentscheidung** | | | |
| ***Kernleistung*** | Bündelung von Wissen für die Entwicklung und die Nutzung der technischen Hilfsmittel | Kombination von Know-How und Technik zu einer überlegenen Problemlösung | Problemorientierte Kombination und Anwendung von Fachwissen |
| ***zentrales Auswahlkriterium*** | Transaktionskosten | Transaktionskosten und persönliche Beziehungskomponente | persönliche Beziehungskomponente |
| ***zentrale Bereiche der Eigenerstellung*** | Konzeptionserstellung und zentrale Koordination | problemorientierte und kundenspezifische Informationsbeschaffung und -umsetzung | Bereiche, bei denen die persönliche Komponente für die Leistungserstellung von hoher Bedeutung ist |
| ***zentrale Bereiche der Kundenerstellung*** | bei dezentraler Technik, geringen economies of scale und leichter Problemlösungsübertragung | bei komplexen und spezifischen Kundeninformationen und leichter Problemlösungsübertragung | Kooperation Kunde/Unternehmen steht im Vordergrund |
| ***zentrale Bereiche der Fremderstellung*** | Bereiche ohne spezifische Investi-tionen, deren Interaktionen leicht standardisiert werden können | Bereiche ohne spezifische Investi-tionen, bei denen das Wissen der Lieferanten die Gesamtpro-blemlösung verbessert | sekundäre Prozesse ohne spezifische Investitionen |

| Arten dienstleistungsorientierter Leistungsbündel / Ansatzpunkte | *Industriell-dienstleistungsorientierte Leistungsbündel* | *Kreativ-dienstleistungsorientierte Leistungsbündel* | *Vertrauens-dienstleistungsorientierte Leistungsbündel* |
|---|---|---|---|
| **Interne Organisation** | | | |
| *Schwerpunkte der Wertschöpfung* | in den zentralen Strukturen | in der Kombination zwischen zentralen und dezentralen Strukturen | in den dezentralen Strukturen |
| *Organisationsprozipien* | Schwerpunkt bei Prozeßspezialisierung | Prozeßspezialisierung mit funktionaler Unterstützung | Schwerpunkt bei Funktionspezialisierung |
| *Interaktionsintensität* | Geschäftsanbahnung: mäßig<br>Problemlösung: gering<br>after sales: mäßig | Geschäftsanbahnung: hoch<br>Problemlösung: mäßig<br>after sales: hoch | Geschäftsanbahnung: sehr hoch<br>Problemlösung: hoch<br>after sales: sehr hoch |
| *Verhältnis zwischen front office und back office* | Schwerpunkt: back office; front office häufig in Form reiner IuK-Technik | Schwerpunkt: front office bei Problemanalyse; back office bei Problemlösung | Schwerpunkt: front office; back office lediglich Unterstützungscharakter |
| *zentrale Informationsasymmetrie* | moral-hazard-Problematik | adverse-selection-Problematik und moral-hazard-Problematik | adverse-selection und moral-hazard-Problematik |
| *Lösung der Informationsasymmetrie* | Prozeßorganisation und Orientierung der Bezahlung am beeinflußbaren Erfolg | signaling und Prozeßorganisation mit erfolgsorientierter Bezahlung | signaling, stärkere Visualisierung der Leistung, Reputation |

**Abb. 16: Typspezifische Ansatzpunkte bei der Organisation dienstleistungsorientierter Unternehmen**

# V. Wachstumsstrategien dienstleistungsorientierter Unternehmen

Nachdem bei einem dienstleistungsorientierten Unternehmen die Phasen der Konzeption, der Leistungstiefenentscheidung und der internen Organisation abgeschlossen sind, ergibt sich die Frage nach Wachstumsmöglichkeiten des Unternehmens[275].
Zuerst ist zu eruieren, auf welche Weise das Wachstum des Unternehmens erzielt werden soll (vgl. Abb. 17).

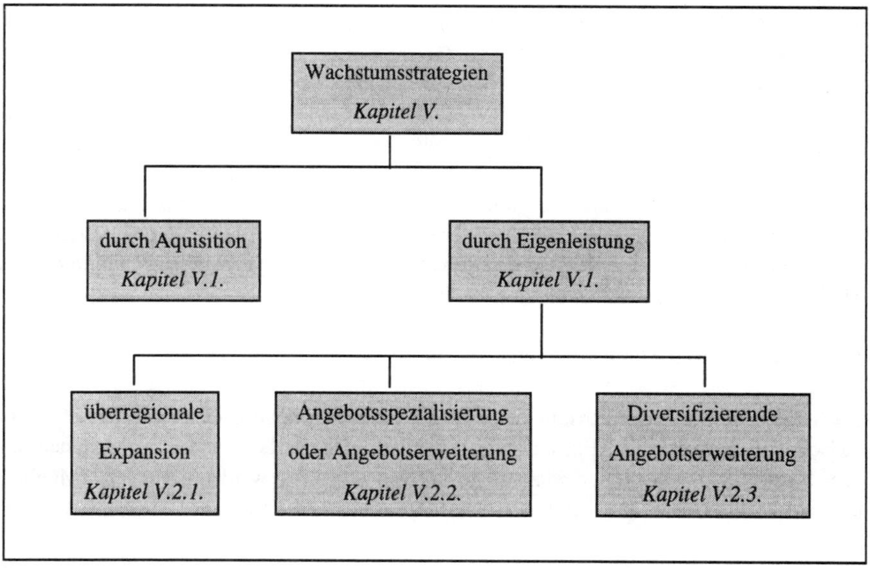


**Abb. 17: Überblick über die Wachstumsstrategien.**

Hierbei gibt es insbesondere zwei Möglichkeiten: Wachstum durch **Akquisition** und Wachstum durch **Eigenleistung** (internes Wachstum) (Kap.V.1).
Darüber hinaus ist zu fragen, welche Art des internen Wachstums für das Unternehmen von Vorteil ist.
So kann das bestehende Leistungsbündel, das aufgrund seiner Charakteristika einer dezentralen Organisation bedarf, durch **regionale Expansion** in neuen Gebieten vertrieben werden (Kap.V.2.1).

[275] Vgl. hierzu Carman; Langeard (1980), S. 12 ff., Doyle; Corstjens (1983), S. 403.

Das bestehende Leistungsbündel kann aber auch für die bestehenden Kunden nach deren Bedürfnissen **erweitert** bzw. **spezialisiert** werden (Kap.V.2.2.).
Das Unternehmen kann neue Leistungsbündel in **neuen Märkten** vermarkten, aber es kann auch bestehende Leistungsbündel durch Anpassung an **neue Kundensegmente** verkaufen (Kap.V.2.3.).
Es stellt sich somit die Frage, wann welcher Wachstumspfad beschritten werden soll. Dabei muß die geplante Wachstumsmöglichkeit so ausgelegt sein, daß mögliche Chancen genutzt und bestehende Risiken reduziert werden. Es geht dabei nicht um ein schnelles Wachstum um jeden Preis, vielmehr kann ein Rückzug aus Geschäftsfeldern mit einer Spezialisierung auf die verbleibenden Felder langfristig die sinnvollere Wachstumsstrategie sein. Wachstum kann aber auch in der Absicherung bestehender Geschäftsfelder gegenüber Wettbewerbern seine Begründung haben[276].

Durch das Wachstum muß auch überprüft werden, ob die bestehende Konzeption, Leistungstiefenentscheidung und interne Organisation noch adäquat sind. Das Wachstum verändert die Rahmenfaktoren, so daß es in den meisten Fällen notwendig wird, früher getroffene Entscheidungen über die Konzeption, die Leistungstiefe und die interne Organisation so zu revidieren, daß durch die neue Organisationsform die Koordinationskosten minimiert, die Motivation und die Kundenorientierung maximiert werden.

## 1. Wachstum durch Akquisition oder Eigenleistung

Auch die Frage, wie das Wachstum eine Unternehmens vollzogen wird, ist eine Entscheidung zwischen Fremdbezug und Eigenleistung. So können bereits bestehende Unternehmen, die dem Wachstumsziel des Unternehmens entsprechen, aufgekauft werden. Die andere Möglichkeit besteht darin, durch internes Wachstum die gesetzten Wachstumsziele zu erreichen.

Ein wichtiger Vorteil, der mit dem Kauf fremder Unternehmen verbunden ist, ist der Zeitvorteil. Die Errichtung von umfangreichen Vertriebsnetzen, Logistikkonzepten und der Aufbau einer entsprechenden Reputation bei den potentiellen Kunden ist ein sehr zeitaufwendiger und kostenintensiver Vorgang. Bei der gegebenen Marktdynamik und der hohen Wettbewerbsintensität auch auf dem dienstleistungsorientierten Sektor haben viele Unternehmen nicht mehr die Zeit, das Wachstum nur durch Eigenleistung zu schaffen. Somit kann als Zwischenresümee festgestellt werden, daß je reifer eine Branche ist, je höher die Eintrittsbarrieren sind und je intensiver der Wettbewerb auf einem Gebiet ist, desto mehr Argumente für ein Wachstum durch Akquisition sprechen.

Ein weiterer wichtiger Vorteil für die Akquisitionslösung ist im globalen Wachstum zu sehen. Versucht ein Unternehmen, in einem Land mit andersgelagerten kulturellen Rahmenfaktoren aus eigener Kraft Fuß zu fassen, so kann dieser Versuch sehr aufwendig werden. Meist sind die Vorbehalte der potentiellen Kunden gegenüber ausländischen Unternehmen generell grö-

[276] Vgl. Mathe; Perras (1994), S. 38.

ßer. Andere Kulturen bedürfen häufig anderer dienstleistungsorientierter Leistungsbündel und die auf den fremden Märkten geltenden Rahmenbedingungen müssen oft mühsam erlernt werden. Anders verhält sich dies im Fall einer Akquisition. Durch den Kauf eines einheimischen Unternehmens erkauft sich das ausländische Unternehmen oft auch die Reputation und das Vertrauen der inländischen Kunden und erwirbt einen vorhandenen Kundenstamm. Das gekaufte Unternehmen stellt oft auch die Brücke zu der für das kaufende Unternehmen neuen kulturellen Umgebung dar. So kann das vorhandene einheimische Management das übernehmende Unternehmen bei der Einführung neuer dienstleistungsorientierter Leistungsbündel beraten und gegebenenfalls notwendige kulturelle Anpassungen vornehmen.
Die Akquisitionslösung hat aber nicht nur Vorteile, sondern ist auch mit Risiken verbunden. So ist es meist nicht möglich, ein Unternehmen als Kaufobjekt zu finden, das dem Wachstumsziel des übernehmenden Unternehmens voll entspricht. Folglich müssen nach dem Kauf entsprechende Anpassungen vorgenommen werden. Dabei kann es im neuerworbenen, aber auch im eigenen Unternehmen zu großen Verunsicherungen bei den Mitarbeitern kommen. Statt synergetische Potentiale zu nutzen, kann zwischen den beiden Unternehmen eine Rivalität entstehen. Da das Käuferunternehmen meist keinen sehr umfassenden Einblick in das zu kaufende Unternehmen hat, werden in vielen Fällen die Anpassungskosten unterschätzt[277].

Neben den bereits erwähnten allgemeinen Faktoren müssen Chancen und Risiken einer Akquisition auch nach den verschiedenen dienstleistungsorientierten Bereichen unterschieden werden.

Im industriell-dienstleistungsorientierten Bereich besteht der Kern der Unternehmung häufig aus technischen Einrichtungen, umfangreichen Vertriebsnetzen sowie zentralem logistischen und konzeptionellen Know-how. Der Wert des Unternehmens wird somit hauptsächlich von seinen Einrichtungen, die vom kaufenden Unternehmen leicht überprüft werden können, bestimmt. Es geht dem übernehmenden Unternehmen in erster Linie beim Kauf um Zeitersparnis, da der Aufbau von Einrichtungen und Vertriebsnetzen entfällt. Zum anderen geht es dem Unternehmen auch um die Übernahme bestehender Kundenkontakte.

In beiden Fällen ist das Kaufrisiko bei entsprechend sorgfältiger Prüfung nicht besonders hoch. Eine Tatsache, die die hohe Akquisitionsrate in diesem Bereich widerspiegelt.

Anders verhält es sich im kreativ-dienstleistungsorientierten Bereich. Entscheidend für diese Unternehmen ist das kreative Know-how der Mitarbeiter und die unterstützende Technik. Der Wert eines derartigen Unternehmens wird wesentlich durch das Humankapital bestimmt. Die Gefahr bei einer Akquisition besteht vor allem darin, daß die wichtigsten Mitarbeiter das Unternehmen nach der Übernahme verlassen und damit der Wert des Unternehmens erheblich abnimmt[278]. Es ist daher wichtig, den Mitarbeitern schon im Vorfeld der Übernahme zu signalisieren, daß sich das Arbeitsumfeld sich nicht verschlechtern wird und daß zusätzliche

[277] Vgl. Nayyar (1992), S. 221.
[278] Vgl. Ennew et al. (1992), S. 483.

Anreize geschaffen werden, um die Know-how Träger zu halten. Eine weitere Gefahr besteht natürlich darin, daß mit den Mitarbeitern auch die Kunden abwandern können.
Ein Vorteil bei der Akquisition kreativ-dienstleistungsorientierter Unternehmen liegt darin, daß durch den hohen Anteil an Erfahrungs- und Vertrauenseigenschaften der Aufbau von Reputation und Kundenstamm, der sehr langwierig sein kann, zeitlich stark verkürzt wird.
Es zeigt sich, daß eine Akquisition im kreativ-dienstleistungsorientierten Bereich mit beachtlichen Risiken verbunden sein kann.

Diese Risiken treffen verstärkt für den vertrauens-dienstleistungsorientierten Bereich zu. Wichtigster Aktivposten in diesen Unternehmen ist das Know-how der Mitarbeiter. Dieses Know-how ist häufig schwer übertragbar und nur langfristig durch Lernen und Erfahrung aufzubauen. Zwischen den Kunden und den Mitarbeitern besteht aufgrund der Vertrauensbasis eine starke persönliche Beziehung. Die Reputation vertrauens-dienstleistungsorientierter Unternehmen ist nicht gesondert übertragbar[279], sie ist auch nicht wie im industrielldienstleistungsorientierten Bereich an das Unternehmen gebunden, sondern die Reputation ist stark mit den Know-how- und Beziehungs-Trägern des Unternehmens verbunden. Verlassen die Mitarbeiter nach einer Akquisition das Unternehmen, verliert das Unternehmen nicht nur sein wertvollstes Kapital und Teile der Reputation, sondern die Mitarbeiter werden einen Großteil ihrer persönlichen Kunden mit sich nehmen. Das Know-how und die Erfahrung solcher ausscheidender Mitarbeiter ist nur langfristig zu ersetzen. Bei einer Übernahme ist daher auf die Mitarbeiter, ihre Vorstellungen und Anregungen besonders zu achten.
Die Vorteil einer Übernahme bei vertrauens-dienstleistungsorientierten Unternehmen bestehen darin, daß über den Mitarbeiterstamm die persönlichen Beziehungen zu den Kunden weiter genutzt und ausgebaut werden können.

Zusammenfassend läßt sich sagen, daß die Akquisition von Unternehmen, insbesondere in reifen und wettbewerbsintensiven Branchen, bei Auslandsinvestitionen und im industrielldienstleistungsorientierten Bereich beachtliche Vorteile bieten können. Im Bereich der kreativ- und vertrauens-dienstleistungsorientierten Unternehmen sind die Risiken einer Akquisition hoch, so daß das Wachstum aus eigener Kraft hier grundsätzlich vorzuziehen ist.

## 2. Wachstumsmöglichkeiten dienstleistungsorientierter Unternehmen

Nachfolgend sollen nun die verschiedenen Möglichkeiten des internen Wachstums dienstleistungsorientierter Unternehmen beleuchtet werden. Die dabei gewählte Gliederung entspricht dem zu empfehlenden Wachstumspfad im Zeitverlauf.

[279] Vgl. Dierickx et al. (1991), S. 1508.

## 2.1. Regionale und internationale Expansion

Stärker als sachleistungsorientierte Unternehmen sind dienstleistungsorientierte Unternehmen auf eine dezentrale Struktur angewiesen. Ein wichtiger Grund hierfür ist, wie Erramilli feststellt:

> "Inseparability refers to the simultaneous nature of production and consumption that characterises many services.(....) Inseparability requires the producer and consumer to be physically proximate."[280]

Auch wenn es durch die innovative Informations- und Kommunikationstechnik immer stärker gelingt, den örtlichen Zusammenhang von Produktion und Verbrauch dienstleistungsorientierter Leistungsbündel aufzuweichen, besteht aufgrund des Austausches spezifischer Informationen und des häufig hohen Anteils an Vertrauenseigenschaften die Notwendigkeit einer regionalen Präsenz der dienstleistungsorientierten Unternehmen bei ihren Kunden. Dies gilt insbesondere für kreativ- und vertrauens-dienstleistungsorientierte Unternehmen.
Überschreitet die regionale Expansion auch nationale Grenzen, so müssen neben den bereits genannten Gründen in verstärktem Maße kulturelle Unterschiede berücksichtigt werden. Ein wichtiger Faktor, den Dahringer wie folgt beschreibt:

> "Barriers to international marketing of services are due largely to the close cultural relationships between a society and the services offered in that society"[281].

Hiermit wird ein wichtiger Aspekt für eine internationale Expansionsstrategie für dienstleistungsorientierte Unternehmen aufgezeigt. Im weiteren sollen nun Chancen und Risiken von überregionalen Expansionsstrategien aufgezeigt werden.

### 2.1.1 Chancen und Risiken überregionaler Expansionsstrategien

Einige dienstleistungsorientierte Unternehmen vergrößern gerade durch ihre überregionalen Expansionsstrategien den Nutzen für ihre Kunden. Viele dienstleistungsorientierte Leistungsbündel basieren auf Netzwerken, wie etwa Informationsnetzen, Logistiknetzen, Serviceeinrichtungen oder ein Netz aus geschäftlichen Beziehungen[282]. So steigt der Kundennutzen, der sogenannte Netznutzen, mit zunehmender Größe des Netzes. Der Nutzen eines Kreditkartennehmers hängt auch von der Anzahl der möglichen Akzeptanzstellen ab. In allen Fällen, in denen der Netzwerkeffekt bei dienstleistungsorientierten Leistungsbündeln eine große Rolle spielt, muß die überregionale Expansionstrategie sich an den Gewohnheiten oder dem potentiellen Bedarf der Zielkunden ausrichten. So verlangt ein international tätiger Geschäftsmann Serviceeinrichtungen in allen von ihm aufgesuchten Regionen. Ein international tätiger Konzern braucht ein Logistikunternehmen, das in der Lage ist, alle Sendungen weltweit auszulie-

[280] Erramilli (1990), S. 57.
[281] Dahringer (1991), S. 7.
[282] Vgl. Heskett et al. (1991), S. 197.

fern. Die Vorteile derartiger Netzwerke werden um so größer, je ähnlicher die Bedarfsstrukturen der Zielgruppe und je höher die Koordinationskosten sind, die dadurch verursacht werden, daß Wettbewerber kein einheitliches Netzwerk zur Verfügung stellen. Hierzu zählen insbesondere die Kosten, die aufgrund der Schnittstellenproblematik der Netze untereinander aufgewendet werden müssen.

Ein Unternehmen mit verschiedenen regionalen und internationalen Standorten kann Such- und Verhandlungskosten einsparen, wenn ein dienstleistungsorientiertes Unternehmen an allen Standorten die entsprechende Dienstleistung in gleicher oder ähnlicher Qualität bereitstellt und nicht für jeden Standort gesondert ein lokales Unternehmen gefunden werden muß. Damit kommt es auch zu einer Reduzierung der zu schließenden Verträge. Statt mit vielen lokalen Unternehmen mehrere Verträge abzuschließen, schließt der internationale Konzern nur mit einem international vertretenen dienstleistungsorientierten Unternehmen einen globalen Rahmenvertrag ab.

Unternehmen, die eine derartige kundenfokussierte Expansionsstrategie einschlagen, werden auch "Client Followers"[283] genannt. Vorteile einer derartigen Strategie sind im Zuge einer internationalen Expansion zu sehen. Die dienstleistungsorientierten Unternehmen folgen oft ihren heimischen Kunden ins Ausland und versorgen sie dort mit den bekannten Leistungsbündeln. Eine derartige Vorgehensweise ist überall dort vorzufinden, wo Leistungsbündel mit hohen Vertrauensanteilen im Spiel sind. Die kostenintensiven Maßnahmen der Suche, des Vertrauensaufbaus und des Informationsaustausches werden mit dieser Strategie reduziert.

Mit Hilfe der Kunden, die bereits Erfahrungen mit den kulturellen Unterschieden besitzen, lernen die dienstleistungsorientierten Unternehmen die kulturellen Besonderheiten der Länder kennen und können so die Leistungsbündel an die kulturellen Erfordernisse der Kunden vor Ort anpassen. Wird dagegen versucht, ein im Inland bewährtes Leistungsbündel ohne Anpassungen vor Ort im Ausland zu vermarkten, kann dieses, wenn sich das Leistungsbündel nicht im Einklang mit dem kulturell geprägten Bedarf der Kunden vor Ort befindet, zum Scheitern der Expansionsstrategie führen. So trennte sich Federal Express 1992 von seinen europäischen Tätigkeitsbereichen, nachdem die in USA erfolgreichen Leistungsbündel in Europa keinen Erfolg erzielen konnten[284]. Eine weitere Möglichkeit der kulturellen Adaption, wenn auch nicht unproblematisch, ist die Beeinflussung der kulturellen Rahmenfaktoren (z.B. durch Medien) in der Weise, daß die im Inland erfolgreichen Produkte auch im Ausland erfolgreich aufgenommen werden[285]. Der weltweite Erfolg von Fast-Food-Ketten (z.B. Mc Donald's) ist mitunter auf immer ähnlichere globale Lifestyle-Ausprägungen zurückzuführen. Dabei spielt die immer stärkere Internationalisierung der Medienwelt eine entscheidende Rolle. Bei internationalen Expansionsstrategien sind neben den kulturellen Unterschieden hauptsächlich auch rechtliche und bildungsbedingte Rahmenfaktoren zu beachten. So kann die Erbringung von Leistungsbündeln durch ausländische Unternehmen beschränkt, erschwert (z.B. durch bestimmte inländische Zulassungsbedingungen) oder unmöglich (z.B. staatliche Monopolanbieter im Bereich der Telekommunikation) sein[286].

283 Vgl. Weinstein (1977), S. 86.
284 Vgl. Mathe; Perras (1994), S. 41.
285 Vgl. Meissner (1981), S. 272.
286 Vgl. Dahringer (1991), S. 13.

Für die Repetierbarkeit der dezentralen Leistungserstellungsprozesse ist bei vielen dienstleistungsorientierten Unternehmen die Übertragung von spezifischem Know-how notwendig. Schwierigkeiten ergeben sich hierbei, wenn das benötigte Know-how nur schwer kodierbar ist oder nur durch den Transfer des entsprechenden Fachpersonals übertragen werden kann[287].Somit ist für dienstleistungsorientierte Unternehmen die Ausbildung und das Wissen der Mitarbeiter eine wichtige Ressource. Kann aufgrund des Arbeitsangebots und/oder des Bildungsstands eine adäquate Schulung von inländischen Arbeitnehmern nicht erfolgen, ist eine Expansion in diesen Fällen oft mit hohen Risiken behaftet. So kann eine unterdurchschnittliche Qualität des Leistungsbündels nicht nur die Kunden vor Ort unzufrieden sein lassen, sondern kann durch Mundpropaganda für das gesamte Netzwerk negative Folgen haben. Die negative Wirkung ist besonders dann hoch, wenn die Kunden der dienstleistungsorientierten Unternehmen sich durch das Netz des Anbieters bewegen (z.B. Hotelketten, Restaurantketten, Autovermietungen). Stoßen sie dabei auf negative Erfahrungen, schließen viele Kunden auf die schlechte Qualität des gesamten Netzes. In unserer durch Mobilität geprägten Zeit können durch internationale dienstleistungsorientierte Netze die Kunden aber auch das Unternehmen Transaktionskosten einsparen. Andererseits besteht das Risiko, daß einzelne negative Erfahrungen durch die hohe Mobilität der Kunden und die internationale Medienwelt gesamtheitliche Auswirkungen auf ein Unternehmen haben können.
Aus diesem Grund ist es wichtig, daß es durch die Vervielfachung der Produktionsstätten nicht zu Qualitätseinbußen kommt. Dies kann nur dann gelingen, wenn vor der regionalen Ausweitung der Leistungserstellungsprozeß und das Leistungsergebnis standardisierbar und kontrollierbar sind oder gemacht werden[288]. Hieraus kann gefolgert werden, daß eine überregionale Wachstumsstrategie sich vor allem im industriell-dienstleistungsorientierten Bereich anbietet.

Dienstleistungsorientierte Unternehmen, die ihre Expansionsstrategie mit Netzwerken betreiben, stehen oft kapitalbedingten Beschränkungen gegenüber. So kann auch eine derartige Expansionsstrategie mit Hilfe strategischer Allianzen möglich sein. Dabei ist zu beachten, daß ein derartiges Vorgehen von der Art des zu vermarktenden Leistungsbündels abhängt. Standardisierte Leistungsbündel mit standardisierten Informationstransfers, bei denen die Leistung und nicht Beziehungen im Vordergrund stehen, eignen sich gut für strategische Allianzen mit verschiedenen Partnern (z.B. EMS, Hotelketten). Sind die Leistungsbündel spezifischer und komplexer und stehen Beziehungen im Mittelpunkt, können strategische Partnerschaften aufgrund der höheren Kontroll- und Koordinationskosten größere Erfolgsrisiken aufweisen (z.B. Unternehmensberatungen). Das kann dazu führen, daß in der gleichen Branche unterschiedliche Unternehmenskonstellationen auftreten. So wird das Kreditkartensystem VISA von unterschiedlichen Partnern betrieben, die miteinander verbunden sind. Das spezifischere Leistungsbündel wie das American Express Card System wird von nur einem Unternehmen vertrieben.

[287] Vgl. Kappich (1989), S. 208.
[288] Vgl. Dierdonck, van (1992), S. 367.

Ein weiterer Vorteil von Netzwerken ist darin zu sehen, daß ein besserer Kapazitätsausgleich möglich ist[289]. Ist ein dienstleistungsorientiertes Leistungsbündel personal- und/oder kapitalintensiv, so gehen diese Ressourcen wegen der fehlenden Lagerbarkeit bestimmter Leistungsbündel verloren. Arbeitet dagegen eine Einheit des Unternehmens an oder über ihrer Kapazitätsgrenze, kann dieses zu Qualitätseinbußen und Kundenverlusten führen. Beide Faktoren sind mit erheblichen Kosten verbunden. Durch eine dezentrale regionale Netzwerkstruktur können regionale Kapazitätsspitzen durch regionalen Kapazitätsausgleich abgefangen werden. Die Vorteile sind immer dann besonders hoch, wenn im Netz unterschiedliche regionale Kapazitätsanforderungen vorhanden sind und die personellen wie technischen Kapazitäten flexibel einsetzbar sind. Es sollte somit darauf geachtet werden, daß im Netzwerk unterschiedliche Spitzen auftreten und diese durch flexiblen Technik- und Personaleinsatz abgefangen werden können. Dies geht nur bei Zielgruppen mit unterschiedlichem Spitzenbedarf[290]. Kapazitätsausgleiche sind vor allem im Bereich industriell-dienstleistungsorientierter Leistungsbündel möglich. Dagegen sollte diese Vorgehensweise im kreativ- und vertrauensorientierten Bereich, da hier der Beziehungsaspekt im Vordergrund steht, nur auf einen technischen Kapazitätsausgleich beschränkt bleiben. Um ein effektives Kapazitätsmanagement zu erreichen, müssen die einzelnen Einheiten im Netzwerk ihre Informationen über die erwarteten Kapazitätsanforderungen zentral koordinieren. Eine effiziente Anreizstruktur für den Kapazitätausgleich kann zum einen durch eine regionale Ergebnisverantwortung und zusätzlich durch eine zentrale Kapazitätseinheit, die auch die Funktionen eines internen Marktes erfüllen, erreicht werden.

Ist ein Leistungserstellungssystem den Systemen der Wettbewerber überlegen und ist dieses System auf eine dezentrale Konzeption aufgebaut, so kann nur eine schnelle regionale Ausbreitung die Innovationsrente für das Unternehmen sichern, ehe die Wettbewerber diese durch Imitation für sich vereinnahmen. So schreibt van Dierdonck: "Success will be copied easily and in services there are fewer ways to defend oneself against imitation."[291]

Für die Schnelligkeit der Expansion spielen die Höhe der Innovationsrente, die Gefahr der Imitation des Systems durch die Wettbewerber sowie die Gefahr der Diffusion der unternehmensrelevanten Informationen eine entscheidende Rolle.

Es stellt sich somit die Frage, durch welche Art von Marketingsystemen eine schnelle, aber auch erfolgreiche Expansion erzielt werden kann.

### 2.1.2 Expansion durch eigentums- oder vertragsgebundene vertikale Marketingsysteme

In vielen dienstleistungsorientierten Bereichen ist eine regionale Ausdehnung nur durch eine Standortmultiplikation aufgrund der komplexen Interaktionsbeziehungen möglich. Es geht hierbei nicht nur um die Multiplizierung der Absatzsysteme, sondern aufgrund der Synchronität von Produktion und Konsum, um die Vervielfachung der Produktions-, Absatz- und Or-

---

289 Vgl. u.a. hierzu Mayère; Vinot (1993), S. 78.

290 Vgl. Heskett et al. (1991), S. 203.

291 Dierdonck, van (1992), S. 367.

ganisationssysteme. Diese Tatsache schränkt auch die Wahlmöglichkeiten hinsichtlich der Marketingsysteme dienstleistungsorientierter Unternehmen ein. Hauptsächlich sind bei den dienstleistungsorientierten Unternehmen Franchisesysteme und eigentumsgebundene Filialsysteme vorzufinden.

Von Franchisesystemen wird immer dann gesprochen, wenn ein Franchisegeber (Franchisor) einem anderen Unternehmen (Franchisenehmer oder Franchises) ein von ihm entwickeltes System zur Nutzung für ein bestimmtes Gebiet zur Verfügung stellt[292]. Dabei stellt der Franchisegeber sein Know-how, den Markennamen sowie zentrale Einrichtungen (z.B. Aus- und Weiterbildung, Zentraleinkauf) zur Verfügung und erhält ein Weisungs- und Kontrollrecht gegenüber dem Franchisenehmer. Der Franchisenehmer, der in eigenem Namen und auf eigene Rechnung agiert, muß als Gegenleistung eine einmalige Pauschale und/oder laufende Franchisegebühren bezahlen. Der Franchisenehmer bringt Arbeit und Kapital ein und muß dem Franchisegeber Informationen (z.B. Verkaufsinformationen) zur Verfügung stellen. In den USA wurden 1990 $ 716 Mrd. Umsatz mit Franchisesystemen erzielt[293], in Deutschland wurden dagegen 1994 nur rund DM 20 Mrd. Franchisingumsatz erzielt[294].

Im weiteren wird untersucht, unter welchen Konstellationen Franchisesysteme oder eigentumsgebundene Filialsysteme für dienstleistungsorientierten Unternehmen aus Effizienzgründen gewählt werden sollte. Hierbei wird vor allem analysiert, inwieweit es einen Kosten/Nutzen trade-off zwischen eigentumsgebundenen Filialsystemen und Franchisesystemen gibt[295].

Der Erfolg der Franchisesysteme in den 70er Jahren in den USA wurde insbesondere auf den Kapitalmangel der dienstleistungsorientierten Unternehmen bei ihrer Expansionsstrategie zurückgeführt[296]. So wurden die Franchisenehmer häufig als günstige Kapitalquelle angesehen, um das Know-how möglichst schnell großräumig nutzen zu können. Unter diesen Annahmen müßte in besonders kapitalintensiven Bereichen die Anzahl von Franchisesystemen besonders hoch sein. In den empirischen Untersuchungen wurden jedoch Anhaltspunkte gefunden, daß mit dem zunehmenden Kapitalbedarf die Anzahl der Franchisesysteme abnimmt[297]. Zu erklären ist dies zum einen mit der Kapitalmarkttheorie. Diese besagt, daß ein potentieller Kapitalgeber sein Geld nur in ein Franchisesystem investieren würde, wenn sich dadurch eine höhere Rendite erzielen lassen würde als bei einem direkten Kapitaltransfer an den potentiellen Franchisegeber. Da aber der Franchisenehmer in der Regel nur eine oder wenige Filialen betreibt, erzielt der potentielle Franchisegeber durch mehrere Filialen eine bessere Risikostreuung[298]. Somit müßte sich der Franchisegeber im Falle einer Franchiselösung mit einer geringeren Rendite zufrieden geben, als dies im Fall einer vertikalen Integration möglich wäre[299]. Aus

292 Vgl. Brickley et al. (1991), S. 28.
293 Vgl. Hoffman; Preble (1991), S. 74.
294 Vgl. Altmann (1994), S. 1.
295 Vgl. u.a. Brickley; Dark (1987), S. 407 ff., Klein; Saft (1986), S. 361, Picot; Wolff (1995), S. 12 ff.
296 Vgl. u.a. Caves; Murphy (1976), S: 572 ff.
297 Vgl. Brickley; Dark (1987), S. 419.
298 Vgl. Rubin (1978), S. 225.
299 Vgl. Sydow (1994), S. 100.

institutionsökonomischer Sicht läßt sich der höhere Anteil von eigentumsgebundenen Lösungen bei kapitalintensiven Bereichen mit dem Phänomen des Hold-Up erläutern. So muß ein Franchisenehmer vertragsspezifische Investitionen (z.B. bestimmte Gebäudeausstattungen, Maschinen) tätigen, deren Wert außerhalb der vertraglichen Beziehung wesentlich sinken würde (hohe Quasi-Renten). Bei unzureichend geklärten Vertragsbedingungen würde dem Franchisegeber ein diskretionärer Handlungsspielraum entstehen, den er opportunistisch ausnützen könnte. Je höher der transaktionsspezifische Kapitalbedarf ist, desto größer ist der opportunistische Spielraum. Der Franchisenehmer, in den meisten Fällen schlechter informiert als der Franchisegeber und somit risikoaverser, würde das Risiko nur unter der Bedingung höherer Renditen auf sich nehmen. Der Handlungsspielraum könnte in diesen Fällen auch durch klarere Vertragsformulierungen eingeengt werden. Dies würde die Vertragskosten erhöhen. In beiden Fällen würden sich die Kosten für den Franchisenehmer erhöhen und die vertikale Integration relativ attraktiver machen.
Neben den transaktionsspezifischen Investitionen kann aus transaktionskostentheoretischer Sicht auch die mangelnde Kodifizierbarkeit des zu transferierenden Wissens gegen die Etablierung eines Franchisesystems sprechen[300]. Insbesondere bei den kreativ- und vertrauensdienstleistungsorientierten Unternehmen kann dies zu hohen Transaktionskosten führen, die durch eine vertikale Integration reduziert werden können.

Die Principal-Agent-Theorie versucht, bei unterschiedlichen Interessen zwischen Principal und Agent mit Hilfe vertraglicher und/oder organisatorischer Maßnahmen eine gleiche Ausrichtung der Interessen zu erzielen[301]. So zeigt das Franchisesystem seine Vorteile dort, wo der Franchisenehmer als Agent in mehrere Aktivitäten investieren muß. Eine Multitask-Agency-Beziehung liegt vor, wenn der Franchisenehmer neben dem Verkauf der Leistungen auch noch andere Tätigkeite wie zum Beispiel Investitionen in die Reputation des Gesamtunternehmens, durchführen muß[302]. Sind die Tätigkeiten durch den Principal schlecht zu beobachten, der Erfolg jedoch gut meßbar, können die Kontrollkosten durch die strikte Erfolgsabhängigkeit der Entlohnung reduziert werden. Vertragslücken und Informationsvorteile werden vom Agenten zu eigenen Zielen und zum shirking nur dann verwendet, wenn sie hieraus eine größernen Nutzen ziehen können. Die strikte Erfolgsabhängigkeit der Entlohnung grenzt dieses Risiko beim Franchisenehmer in Fällen mit guter Erfolgsmeßbarkeit besser ein als bei den angestellten Managern, die nicht "..... bear the full cost and benefits of their decisions."[303]
Sind die Tätigkeiten dagegen schlecht zu beobachten und eine Erfolgsmessung schwierig, kann der Spielraum des Agenten durch erfolgsorientierte Entlohnungsformen nicht eingeschränkt werden. Anreize zum Free Riding bestehen für Franchisenehmer insbesondere dann, wenn die Franchisemarke gut etabliert ist und der Stammkundenanteil gering ist. Der Franchisenehmer hat dabei durch zu geringe Investitionen und Reduktion der Qualität den vollen Vorteil der Kostenreduktion und trägt wie alle anderen Franchisenehmer den negativen Effekt auf die Reputation der Marke[304]. Um dies zu verhindern, benötigt der Franchisegeber um-

[300] Vgl. Sydow (1994), S. 103.
[301] Vgl. Sydow (1994) , S. 101.
[302] Vgl. Picot; Wolff (1995), S. 8.
[303] Brickley et al. (1991), S. 28 f.
[304] Vgl. Brickley; Dark (1987), S. 404.

fangreiche Kontrollrechte sowie ein adäquates Drohpotential (z.B. Verlust der spezifischen Investition des Franchisenehmers durch fristlose Vertragskündigung). Stehen ihm diese Rechte nur begrenzt zur Verfügung (z.B. in der Europäischen Union), entstehen ihm zusätzliche Kosten. Diese erhöhten Transaktionskosten reduzieren die Vorteile von Franchisesystemen gegenüber dem Filialsystem. Die zunehmende Regulierungsdichte wird auch dafür verantwortlich gemacht, daß in der Europäischen Union das Franchisesystem nicht stark verbreitet ist und daß in den USA der Franchiseanteil zurückgeht[305].
Franchisesysteme werden dort häufig anzutreffen sein, wo shirking und eigene Zielverfolgung leicht zu entdecken sind. Je schwieriger die Performanz eines dienstleistungsorientierten Leistungsbündels zu messen ist (hidden action und hidden information), desto kostenintensiver wird die Formulierung adäquater Anreize und die vertragliche Ausgestaltung von Franchiseverträgen. Dadurch werden mögliche Vorteile der Franchisesysteme überkompensiert.

Abschließend bleibt festzustellen, daß Franchisesysteme sich besonders für kontrollintensive aber kapitalarme Bereiche mit hohem Stammkundenanteil anbieten. Dabei ist jedoch darauf zu achten, daß das zu transferierende Wissen gut kodifizierbar und der Lernprozeß beim Franchisenehmer und seinen Mitarbeitern nicht langwierig ist. Somit ist das Hauptanwendungsgebiet für Franchisesysteme im industriell-orientierten Bereich zu sehen.

### 2.1.3 Einfluß der überregionalen Expansion auf die Organisation dienstleistungsorientierter Unternehmen

Die überregionale Expansionsstrategie kann nur erfolgreich sein, wenn die dadurch induzierten Veränderungen im Unternehmen auch durch Veränderungen in der Konzeption, Leistungstiefe und internen Organisation unterstützt werden.
So können die Vorteile einer überregionalen Expansion nur dann voll genutzt werden, wenn in der Konzeption des Leistungsbündels entsprechende Anpassungen durchgeführt werden. Es muß durch die Konzeptionsänderung gelingen, mögliche Netzvorteile voll auszunutzen. Zusätzlich muß es mit Hilfe der Konzeption des Leistungsbündels gelingen, die oben erwähnten Risiken zu reduzieren und die Chancen zu nutzen. Dabei ist es wichtig, daß die Leistungsbündel stark modular aufgebaut werden, um gerade im internationalen Bereich die Leistungsbündel schnell und flexibel an die unterschiedlichen kulturellen Bedingungen und Bedürfnisse der Kunden anpassen zu können.

Im Bereich der Leistungstiefenentscheidungen können durch die überregionale Expansion neue Fragen entstehen. Will ein Unternehmen in Gebiete expandieren, in denen vom Unternehmen bereits ausgelagerte Bereiche nicht bzw. nicht in der entsprechenden Qualität angeboten werden, so muß das Unternehmen versuchen, bewährte Lieferanten dazu zu bewegen, daß auch sie in der entsprechenden Region expandieren. Gelingt dies nicht, muß das Unternehmen versuchen, die in der Heimatregion fremd bezogenen Leistungen in diesen Regionen selbst zu erstellen. Aber auch dieser Schritt ist gerade bei fehlenden Kompetenzen auf dem entspre-

305 Vgl. u.a. Milgrom; Roberts (1992), S. 565, Brickley et al. (1991), S. 30.

chenden Gebiet mit Risiken verbunden. Im Zweifelsfall sollte eine Expansion in derartige Regionen unterlassen werden.
Eine weitere Frage zur Leistungstiefe ergibt sich durch die höhere Nachfrage nach dem Leistungsbündel infolge der überregionalen Expansion. Durch die höhere Nachfrage bei vorhandener Technik kann eine Spezialisierung sinnvoll werden. So produziert bei entsprechendem Bedarf eine speziell auf bestimmte Baumwollhandtücher abgestimmte Wäscherei durch Automatisierung des gesamten Prozesses wesentlich kostengünstiger, als eine Wäscherei, die genereller ausgerichtet ist. Problematisch an dieser Spezialisierung ist, daß sie zu einer Verringerung der Flexibilität führt und hohe spezifische Investitionen notwendig macht. Ist der zu spezialisierende Bereich jedoch ausgelagert, wird der betroffene Lieferant nur sehr bedingt diese spezifischen Investitionen eingehen wollen, da die Investitionen außerhalb der Vertragsbeziehung nur von sehr geringem Wert wären und der Abnehmer diese Abhängigkeit nach Vertragsabschluß opportunistisch ausnutzen könnte[306]. Deshalb wird ein Lieferant nur dann die spezifischen Investitionen tätigen, wenn er die Sicherheit hat, daß ihn der Abnehmer nicht opportunistisch ausnützen kann. Sind die Kosten dieser Sicherheitsleistungen (z.B. Vertragskosten) höher als die Kosten der vertikalen Integration dieses Bereiches (z.B. Know-how Aufbau), wird es zu einer Eigenerstellungslösung kommen. Dabei ist zu beachten, daß eine solche Spezialisierung mit der dadurch reduzierten Flexibilität nur in Bereichen gemacht werden sollte, in denen eine hohe Umweltsicherheit und Häufigkeit herrscht.

Im Mittelpunkt des Einflusses der überregionalen Expansion auf die interne Organisation steht die Neuverteilung der Aufgaben zwischen zentralen und dezentralen Einheiten. Zum einen muß ein hohes Maß an dezentraler Aufgabenkompetenz und Verantwortung regional vor Ort vorhanden sein, um den regionalen Erfordernissen, insbesondere auch der Flexibilität gerecht zu werden und höhere Anreize für eigenverantwortliches und erfolgsorientiertes Handeln zu setzen. Zum anderen können Netzeffekte nur dann voll erzielt werden, wenn das Unternehmen auch überregional unter einem Namen, ähnlicher Qualität und Konzeption auftritt. Nur dann, wenn die Kunden mit dem Unternehmensnamen ein gewisses Preis/Leistungsverhältnis verbinden, werden sie gewillt sein, ihre Such- und Verhandlungsoptionen einzuschränken. Darüber hinaus können die beidseitigen Lernerfolge zu einer Kosteneinsparung führen, die beiden Partnern zugute kommen sollte. Es ist somit eine Unternehmensstruktur anzustreben, die ein großes Maß an Flexibilität vor Ort ermöglicht, aber auch konzeptionell und qualitativ gleichwertige Leistungsbündel anbietet. Ein wichtiger Faktor hierfür ist, daß die Rahmenfaktoren überregional identisch sind. So sollten die technischen Unterstützungsmittel und die Aussowie Weiterbildung zentral vorgegeben werden. Je stärker dann Kundenspezifität und Interaktionen mit dem Kunden im Vordergrund stehen, desto eher sollten die verbleibenden Spielräume nicht durch eine zu starke zentrale Programmierung eingeschränkt werden. Eine unternehmenskonforme Vorgehensweise sollte in diesen Fällen vor allem durch zentrale Weiterbildungen, Informationsaustausch zwischen dezentralen Prozessen mit gleicher Aufgabenstellung und entsprechenden Anreizsystemen erzielt werden. Je stärker sich der Kunde im Netz-

[306] Vgl. hierzu u.a. Milgrom; Roberts (1992), S. 135 ff.

werk bewegt (z.B. Fluggesellschaften, Hotelketten), desto wichtiger wird eine hohe überregionale Qualitätskonformität.

Des weiteren stellt sich die Frage, inwieweit Kostenvorteile (z.B. economies of scale) genutzt werden können, indem mehrere regional identische Prozesse in einen zentral vorhandenen Prozeß vereint werden. Dabei stehen aber nicht - wie dies in der Praxis häufig noch der Fall ist - reine Produktionskostenbetrachtungen im Vordergrund, sondern Koordinationskostenüberlegungen. Auch hier müssen Anwenderspezifität und Abwicklungsspezifität berücksichtigt werden. Laufen Prozesse ohne Kundenbeteiligung ab, besitzen die Prozeßergebnisse nur geringe oder keine Kundenspezifität, ist das technische oder fachliche Know-how hoch und investitionsintensiv und können Input- und Outputdaten gut kodiert werden, ist tendenziell eine zentrale Prozeßabwicklung anzustreben, wenn hierbei aus Gesamtkostensicht Vorteile zu erzielen sind. Es zeigt sich somit, daß gerade im industriell-dienstleistungsorientierten Bereich aufgrund seiner Eigenschaften eine eher zentrale Struktur Vorteile bringen kann, während der zentrale Aspekt immer stärker mit der Zunahme von kreativ-dienstleistungsorientierten und vertrauens-dienstleistungsorientierten Eigenschaften an Bedeutung verliert.
Gerade internationale Netzwerke haben mit stärkerem Wachstum das Problem, daß die Frage nach der zentralen oder dezentralen Aufgabenerfüllung auf unterschiedlichen Ebenen geführt wird. So kommt es nicht selten vor, daß neben dezentralen Einheiten, Bezirkszentralen, Regionalzentralen, nationale Zentralen und die internationale Zentrale an der Gesamtaufgabenabwicklung beteiligt sind. Durch den hohen Koordinationsaufwand entstehen Transaktionskosten, unter anderem auch in Form von Zeit- und Flexibilitätsverlusten. Gerade Zeit- und Flexibilitätsvorteile sind im dienstleistungsorientierten Bereich ein entscheidender Wettbewerbsvorteil. Durch die moderne Informations- und Kommunikationstechnik ist es möglich, auch dezentral Größenvorteile durch dezentrale Informations- und Kommunikationsnetze zu nutzen. Dieser Vorteil wird um so größer, je informationslastiger das zu verkaufende Leistungsbündel wird. Es bleibt somit die Forderung, die Aufgabenerfüllung so weit wie möglich zu dezentralisieren und so wenig regionale Entscheidungsebenen wie möglich dazwischenzuschalten, um Zeit- und Flexibilitätsvorteile dem Kunden anbieten zu können. Wichtig ist, daß die Aufgabenverteilung auf die Art und Weise durchgeführt wird, daß eine weitere Expansion mit Hilfe dieser Unternehmensstruktur möglich ist.

### 2.1.4 Fallbeispiel zur überregionalen Expansion

Das Unternehmen in diesem Beispielsfall beschäftigt sich mit Industrie-, Kanal- und Rohrreinigung. Im Industriereinigungsbereich werden hauptsächlich Behälter der chemischen Industrie gereinigt. Im Kanalbereich werden Kanäle der Kommunen und der Industrie gesäubert, überprüft und saniert. Der Rohrbereich hat neben den industriellen Kunden meist private Haushalte als Kunden. Das Unternehmen ist mittelständisch geprägt und ist in Norddeutschland flächendeckend vertreten. Durch den hohen Anteil an Erfahrungseigenschaften handelt es sich hierbei um ein Unternehmen im Bereich zwischen industriell- und kreativ- dienstleistungsorientierten Leistungsbündeln. Die Vorgehensweise entspricht im folgenden den bisherigen Fallbeispielen.

Vorteile einer überregionalen Expansion in diesem Bereich werden vom Unternehmen vor allem in der Reputation des Unternehmensnamens gesehen. Gerade in diesem Bereich ist die Überprüfung und Einschätzung der Qualität der Arbeit für den Kunden schwer nachzuvollziehen. Daher versucht das Unternehmen mit hohen Ausbildungs- und Weiterbildungsstandards, hoher technischer Innovation, der Einhaltung von internationalen Standards, der Risikoübernahme (durch Wartungsverträge) und Garantiezusicherungen dem Kunden Such- und Verhandlungskosten zu ersparen. Durch einen flächendeckenden Service steigt der Bekanntheitsgrad und das Unternehmen wird für Industriekunden mit verschiedenen regionalen Standorten interessant. So können zentrale Rahmenverträge geschlossen werden statt vieler einzelner Verträge mit regionalen dienstleistungsorientierten Unternehmen. Dadurch werden Kosten eingespart und die Qualitätsunsicherheit wird reduziert.

Weitere Vorteile einer Expansionsstrategie erzielt das Unternehmen durch die Ausnutzung von Netzvorteilen. Diese treten vor allem im Kanalbereich auf. Das Equipment in diesem Bereich ist sehr kapitalintensiv. Ein wichtiger Erfolgsfaktor ist hier die Kapazitätsauslastung. Sie läßt sich mit Hilfe einer überregionalen Nachfrage besser glätten. Das betrachtete Unternehmen erreicht den Kapazitätsausgleich durch ein internes Informations- und Kommunikationssystem, mit dessen Hilfe es möglich ist, regionale Spitzenbelastungen durch Kapazitätstransfer auszugleichen.

Ein weiterer Grund für eine überregionale Expansion ist die Notwendigkeit hoher Verfügbarkeit und Schnelligkeit. Die starke regionale Verbreitung gewährleistet Schnelligkeit und eine überregionale Verknüpfung führt bei regionalem Spitzenbedarf (z.B. nach Überschwemmungen) durch überregionalen Ausgleich zu einer hohen Verfügbarkeit. Für eine schnelle Leistungserbringung mit hoher Verfügbarkeit hat das Unternehmen ein dezentrales Informations- und Organisationssystem. Nur Prozesse, die nicht den direkten Kundenkontakt benötigen, aber wichtig für das gesamtheitliche Auftreten sind, werden zentral abgewickelt. Hierzu gehören Koordination, Schulung, Entwicklung und Einkauf. Die Rahmenkompetenz obliegt der Zentrale, während die regionalen Einheiten die vorhandenen Freiräume erfolgsorientiert gestalten können. Als Anreizsystem wurde hierfür ein Prämienlohn eingeführt. Da die meisten Prozesse in Gruppenarbeit durchgeführt werden, wird zusätzlich nach Gruppenakkord entlohnt. Um ein einheitliches Auftreten zu ermöglichen und die zentrale Kontrolle und Koordination zu verbessern, wurde ein umfangreiches Reporting-System eingeführt.

In allen drei Bereichen werden die Leistungsbündel durch unternehmenseigene Filialsysteme erbracht.

Im weiteren ist nun zu analysieren, ob die überregionale Expansionspolitik für das vorliegende Unternehmen geeignet ist und ob die Vorteile einer solchen Strategie genutzt wurden und die dabei entstehenden Risiken minimiert wurden.

Folgende Gründe sprechen für eine regionale Expansionsstrategie des Unternehmens: Bedarf an dezentralen Strukturen, die leichte Repetierbarkeit der dezentralen Prozesse, der unterschiedlich hohe zeitliche und räumliche Kapazitätsbedarf sowie hohe Such- und Verhandlungskosten aufgrund der Erfahrungseigenschaften. Problematisch erscheint die überregionale Expansionspolitik aus zwei Gründen: den unterschiedlichen Anforderungen der drei Bereiche und den hohen Qualitätsanforderungen des regional einzusetzenden Personals.

Der Reputationsaufbau ist für Bereiche mit hohen Erfahrungseigenschaften wie im vorliegenden Fall, sehr wichtig. Hierfür ist ein einheitliches und positives Erscheinungsbild bei den Kunden notwendig. Problematisch beim Reputationsaufbau sind jedoch die unterschiedlichen Anforderungen und Qualitätsniveaus der drei Bereiche zu sehen. Hieraus könnten sich negative Reputationsübertragungen auf einzelne Bereiche ergeben.

Bei der Ausnutzung der Netzeffekte ist zu bemängeln, daß das Netz nur im Bereich des Kapazitätsausgleichs beim Equipment genutzt wird. Das Potential des Netzes wird nicht im Bereich der Synergieeffekte bei Problemlösungswissen und bei der überregionalen Kundenakquisition genutzt. Hier wird vorhandenes Wissen nicht ausreichend genutzt.

Durch eine starke Dezentralisierung der gesamten Prozeßstruktur können die dezentralen Einheiten in einem starken Maß selbständig agieren. Problematisch ist jedoch hierbei das fehlende einheitliche Auftreten und das Außerachtlassen von Synergieeffekten.

Des weiteren stellt sich die Frage, ob das hier angewandte Filialsystem für die drei Bereiche den effizientesten Koordinationsmechanismus darstellt.
Im Bereich der Kanalreinigung müßten die Franchisenehmer hohe vertragsspezifische Investitionen eingehen. Eine derartige hold-up Situation ist transaktionskostenintensiv. Das Know-how ist in diesem Bereich nicht standardisiert und eine Weiterentwicklung des Wissens sehr dynamisch. Die Know-how Sicherung, die Anpassung an neue Rahmenbedingungen und die Wissensübertragung sind vertraglich nur schwer zu regeln.
Im Industriebereich sind die Investitionsanforderungen geringer und somit Hold-up Probleme kaum gegeben. Die Übermittlung des Wissens zur Problemlösung ist aber schwierig und langwierig. Die Hauptkunden dieses Bereichs sind Industrieunternehmen mit starker regionaler Verteilung, eine einheitliche Qualität und Behandlung der Kunden ist hier notwendig.
Im Rohrbereich hingegen ist nur wenig Kapitalbedarf gefordert, die Arbeit ist aber schwer zu kontrollieren. Das Wissen ist leicht transferierbar und standardisiert. Aufgrund des regionalen Einzugsgebiets ist der Stammkundenanteil hoch.

Ausgehend von der oben ausgeführten Analyse sind dem Unternehmen folgende Empfehlungen zu geben.

Generell ist für das Unternehmen eine überregionale Expansionspolitik zu empfehlen. Auf Grund der unterschiedlichen Anforderungen und Kundenpotentiale sollte diese jedoch nicht einheitlich gestaltet sein. Vielmehr sollte durch ein differenzierteres Vorgehen versucht werden, stärker auf die jeweilige Kundengruppe einzugehen. Hierzu zählt auch die Vermarktung unter unterschiedlichen Marken, um negative Reputationsübertragungen zu verhindern. Dagegen sollte ein Informations- und Kundentransfer mit Hilfe eines einheitlichen Informationssystems ermöglicht werden, um somit Synergieeffekte zu nutzen.

Zudem bieten sich gemeinsame Datenbanken und Expertensysteme an, um in stärkerem Maße ein überregional einheitliches Auftreten zu ermöglichen und dabei auch die Vorteile eines großen überregionalen Netzes besser nutzen zu können.

Im Bereich der Wahl der Marketingsysteme ist beim Geschäftsfeld der Kanalreinigung ein eigentumbasiertes Vertriebssystem aus Sicht der Transaktionskostentheorie zu wählen.
Im Industriebereich ist ein einheitliches System aufgrund der überregionalen Kunden notwendig. Dies kann neben der unternehmensinternen Abwicklungsform durch enge Kooperationen mit Partnerunternehmen erzielt werden.
Im Rohrbereich sprechen insbesondere die schwere Kontrolle und der hohe Stammkundenanteil für ein Franchisesystem als effiziente Abwicklungsform. Wichtig jedoch ist, daß das Unternehmen Instrumente in der Hand behält, die es ihm ermöglichen, ein Trittbrettfahrerverhalten einzelner zu verhindern und eine Schädigung des Firmenimages nicht zulassen.

Aus diesen Ausführungen lassen sich nun folgende allgemeine Empfehlungen für überregionale Expansionsstrategien ableiten.

Bei einer überregionalen Expansion sind die Leistungserstellungsprozesse so zu strukturieren, daß die dezentralen Prozesse abgeschlossene Einheiten bilden, die leicht repetierbar sind, und durch ihren modularen Aufbau leicht an regionale Besonderheiten angepaßt werden können.

Trotz dieser stark dezentralen Struktur sollte immer versucht werden, gerade mit Hilfe moderner Informations- und Kommunikationstechnologien Synergieeffekte zu nutzen. Ebenso muß versucht werden, ein einheitliches Auftreten und Qualitätsniveau zu erreichen. Nur diese Einheitlichkeit ermöglicht den Reputationsaufbau durch den Kunden.

Je größer in einer Branche die Vorteile von Netzeffekten sind, desto größer sind die möglichen Vorteile durch eine überregionale Wachstumspolitik. Es handelt sich hier jedoch nur um mögliche Vorteile, die nur genutzt werden können, wenn sie erkannt und umgesetzt werden. So gehören Informationen über Kunden zu einer der wichtigsten Ressource von dienstleistungsorientierten Unternehmen. Die Bedeutung dieser Informationen muß jedoch erkannt, aufbereitet und den entsprechenden Bereichen des Netzes zugänglich gemacht werden.

Mit zunehmender Netzgröße wird die Kontrolle immer schwieriger und teurer. Es müssen deshalb geeignete Koordinations- und Motivationsmechanismen gefunden werde, die die damit zusammenhängenden Kontrollkosten reduzieren.

## 2.2. Expansionsstrategien im Spannungsfeld zwischen Angebotsspezialisierung und Angebotserweiterung

Dienstleistungsorientierte Unternehmen können gegenüber ihren Kunden Vorteile bei den Produktions- wie bei den Transaktionskosten besitzen. Um im Wettbewerb erfolgreich zu sein, muß ein Unternehmen kontinuierlich Produktions- und Transaktionskostensenkungsmöglichkeiten ausschöpfen[307]. Das Unternehmen steht somit immer vor der Herausforderung, mit welcher Strategie das größere Kostensenkungspotential erzielt werden kann. Eine Angebotsspezialisierung, auch "unbundling" genannt, kann durch eine Konzentration auf bestimmte Aspekte des Leistungsbündels zu Kostenvorteilen führen. Aber auch eine Angebotserweiterung, auch "bundling" genannt, kann durch Bildung von Leistungsbündelpaketen zu Vorteilen führen. Auf lange Sicht wird nur die Strategie erfolgreich sein, die dem Kunden die größeren Vorteile bietet. Im weiteren ist nun zu untersuchen, welche Strategie unter welchen Umständen die größeren Vorteile ermöglicht.

### 2.2.1 Angebotsspezialisierung

Dienstleistungsorientierte Leistungsbündel werden den Kunden häufig aus einer Hand angeboten. Diese Leistungsbündel setzen sich aus Kernleistungen und Zusatzleistungen zusammen. Werden in den Kernleistungen von den Wettbewerbern standardisierte Leistungen angeboten, wird die Differenzierung mit Hilfe von Zusatzleistungen immer wichtiger. Eine Aufwertung von Zusatzleistungen sollte vom Unternehmen vollzogen werden, wenn die Kunden durch Bedarfsänderungen im Zeitverlauf mehr Wert auf diese Leistungen legen. Unternehmen, die diese Veränderungen rechtzeitig erkennen und den Kunden bei diesen Leistungen durch Spezialisierung Nutzen-, Produktionskosten- und Transaktionskostenvorteile bieten, können ganze Branchen revolutionieren. Eine Angebotsspezialisierung kann dadurch unterstützt werden, daß sich das Unternehmen auf die Leistungsteile konzentriert, deren Verfügungsrechte gut zuordenbar und leicht zu schützen sind. Die Teile, deren Verfügungsrechte schlecht zuordenbar und schlecht zu schützen sind, werden nicht angeboten. Vielmehr verläßt sich das spezialisierte Unternehmen darauf, daß der Kunde diese Leistungsteile günstiger anderweitig erwerben kann als in der zuvor angebotenen Paketlösung. Beispiele hierfür sind in Branchen zu finden, in denen Leistungsbündel mit allgemein nutzbarer Information verkauft werden (z.B. Bankbranche). Das Spezialunternehmen verbessert durch Spezialisierung die Produktionskosten (z.B. durch Größenvorteile) und die Transaktionskosten (z.B. durch Ermöglichung günstigerer Zugangsmöglichkeiten) und bietet Nutzenvorteile an (z.B. 24 Stunden-Dienst), während die generellen Informationen über Diffusion kostenlos an den Kunden gelangen. Durch die Spezialisierung wurde auch der Schutz der Information (z.B. Anlageberatung), der durch die bisher erzwungene Paketlösung aufgebaut wurde, aufgehoben. Aber auch dieser Bereich kann durch eine Spezialisierung für die Kunden attraktiv gestaltet werden. So können auf diesem Gebiet Unternehmen allgemeine Informationen sammeln und diese Informationen kundenspezifisch aufbereiten, um sie dann an die Kunden zu übertragen. Es ist daher wichtig,

[307] Vgl. Michaelis (1985), S. 270.

daß Organisationsformen gefunden werden, die es ermöglichen, die Verfügungsrechte an den Informationen zu erzielen und einfach zu übertragen, ohne dabei positive externe Effekte zu verursachen.

Verändern sich die Rahmenfaktoren, so verändern sich auch häufig die kostengünstigsten Angebotsstrukturen. So können in neuen dienstleistungsorientierten Branchen mit wenig Transparenz und hoher Qualitätsunsicherheit durch Angebotsbündelungen Qualitätsprüf-, Such- und Anpassungskosten für den Kunden dadurch reduziert werden, daß ein dem Kunden bekanntes und vertrautes Unternehmen zusätzlich nun vom Kunden erwünschte Leistungen mit hoher Qualitätsunsicherheit anbietet. Etabliert sich ein soiches Leistungsbündel auch bei den Wettbewerbern, so vergrößert sich die Transparenz und der Standardisierungsgrad. Die Bündelung kann hierdurch zu einer nicht mehr kostenoptimalen Lösung führen. Gerade in etablierten Branchen kann durch eine hohe Nachfrage und die technischen Möglichkeiten ein hohes Produktionskosteneinsparungspotential durch Spezialisierung entstehen. Dagegen sind durch die Etablierung des Leistungsbündels durch die Bündelung keine Such-, Verhandlungs- und Qualitätsprüfkostenvorteile mehr vorhanden. Für die Kunden steht nicht mehr so sehr die Reduzierung der Unsicherheit im Vordergrund, vielmehr suchen die Kunden nun modulare Lösungen, die ihren Bedürfnissen besser angepaßt sind und die durch die Spezialisierung eine schnellere und flexiblere Abwicklung (z.B. Zeitvorteile) und Kostenvorteile ermöglichen.

Zusammenfassend läßt sich sagen, daß in etablierten dienstleistungsorientierten Branchen die Vorteile für eine Angebotsspezialisierung größer sind als in jungen Branchen.
Dieses Phänomen kann aber auch auf die unterschiedlichen Bereiche der dienstleistungsorientierten Unternehmen übertragen werden. In Bereichen, in denen Sucheigenschaften dominieren, wie dies im industriell-dienstleistungsorientierten Bereich der Fall ist, können durch Bündelungen kaum Transaktionskostenvorteile erzielt werden. Aus diesem Grund sind in diesem Bereich eher Angebotsspezialisierungen anzutreffen. In den kreativ- und vertrauens-dienstleistungsorientierten Bereichen, in denen Erfahrungs- und Vertrauenseigenschaften vorherrschen, kann die Unsicherheit der Kunden durch Bündelungen kosteneffizienter reduziert werden. In diesen Bereichen dominiert die Angebotserweiterung.

### 2.2.2 Additive Angebotserweiterungen

Unter additiver Angebotserweiterung sind die Fälle zu subsumieren, in denen der gleichen Zielgruppe ein größeres Leistungsbündelpaket aus einer Hand angeboten wird. Hierbei kann es sich um eine komplementäre Erweiterung (z.B. Leasing-Unternehmen verkauft zusätzlich auch Versicherungen für das geleaste Auto), eine substitutive Erweiterung (z.B. Waschhygiene-Unternehmen bietet neben Baumwollhandtüchern auch Papierhandtücher an) und/oder eine unverknüpfte Erweiterung (z.B. Kreditkarten-Unternehmen verkauft zusätzlich Rechenzentrumsleistungen) handeln[308]. Eine additive Erweiterungsstrategie ist immer dann sinnvoll, wenn die Kunden hierdurch in den Vorteil von Produktionskosten-, Transaktionskostenein-

[308] Vgl. Wieandt (1994), S. 857 ff.

sparungen und/oder von höherem Nutzen gelangen. Für das Unternehmen bietet eine derartige "Bundling"-Erweiterung die Vorteile, daß mit einer solchen Erweiterung die Risiken eines Fehlschlags geringer sind als bei einer Marktneueinführung und der Informationsstand bezüglich der Kundenbedürfnisse und Erstellungsmöglichkeiten höher ist als bei der Einführung gänzlich neuer Leistungen[309].

Eine Erweiterung bietet sich insbesondere an, wenn durch die Erweiterung dem Kunden Nutzenvorteile möglich sind, aber durch hohe Informationsasymmetrie zwischen Kunden und Anbietern hohe Transaktionskosten entstehen würden. Durch die bisherigen Geschäftsbeziehungen und die dadurch entstandene Vertrauensbasis können bei der Erweiterung Such-, Qualitätsprüf- und Verhandlungskosten eingespart werden. So schreiben Nayyar und Karajian:

> "Buyers attempt to resolve such problems by favoring their current providers (with whom they are satisfied) when evaluating alternative providers of other products they need."[310]

Eine derartige Einsparung von Transaktionskosten ist insbesondere im kreativ- und vertrauens-dienstleistungsorientierten Bereich aufgrund des hohen Anteils von Erfahrungs- und Vertrauenseigenschaften möglich[311]. Im industriell-dienstleistungsorientierten Bereich sind die Transaktionskostenvorteile hauptsächlich durch die Lieferung aus einer Hand und somit eine Reduzierung der Anzahl der Vertragsverhandlungen und der Verträge zu erzielen (Baligh-Richartz-Effekt[312]). In allen Bereichen sind Vorteile darin zu sehen, daß durch die Vorauswahl des Unternehmens die Kompatibilität der Leistungen gewährleistet ist und Anpassungskosten dadurch minimiert werden[313]. Hieraus können auch Nutzenvorteile für die Kunden entstehen. Sind zwei Leistungen so stark miteinander verbunden, daß nur durch die genaue Abstimmung der Leistungen aufeinander der volle Nutzen möglich ist, dann erzielt der Kunde durch den gemeinsamen Bezug eine Nutzensteigerung (z.B. gemeinsamer Bezug von Hard- und Software). Eine weitere Nutzensteigerung für die Kunden kann dadurch erzielt werden, daß nicht das gesamte Leistungsbündel mit der Erweiterung an die Kunden verkauft wird, sondern die Kunden die Wahl haben, welche Leistungen und in welcher Kombination sie diese beziehen wollen. In diesem Zusammenhang ist auch die substitutive Erweiterung zu erwähnen. In vielen Fällen sind die Vorteile einzelner Leistungen subjektiver Art. Durch substitutive Angebotsmöglichkeiten können die Kunden nach ihren Präferenzen ihr persönliches Leistungsbündel zusammenstellen. Bei substitutiven Angebotsmöglichkeiten muß das Unternehmen zusätzliche Informationskosten einrechnen, weil dem Kunden Vor- und Nachteile der unterschiedlichen Leistungskomponenten nähergebracht werden müssen[314]. Durch dieses baukastenähnliche Prinzip kann auch die anzusprechende Zielgruppe vergrößert und die Ge-

309 Vgl. Eppen et al. (1991), S. 8.
310 Nayyar; Karanjian (1993), S. 737.
311 Vgl. Nayyar (1990), S. 514.
312 Der Baligh-Richartz-Effekt sagt, daß durch die Einschaltung einer zentralen Stelle die Zahl der notwendigen Beziehungen wesentlich reduziert werden kann. Folge hiervon sind Zeit- und Kostenvorteile. Vgl. hierzu Gümbel (1985), S. 112 ff. und Picot (1986), S. 6.
313 Vgl. Eppen et al. (1991), S. 11.
314 Vgl. Wieandt (1994), S. 858 f.

fahr reduziert werden, daß bestimmte Vorteile einzelner Bausteine im Gesamtleistungsbündel nicht voll vom Kunden realisiert werden.

Ein wichtiger Faktor für die Expansionsstrategie ist die Frage, wie stark und in welchen Bereichen das Unternehmen Reputation aufgebaut hat. Je stärker die Reputation auf das bisher hergestellte Leistungsbündel fokussiert ist, desto geringer sind die Transaktionskosteneinsparungsmöglichkeiten bei Erweiterungen. Bezieht sich die Reputation insbesondere auf die Kernkompetenzen, so sollte das Unternehmen die Expansionsstrategien auf Leistungen beschränken, zu deren Herstellung jene Kernkompetenzen notwendig sind. Dabei sollte jedoch den Kunden der Zusammenhang zwischen Leistung und Kernkompetenz klar sein oder durch das Unternehmen klargemacht werden. Mit dieser Strategie können neben Transaktionskostenvorteilen auch Produktionskostenvorteile erzielt werden. Durch die Nutzung der Kernkompetenzen für zwei oder mehrere Bereiche können economies of scope genützt werden. Hat das Unternehmen allgemeine Reputation im Bereich der Leistungsfähigkeit und Zuverlässigkeit aufgebaut, so kann es dem Unternehmen auch gelingen, bei unverbundenen Erweiterungen dieses Image zu transferieren und damit für die Kunden mit Hilfe des Unternehmensnamens transaktionskostensenkend zu wirken. Auch hier können gleichzeitig Produktionskostenvorteile erzielt werden. Durch die Produktion unterschiedlicher Leistungen kann es zu einer effektiveren Kapazitätsauslastung kommen, wenn hierbei gleiche Anlagen und Betriebsmittel genutzt werden[315].

Nicht zu unterschätzen ist der reziproke Reputationstransfer von der Erweiterung der Leistung auf das ursprüngliche Leistungsbündel. Werden Kunden beim Konsum der Leistungserweiterung in ihren Erwartungen enttäuscht, hat dieses auch negative Folgen für die bisherige Kernleistung[316]. Unter Umständen können bisherige Stammkunden dadurch veranlaßt werden, das Unternehmen in seiner Gesamtheit zu meiden. Bei jeder Expansion ist daher sorgfältig zu prüfen, ob das Unternehmen im Erweiterungsbereich überhaupt in der Lage ist, die bisher vom Kunden gewohnte Qualität zu liefern und ob die Erweiterung mit der Konzeption und dem Image des Unternehmens zu vereinbaren ist.

### 2.2.3 Einfluß der Angebotsspezialisierung und der additiven Angeboterweiterung auf die Organisation dienstleistungsorientierter Unternehmen

Angebotsspezialisierung und additive Angebotserweiterung erfordern eine Neukonzeption der Leistungsbündel. Während sich das Unternehmen bei der Angebotsspezialisierung nur auf einen Teilaspekt des bisherigen Angebots konzentriert, muß das Unternehmen bei der additiven Angebotserweiterung ein größeres Angebot dem Kunden vermitteln. In beiden Fällen müssen die Vorteile dieser Maßnahmen durch die Konzeption den Kunden zugänglich gemacht werden.

---

[315] Vgl. Heskett et al. (1991), S. 205.
[316] Vgl. Nayyar (1993), S. 30.

Bei der Angebotsspezialisierung muß die Konzeption so gestaltet sein, daß die Spezialisierungsvorteile dem Kunden voll zugute kommen. Dies kann dadurch gelingen, daß die Konzeption besonders darauf abgestimmt ist, die Abwicklungskosten mit Hilfe der modernen Technik zu reduzieren und ein möglichst reibungsloses Zusammenspiel (Schnittstellenproblematik) mit verwandten, spezialisierten Leistungsbündeln zu ermöglichen. Die Spezialisierung macht es weiter erforderlich, daß der Kunde durch die Konzeption flexibel und schnell mit seinen Bedürfnissen entsprechenden speziellen Informationen und Leistungen versorgt wird.
Die Konzeption der additiven Angebotserweiterung sollte besonders auf die Reduktion der Koordinationskosten zwischen den einzelnen Leistungsbündelteilen ausgerichtet sein. Einen weiteren Schwerpunkt bildet die Reduzierung der Unsicherheit bei den Kunden. Dabei sollte die Konzeption so konstruiert sein, daß bekannte und bewährte mit unbekannten Leistungsbündelteilen verknüpft werden. Ein weiterer wichtiger Faktor ist der Zeitaspekt. In vielen Bereichen, insbesondere bei Zeitverkürzungsleistungen, spricht gerade der Zeiteinsparungsaspekt für eine additive Angebotserweiterung. Deshalb muß gerade in diesem Bereich die Konzeption des Leistungsbündels die Zeitverkürzung ermöglichen.

Im Bereich der Leistungstiefenentscheidungen stehen bei der Angebotsspezialisierung insbesondere die Auslagerungsbarrieren im Vordergrund. Durch gesetzliche Bestimmungen (z.B. Kündigungsschutz) kann häufig eine Spezialisierung verhindert werden, weil Randbereiche, die nicht mehr benötigt werden, nicht oder nur mit hohen Kosten abgebaut werden können. Für die Angebotsspezialisierung selbst benötigt das Unternehmen spezifische Investitionen (z.B. spezifisches Humankapital, spezifische technische Hilfsmittel). Aufgrund der hier entstehenden hohen Quasi-Renten und den dadurch bedingten hohen Transaktionskosten wird in diesen Bereichen die Eigenfertigung vorherrschen.
Im Bereich der additiven Angebotserweiterungen ist die Frage zu stellen, ob die Erweiterung selbst oder fremd erbracht werden soll. Des weiteren ist zu fragen, ob die bisherige Leistungstiefenentscheidung noch Bestand hat, da die Managementkapazitäten nun verstärkt für die Koordination benötigt werden.
Aufgrund der hohen Koordinationsbelastung sollte das Unternehmen nur noch im Bereich der Kernkompetenzen die Eigenfertigung als Koordinationsmechanismus wählen. Damit der Kunde aber das nötige Vertrauen besitzt, um das Leistungsbündel zu kaufen, muß das Unternehmen hohe Anforderungen bei der Qualitätssicherung erfüllen und dem Kunden die Möglichkeit einräumen, bei Unzufriedenheit dem Unternehmen zu schaden (z.B. durch Reputation als "Geisel"). Die Reputation des Unternehmens hängt folglich stark von der Leistungsfähigkeit und dem Leistungswillen der Sublieferanten ab. Deshalb ist bei der Auswahl der Sublieferanten große Sorgfalt anzuwenden. Erfolgs- und kundenorientierte Anreizsysteme sind auch im Verhältnis zu den Sublieferanten zu etablieren.
Tritt das Unternehmen nur noch als Intermediär auf, der die Transaktionskosten der Kunden reduziert, begibt es sich in die Gefahr, substituiert zu werden. Durch die Kontakte zwischen Kunden und Sublieferanten, die in den meisten dienstleistungsorientierten Bereichen notwendig sind, kann Vertrauen aufgebaut und effizientere Lösungsmöglichkeiten können ohne den Intermediär gefunden werden. Aus diesem Grund sollte das Unternehmen die Kernberei-

che des Leistungsbündels in jedem Fall selbst produzieren, insbesondere dann, wenn für den Leistungsaustausch eine starke vertrauensorientierte persönliche Beziehung benötigt wird.

Die interne Organisation bei der Angebotsspezialisierung ist durch die stärkere Kundenorientierung tendenziell verstärkt dezentral auszurichten, während die interne Organisation bei der additiven Angebotserweiterung durch den erhöhten Koordinationsaufwand eher zentral fokussiert sein wird.
Die Angebotsspezialisierung benötigt, um den besonderen Interessen der Kunden gerecht zu werden, einen höheren Integrationsgrad bei den Kunden und aufgrund der höheren Interaktionen mit den Kunden ein vergrößertes "Front-Office".
Bei der additiven Angebotserweiterung ist insbesondere das "Back-Office" für die Effizienz des gesamten Leistungsbündels verantwortlich.
Während der Schwerpunkt bei den additiven Angebotserweiterungen bei den unternehmensübergreifenden Motivations- und Anreizsystemen liegt, stehen die internen Motivations- und Anreizsystem bei der Angebotsspezialisierung im Vordergrund. Durch die Spezialisierung wird der Gesamtprozeß stärker in Teilprozesse untergliedert.
Festzuhalten ist, daß der Einfluß der Angebotsspezialisierung und der additiven Angebotserweiterung zu erheblichen Veränderungen der ursprünglichen Organisation führt.

### 2.2.4 Fallbeispiel zur additiven Angebotserweiterung

Der hier betrachtete Fall, ein Unternehmen der Waschhygiene für öffentliche Waschräume[317], ist im Bereich der industriell-dienstleistungsorientierten Unternehmen angesiedelt. Die Vorgehensweise erfolgt analog zu den bisherigen Fallbeispielen.

Das Unternehmen propagiert einen Full-Service-Ansatz für öffentliche Waschräume. Zur Verwirklichung dieser Philosophie ist die additive Angebotserweiterung die zentrale strategische Ausrichtung.

Dabei konzentriert sich das Unternehmen auf komplementäre Angebotserweiterungen. Neben dem Belieferungs- und Wartungsservice werden eine breite Palette von Spendergeräten (z.B. Handtuchspender, Waschschaumspender, Duftspender) und von Bestückungsmaterial (z.B. Handtücher, Waschschaum) angeboten.
Eine weitere komplementäre Angebotserweiterung ist in der vom Unternehmen neu entwikkelten selbstreinigenden Toillettenbrille zu sehen.
Eine substitutive Erweiterung liegt durch das Zusatzangebot von Papierhandtüchern neben den Baumwollhandtüchern vor.
Als unverknüpfte Erweiterung sind in gewisser Weise die Dustmatten einzustufen. Diese Matten halten den Schmutz zurück. Sie werden in den meisten Fällen nicht in den Waschräumen ausgelegt, sondern im Eingangsbereich von häufig frequentierten Gebäuden. Damit re-

[317] Vgl. hierzu auch Abschnitt IV 1.3.

duzieren sie jedoch auch, daß in die in diesen Gebäuden befindlichen Waschräume Schmutz getragen wird.

Im weiteren ist nun zu analysieren, inwieweit diese Angebotserweiterung schlüssig ist und wie sie zu einer Transaktions- und Produktionskostenreduktion führen kann.

Ein Full-Service-Konzept muß den Bedarf der potentiellen Kundengruppe umfassend decken. Dies sind zum einen saubere und funktionstüchtige Waschräume, zum anderen eine Aufwandsreduzierung bei der Sauberhaltung der Waschräume. Ein Full-Service-Konzept ist hier prädestiniert, da durch eine Lösung aus einer Hand die Such- und Verhandlungskosten reduziert werden können. Sind diese zusätzlichen Kosten höher als die potentiellen Einsparungsmöglichkeiten, wird der Wechsel unterbleiben. Somit ist die Angebotserweiterung darauf zu überprüfen, ob der Kunde dadurch Kosten einsparen kann.

Im Bereich der komplementären Angebotserweiterung sind die Angebote so aufeinander abgestimmt, daß durch die Kompatibilität der Leistungen die Kunden Einsparungen bei den Such- und Anpassungskosten erzielen können. Durch das Full-Service-Konzept sind die Leistungen stark miteinander verknüpft. Der Ausfall einer Leistung kann somit zu einer starken Nutzenreduzierung beim Benutzer führen. Somit erweist es sich als großer Vorteil, daß die Geräte eine hohe Ausfallsicherheit besitzen. Ein negativer Reputationstransfer konnte im Beispielsfall dadurch vermieden werden, daß die Markteinführung der selbstreinigenden Toillettenbrille erst durchgeführt wurde, nachdem die häufigsten Ausfallursachen beseitigt wurden.
Dagegen können in vielen Fällen Geräte durch fehlendes Bestückungsmaterial nicht genutzt werden, da die Kundenmitarbeiter die Geräte nicht rechtzeitig nachbestücken.
Ein weiterer Mangel ist darin zu sehen, daß die Angebotserweiterung bis zum heutigen Zeitpunkt nicht umfassend genug getätigt wurde. Für einige Problembereiche (z.B. Beschmutzung der Toilletten) hat das Unternehmen noch keine adäquaten Lösungen.
Problematisch bei der substitutiven Angebotserweiterung ist der erhöhte Erklärungs- und Informationsbedarf seitens des Unternehmens, der sich in höheren Kosten widerspiegelt[318].
Bei der unverbundenen Angebotserweiterung der Dustmatten, müssen die hierbei erzielten Kostenvorteile, teilweise an den Kunden weitergegeben werden. Im Beispielsfall werden die reduzierten Kosten bei der Wäsche und der Belieferung der Matten teilweise an die Kunden weitergegeben[319].

Hieraus lassen sich nun für das Unternehmen folgende Empfehlungen ableiten.

Um ein Full-Service-Konzept dem Kunden anbieten zu können, müssen weitere Angebotserweiterungen getätigt werden (z.B. Säuberungsmechanismus für Toilletten).

---

318 Vgl. Wieandt (1994), S. 858.

319 Die Kostenvorteile entstehen durch economies of scope bei der Wäsche und Belieferung von Baumwollhandtüchern und Dustmatten.

Die Angebotserweiterungen müssen so konstruiert werden, daß der Aufwand für die Kunden reduziert wird. Somit könnten erweiterte Speicher bei den Geräte die Wechselkosten der Kunden reduzieren.
Im Bereich der substitutiven Angebotserweiterung muß versucht werden, auch mit Hilfe der Informations- und Kommunikationstechnologie den Kunden umfassend, klar und kostengünstig zu informieren.

Allgemein ergeben sich für den dienstleistungsorientierten Bereich bei den additiven Angebotserweiterungen folgende Empfehlungen.

Die Konzeption des Leistungsbündels und die Palette der Angebotserweiterungen müssen deckungsgleich sein. Besteht die Philosophie in einem Angebot aus einer Hand, muß der Bedarf der Zielkunden durch die Angebotserweiterungen abgedeckt werden.
Die Angebotserweiterungen müssen so konzipiert sein, daß die Kunden auch das bisherige Leistungsangebot des Unternehmens besser nutzen können.
Angebotserweiterungen sind immer dann sehr zu empfehlen, wenn die Erweiterung einen hohen Vertrauens- bzw. Erfahrungsanteil besitzt und Kundeninformationen, die bereits im Besitz des Unternehmens sind, bei der Erstellung und Vermarktung von großer Bedeutung sind.

### 2.3. Diversifizierende Angebotserweiterungen

Bei der diversifizierenden Angebotserweiterung sind zwei Bereiche zu unterscheiden. Werden die Leistungsbündel derartig verändert, daß sie den Bedürfnissen einer neuen Kundengruppe im gleichen Markt gerecht werden, liegt eine Diversifikation im weiteren Sinne vor. Werden jedoch Leistungsbündel für neue Märkte angeboten, handelt es sich um Diversifikationen im engeren Sinn. Die Angebotserweiterungsstrategien stehen nicht unverbunden nebeneinander, sondern sie bedingen sich häufig gegenseitig. Durch eine additive Angebotserweiterung (z.B. bei Übernahme des Krankenhausmanagements wird auch der Kantinenbetrieb übernommen) kann neues Wissen erzielt werden, das in anderen Märkten genutzt werden kann (z.B. Betrieb von Unternehmenskantinen). Das erworbene Wissen (z.B. Krankenhausmanagement) kann in benachbarten Märkten (z.B. Altenheimmanagement) Verwendung finden. Dabei wird nur das Unternehmen langfristig erfolgreich handeln, das Wissen erfolgreich transferieren und an die jeweiligen Bedürfnisse der Zielgruppen flexibel anpassen kann (z.B. Dussmann-Gruppe).

#### 2.3.1 Diversifizierende Angebotserweiterung im weiteren Sinn

Viele dienstleistungsorientierte Branchen sind in drei Marktsegmente unterteilt: preisbewußte, wertbewußte und qualitätsbewußte Käufer[320]. Beispielhaft sei hier die Gastronomie erwähnt. So wird das Segment der preis- und zeitbewußten Käuferschicht von den Fast-Food Ketten, die wertbewußte Schicht von Gasthäusern und die qualitätsbewußte Schicht von Feinschmeckerlokalen abgedeckt[321].

[320] Vgl. Albrecht; Zemke (1987), S. 27.
[321] Vgl. Schmenner (1986), S. 23.

Diese drei Marktsegmente verlangen aufgrund der unterschiedlichen Käuferschichten verschieden ausgerichtete Konzeptionen und Leistungsbündel. Je stärker Wissen, Kernkompetenzen und zentrale Einrichtungen (z.B. eigene Kommunikationsnetze) für die verschiedenen Marktsegmente benötigt werden, desto größere Kostenvorteile sind durch eine Strategie zu erzielen, die alle drei Bereiche einschließt. Vorteile sind hierbei besonders bei den economies of scope zu erzielen, die durch eine gemeinsame Ressourcennutzung erzielt werden können. Die Leistungserstellungssysteme müssen dabei möglichst viele zentrale Ressourcen gemeinsam nutzen, aber dezentral müssen bei den Kunden die Systeme so individuell wie möglich auf die Bedürfnisse der Kundenschichten ausgerichtet sein. Aus diesem Grund sind wegen der höheren und intensiveren Interaktionen im Bereich der kreativ- und insbesondere der vertrauens-dienstleistungsorientierten Unternehmen die Kostenvorteile wegen der geringen Back-Office Möglichkeiten geringer als dies im industriell-dienstleistungsorientierten Bereich der Fall ist.

Beispielhaft ist hier eine Luxushotelkette zu nennen, die auch eine Billig-Motelkette betreibt. Zentral werden für beide Ketten die Infrastrukturleistungen betrieben (z.B. Verhandlungen mit Lieferanten).

Um negative Einflüsse auf die anderen Bereiche zu vermeiden, sollten in den drei Bereichen die Unternehmen mit unterschiedlichen Markennamen agieren. Ist ein negativer Imagetransfer trotz unterschiedlicher Markennamen nicht zu verhindern, ist eine derartig Angebotserweiterung zu vermeiden.

### 2.3.2 Diversifizierende Angebotserweiterung im engeren Sinn

Vorteile bei einer Expansion in neue Märkte kann ein Unternehmen dann erzielen, wenn bestehende Kernkompetenzen, Kernprodukte oder Kerngeschäftsabläufe auch zentraler Bestandteil von Leistungsbündeln in anderen Märkten sind. Kernkompetenzen sind für diese Expansionsstrategien am geeignetsten, da hier viel Wissen vorhanden ist, das nicht spezifisch auf einen bestimmten Markt oder ein bestimmtes Leistungsbündel ausgerichtet ist. Je stärker bestehendes Wissen und vorhandene Ressourcen auch in neuen Märkten genutzt werden können, desto größer sind die Vorteile eines dienstleistungsorientierten Unternehmens auf diesen Märkten.

Risiken ergeben sich hierbei, wenn aus Kostengründen versucht wird, gleiche Leistungsbestandteile auf unterschiedlichen Märkten trotz verschiedenartiger Bedürfnisstrukturen zu vermarkten. Aus diesem Grund sollte versucht werden, soweit wie möglich Synergieeffekte zentral zu nutzen und dezentral die Leistungen zu erzielen, die auf die besonderen Bedürfnisse der Kunden des Marktes ausgerichtet sind. Muß aufgrund der hohen Interaktionen mit den Kunden, wie dies im kreativ- und vertrauens-dienstleistungsorientierten Bereich der Fall ist, das gesamte Leistungsbündel dezentral erstellt werden, sind die Möglichkeiten einer Diversifikation im engerem Sinn sehr eingeschränkt.

### 2.3.3 Einfluß der diversifizierenden Angebotserweiterungen auf die Organisation dienstleistungsorientierter Unternehmen

Um den unterschiedlichen Bedürfnissen in den verschiedenen Marktsegmenten bzw. Märkten bei der diversifizierenden Angebotserweiterung gerecht werden zu können, genügt es nicht mehr, nur die Konzeption des bestehenden Leistungsbündels an die neuen Rahmenfaktoren anzupassen. Vielmehr müssen unterschiedliche Konzeptionen für die verschiedenen Märkte entwickelt werden. Dabei ist aber sicherzustellen, daß die getrennten Konzeptionen Bereiche, in denen Synergieeffekte erzielt werden können, gemeinsam nutzen und daß die Konzeptionen durch einen intensiven Informations- und Kommunikationsaustausch miteinander verbunden sind.

Im Bereich der Leistungstiefenentscheidungen sind wegen der durch das Wachstum bedingten höheren Belastung der Managementkapazitäten diejenigen Bereiche auszulagern, die keine Kernkompetenzen für das Unternehmen darstellen. Dagegen sind die Bereiche, die durch die Verbindung zwischen altem und neuem Leistungsbündel strategische Bedeutung erlangen, durch Eigenleistung bzw. durch enge Kooperationen zu stärken.

Bei der internen Organisation müssen die Kernkompetenzen, die von den unterschiedlichen Leistungsbündeln benötigt werden, zur besseren Nutzung stärker funktionalisiert und zentralisiert werden. Dabei kann auch eine virtuelle Zentralisierung möglich sein. So können dezentrale Einheiten, die zusammen eine Kernkompetenz für das Unternehmen darstellen, mit Hilfe von Informations- und Kommunikationstechniken verbunden werden, um so wie eine Art zentrale Einheit agieren zu können.

# VI. Resümee und Ausblick

Der zunehmende Wettbewerb, die Präferenzveränderungen bei den Kunden und die Möglichkeiten der neuen Informations- und Kommunikationstechnik haben auf den Märkten zu Leistungsbündelangeboten unterschiedlichster Zusammensetzung geführt. Die Folge ist eine immer stärkere Verzahnung von Sach- und Dienstleistungssektoren im herkömmlichen Sinn. Da eine klare Trennung zwischen den Bereichen nicht mehr möglich ist, kann die Erstellung einer Gesamtleistungssystematik die Lösung bestehender Definitionsprobleme sein.
In diese Gesamtleistungssystematik werden die unterschiedlichen Leistungsbündel gemäß ihrer immateriellen bzw. materiellen Ergebnisanteile und den notwendigen Interaktionen mit den Kunden im Leistungserstellungsprozeß eingeordnet.
Durch die zunehmende Bedeutung der Leistungsbündel mit hohen immateriellen Ergebnisanteilen und häufigen Interaktionen mit den Kunden im Leistungserstellungsprozeß wurden diese sogenannten dienstleistungsorientierten Leistungsbündel den weiteren Untersuchungen zugrundegelegt. Um das gesamte Spektrum an dienstleistungsorientierten Leistungsbündeln umfassen zu können, wurden sie weiter in industriell-, kreativ- sowie vertauens-dienstleistungsorientierte Leistungsbündel differenziert.
Anhand der dienstleistungsorientierten Leistungsbündel wurde die Frage geklärt, welchen Einfluß die unterschiedlichen Eigenschaften der Leistungsbündel auf die Wahl der geeigneten Organisationskonzepte hat.
Für die Organisationskonzeption wurde eine vierstufige Vorgangsweise gewählt. Die einzelnen Stufen sind dabei nicht voneinander unabhängig, vielmehr beeinflussen und unterstützen sie sich gegenseitig.

In der Konzeptionsphase wird geklärt, durch welche Leistungsbündel und durch welche Hilfsmittel vor dem Hintergrund bestehender Rahmenfaktoren die Bedürfnisse potentieller Kundengruppen erfüllt werden können. Die hierfür benötigten Ideen und Kompetenzen müssen unternehmensintern oder durch Kooperationen aufgebaut werden. Dabei sind besonders die Kompetenzen zu beachten, die für die Kunden von zentraler Bedeutung sind und von den Wettbewerbern schwer zu imitieren sind. Diese sogenannten Kernkompetenzen sind im dienstleistungsorientierten Bereich nicht so sehr in Kernprodukten, als vielmehr in die zentralen Geschäftsabläufe zu integrieren. Unter den zentralen Geschäftsabläufen sind insbesondere die Prozesse zu verstehen, bei denen eine hohe Interaktion mit dem Kunden besteht.
Denn im dienstleistungsorientierten Sektor ist nicht nur der Output sorgfältig zu planen, sondern auch der Leistungserstellungsprozeß, insbesondere, wenn eine hohe Interaktion mit dem Kunden zugrundeliegt. Durch die Leistungsbündelkonzeption muß es dem Unternehmen gelingen einen reibungslosen Informationsaustausch zwischen Kunden und Unternehmen, eine Leistungserstellung mit hoher Zuverlässigkeit und eine gute Koordination zwischen den einzelnen Beteiligten (z.B. Kunde, Mitarbeiter) zu erzielen. Der dienstleistungsorientierte Bereich ist ein sehr dynamischer Bereich. Deshalb muß die Konzeption so gestaltet sein, daß mit ihrer Hilfe Informationen über Anpassungsbedarf leicht erhalten und umgesetzt werden können. Hierbei bietet sich eine modulare Leistungsbündelkonzeption an.

Ist das Leistungsbündel konzipiert, müssen die Prozesse so auf die unterschiedlichen Marktteilnehmer verteilt werden, daß die Erstellung und der Transfer des Leistungsbündels für alle Beteiligten (z.B. Kunde, Lieferanten) mit möglichst geringem Koordinationsaufwand und großen Motivationsanreizen abläuft.
Dabei darf die Leistungstiefenentscheidung bei den dienstleistungsorientierten Leistungsbündeln nicht nur aus Gesamtkostensicht (Transaktions- und Produktionskosten) entschieden werden. Je stärker die Leistungserstellung und der Leistungstransfer von Vertrauen und persönlicher Beziehung geprägt wird, desto stärker tritt der Kostenaspekt in den Hintergrund und das persönliche Verhältnis zwischen Leistenden und Leistungsempfänger in den Vordergrund.
Neben Lieferanten und dem Unternehmen kann der Kunde selbst an der Leistungserstellung beteiligt werden, wenn sich dies aus Transaktions- bzw. Produktionskostensicht lohnt. Wichtige Kriterien sind dabei zum einen die Schwierigkeiten bei der Übertragung der Informationen vom Kunden an das Unternehmen, zum anderen die Schwierigkeiten bei der Übertragung der Problemlösung und der dazugehörigen Technik vom Unternehmen an den Kunden. Durch die fortschreitende Miniaturisierung der multimedialen Technik und den immer kundenspezifischeren Lösungen, wird in der Zukunft mit einer höheren Kundenbeteiligung an der Leistungsertsellung im dienstleistungsorientierten Bereich zu rechnen sein.
Des weiteren ist zu beachten, daß in einigen Bereichen die Lieferanten aufgrund der notwendigen Synronität und der Erstellung beim Kunden, nur bedingt im dienstleistungsorientierten Sektor involviert werden können.

Bei der Gestaltung der unternehmensinternen Organisation sollen die Prozesse so gestaltet werden, daß die internen Kontroll- und Koordinationskosten reduziert und Anreize so geschaffen werden, daß aus heterogenen Zielen homogene Ziele entstehen. Vor diesem Hintergrund wurde untersucht, inwieweit der dem Unternehmen übertragene Prozeß in Teilprozesse zu untergliedern ist.
Es wurde eruiert, wie und wann zentrale Strukturen durch dezentrale Strukturen substituiert werden sollen, ohne dabei zu große Kostennachteile in Kauf nehmen zu müssen und möglichst viele Vorteile der Kundennähe nutzen zu können. Zentrale Bedeutung für diese Frage haben zwei Kriterien. Dezentrale Strukturen eignen sich dann, wenn der Kunde als Person und als Informationsquelle zur spezifischen Ressource wird. Dagegen sind zentrale Strukturen vorzuziehen, wenn abwicklungsspezifisches Know-how und Technik benötigt wird. Sind beide Kriterien vorhanden bieten sich Mischformen als Lösung an.

Dienstleistungsorientierte Unternehmen leben vom Kontakt mit den Kunden. Deshalb ist die Gestaltung des Interfaces zum Kunden sehr wichtig. So wurden Voraussetzungen erarbeitet, wann und wie intensiv Interaktionen zum Kunden stattfinden sollen. Hierbei konnten Unterschiede bei den verschiedenen Phasen im Gesamtleistungsprozeß festgestellt werden. Des weiteren wurde in diesem Bereich untersucht, durch welche Organisationsformen und Techniken ein problemloser Informations- und Leistungsaustausch zwischen Unternehmen und Kunden ermöglicht werden kann.

Die vierte Stufe beschäftigt sich schließlich mit den Wachstumsmöglichkeiten im dienstleistungsorientierten Bereich. Diese Expansion kann sowohl durch Akquisition wie durch inneres Wachstum erzielt werden. Bestehende Risiken können die Auswahlmöglichkeiten jedoch einschränken.
Die unterschiedlichen Wachstumsstrategien sind für dienstleistungsorientierte Unternehmen dann zu wählen, wenn sie durch eine geeignete Organisationsform gestützt werden und das Unternehmen durch diese Strategie einen Vorteil gegenüber anderen Lösungen erzielen kann (z.B. Ausnutzung vorhandener Kernkompetenzen, Vorteil durch Netzeffekte, Reduktion von u.a. Such- und Kontrollkosten).
Wichtig dabei ist, daß die Wachstumsstrategien die getroffenen Entscheidungen in Bezug auf Konzeption, Leistungstiefe sowie innere Organisation verändern können. Diese Entscheidungen müssen dann entsprechend der Expansionsentscheidung angepaßt werden.

Vor dem Hintergrund der zu Beginn vorgenommenen Differenzierung des dienstleistungsorientierten Sektors in industriell-, kreativ- sowie vertrauens-dienstleistungsorientierte Leistungsbündel wurde deutlich, daß es in allen vier Stufen der Vorgehensweise einer typspezifischen Anpassung bedarf. Dies soll nochmals kurz mit der tabellarischen Abbildung 18 verdeutlicht werden.

| **Arten dienstleistungsorientierter Leistungsbündel / Phasen** | ***Industriell-dienstleistungsorientierte Leistungsbündel*** | ***Kreativ-dienstleistungsorientierte Leistungsbündel*** | ***Vertrauens-dienstleistungsorientierte Leistungsbündel*** |
|---|---|---|---|
| ***Konzeptionsphase*** | Die Konzeption muß so gestaltet sein, daß mit Hilfe der Technologie eine kosten- und zeitsparende Problemlösung erstellt werden kann. | Die Konzeption muß so gestaltet sein, daß durch die Kombination von personengebundenem Know-how und der Technologie eine kreative, schnelle und kundenspezifische Problemlösung erstellt werden kann. | Die Konzeption muß so gestaltet sein, daß die Informationsasymmetrien reduziert und der schnelle Vertrauensaufbau verwirklicht werden kann. |
| ***Leistungstiefen-entscheidungsphase*** | Durch die Automatisierung und die Standardisierung der Informations-ströme spielt der Kunde und dritte Unternehmen bei der Leistungserstellung eine zentrale Rolle.<br>Kernbereiche der Unternehmung sind Konzeption und Koordination | Durch die spezialisierte Technik und das Know-how kann das Unternehmen bei der Problemanalyse und der -lösung Effizienzvorteile erzielen. Standardisierte Bereiche mit strukturierten Schnittstellen können an dritte Unternehmen ausgelagert werden.<br>Kernbereiche sind das Know-how und die Technik für die Problemlösung | Auf Grund seiner spezifischen Informationen ist der Kunde Kooperations-partner des Unternehmens. An Dritte können gut strukturierte und standardisierte sekundäre Prozesse ausgelagert werden.<br>Kernbereiche ist die Kombination von Fachwissen und die persönliche Beziehungskomponente |

| | | | |
|---|---|---|---|
| ***Interne Organisationsphase*** | Häufig mediales Interface zum Kunden mit stark prozeßorientiertem back-office. Programmierte Abläufe mit erfolgsorientierter Bezahlung | Dezentrale kundennahe front-offices für die Problemanalyse, die schnittstellenlos mit problemlösungsorientierten back-office zusammenarbeiten.<br>Teamorientierter Ansatz mit funktionsspezifischer Unterstützung | Gesamter Prozeß läuft im front office ab, back office leistet nur Unterstützungsarbeit.<br>Know-how Träger benötigen hohe Freiheitsgrade, durch adäquate Anreizstrukturen (z.B. erfolgsorientierte Bezahlung, Reputation) wird opportunistisches Verhalten reduziert |
| ***Wachstumsphase*** | Da Zeit und Kunden Engpaßfaktoren in diesem Bereich sind, ist die Akquisition eine zentrale Wachstumsmöglich-keit. Franchisesysteme sind auf Grund guter Beschreibbarkeit der Leistungen möglich. Die überregionale Wachstumsstrategie ist wegen der economies of scale hier zentrale Wachstumsstrategie. | Wachstum mit Hilfe von Akquisitionen hier problematisch.<br>Wachstumsstrategien: zuerst Angebotserweiterung dann überregionales Wachstum | Wachstum über Akquisition hier kaum durchführbar.<br>Angebotserweiterung und Diversifikationsstrategie sind hier die zentralen Wachstumspfade |

**Abb. 18: Typologie der dienstleistungsorientierten Leistungsbündel mit den wichtigsten phasenbezogenen Implikationen**

Neben den Organisationsformen hat sich im dienstleistungsorientierten Bereich das Know-how der Unternehmensmitarbeiter, aber auch das der Kunden, als entscheidender Faktor herausgestellt. Eine entsprechende Aus- und Weiterbildung der Unternehmensmitarbeiter sowie eine adäquate Schulung der Kunden ist somit ein wichtiger Erfolgsfaktor für den dienstleistungsorientierten Sektor. Dabei spielt auch die Mentalitätsfrage eine wichtige Rolle. So muß der Leistende den Wunsch haben, dem Kunden mit seinen Leistungen zu helfen und der Leistungsempfänger muß bereit sein, sich helfen zu lassen und diesen Prozeß durch seine Person zu unterstützen. Auch in diesem Bereich spielt Erziehung, Kultur und Ausbildung eine wichtige Rolle.

Die Ausführungen zum dienstleistungsorientierten Sektor sind insbesondere von großer Bedeutung, da sich viele Leistungsbündel bereits heute in der Gesamtleistungssystematik dem dienstleistungsorientierten Bereich zuordnen lassen und zusätzlich immer mehr Leistungsbündel im Laufe der Zeit in diesen Sektor gelangen werden.
Damit die Bundesrepublik Deutschland im weltweiten Wettbewerb weiter eine dominierende Rolle spielen kann, muß dies von den Entscheidungsträgern nicht nur realisiert werden, sondern es sind auch gezielte Handlungen notwendig. Hierzu gehören die entsprechende Aus-

und Weiterbildung der Mitarbeiter (z.B. Förderung der Teamfähigkeit, Fähigkeit zum 'Dienen'), eine gezielte Förderung von Anwendungen im dienstleistungorientierten Sektor, der Abbau von einschränkenden Regulierungen sowie nicht zuletzt eine verstärkte praxisorientierte wissenschaftliche Beschäftigung mit diesem Themenbereich.

## Literaturverzeichnis


Akerlof, G.A. (1970), The Market for "Lemons": Quality Uncertainty and the Market Mechanism, in: Quarterly Journal of Economics, 84.Jg., Nr.5, 1970, S. 488-500

Albach, H. (1989a), Dienstleistungen in der modernen Industriegesellschaft, München (Beck) 1989

Albach, H. (1989b), Dienstleistungsunternehmen in Deutschland, in: ZfB, 59.Jg., Nr. 4, 1989, S. 397-420

Albach, H. (1984), Interner und externer Strukturwandel als Unternehmensstrategien, in: ZfB, 54.Jg., Nr.12, 1984, S. 1169 - 1190

Albrecht, K.; Zemke, R. (1987), Service Strategien, Hamburg u.a. (Mc Graw-Hill) 1987

Alchian, A. (1984), Specificity, Specialization, and Coalitions, in: JITE, 1984, S. 34-49

Alchian, A.; Demsetz, H. (1972), Production, Information Costs, and Economic Organization, in: American Economic Review, 62.Jg., 1972, S. 777-795

Alchian, A. ; Demsetz, H. (1973), The Property-Rights Paradigma, in: Journal of Economic History, 33.Jg., 1973, S.16-27

Alchian, A.; Woodward, S. (1988), The Firm is Dead; Long Live the Firm, in: Journal of Economic Literature, 26.Jg., Nr.1, 1988, S. 65-79

Alchian, A.; Woodward, S. (1987), Reflections on the Theory of the Firm, in: Journal of Institutional and Theoretical Economics, 143.Jg., 1987, S. 110-136

Altmann, F.W. (1994), Franchising im Spiegelbild ökonomischer Theorien, Arbeitspapier, Institut für Genossenschaftswesen, Westfälische Wilhelms-Universität Münster, Münster 1994

Arrow, K. (1985), The Economics of Agency, in: Pratt, J.W.; Zeckhauser, R.J. (Hrsg.), Principals and Agents: The Structure of Business, Boston (Harvard Business School Press) 1985, S. 37-51

Arrow, K. (1971), Essays in the theory of risk bearing, Chicago (North-Holland Publ. Co.) 1971

Baur, C. (1990), Make-or-Buy Entscheidungen in einem Unternehmen der Automobilindustrie - empirische Analyse und Gestaltung der Fertigungstiefe aus transaktionskosten-theoretischer Sicht, Dissertation München 1990

Berry, L.B.; Zeithaml, V.A.; Parasuraman, A. (1990), Five Imperatives for Improving Service Quality, in: Sloan Management Review, 31. Jg., Nr. 4, 1990, S. 29-38

Berekoven, L. (1974), Der Dienstleistungsbetrieb. Wesen - Struktur - Bedeutung, Wiesbaden (Gabler-Verlag) 1974

Biehal, F. (1994), Lean Service, 2.Auflage, Bern (Haupt) 1994

Boos, F.; Jarmai, H. (1994), Kernkompetenzen - gesucht und gefunden, in: HBM, 16.Jg., Nr.4, 1994, S. 19-26

Bowen, D.E.; Jones, G.R.(1986), Transaction Cost Analysis of Service Organization-Customer Exchange, in: Academy of Management Review, 11.Jg., Nr.2, 1986, S.428-441

Breuer, H. (1991), Qualitätsmanagement in einem Dienstleistungsunternehmen, in: Erfolg durch Service-Qualität, hrgs. v. Stauss, B., 1.Auflage, München (GfMT-Verlag) 1991, S. 171-240

Brickley, J.A.; Dark, F.H.; Winsbach, M.S.(1991), A Agency Perspective on Franchising, in: Financial Management, 20.Jg., Nr.2, 1991, S. 27-35

Brickley, J.A.; Dark, F.H.(1987), The Choice of Organizational Form: The Case of Franchising, in: Journal of Financial Economics, 18. Jg., Nr.3, 1987, S. 401-420

Carman, J. M.; Langeard, E. (1980), Growth Strategies for Service Firms, in: Strategic Management Journal, 1.Jg., Nr.1, 1980, S. 7-22

Caves, R.; Murphy, W. (1976), Franchising: Firms, Markets and Intangible Assets, in: Southern Economic Journal, 21.Jg., Nr.4, 1976, S. 572-586

Chase, R.B. (1978), Where Does the Customer Fit in a Service Operation, in: HBR, 56.Jg., Nr.6, 1978, S. 137-142

Chase, R.B.; Aquilano, N.J. (1977), Production and Operations Management: A Life Cycle Approach, Irwin, Homewood (Irwin) 1977

Chase, R.B.; Tansik, D.A. (1983), The Customer Contact Model for Organization Design, in: Management Science, 29.Jg, Nr. 9, 1983, S. 1037-1050

Chase, R.B.; Kellogg, D.L. (1990), Conclusion: The State of Service Management Knowledge, in: Bowen, D.E.; Chase, R.B.; Cummings, T.G. and Associates (Hrgs.), Service Management Effectiveness, San Francisco, Oxford (Jossy-Bass) 1990

Chase, R.B.; Hayes, R.H. (1991), Beefing up Operations in Service Firms, in: Sloan Management Review, 33.Jg., Nr.3, 1991, S. 15-26

Collier, D.A. (1985), Service Management - The Automation of Services, Reston (Reston Publ.) 1985

Commons, J.R. (1931), Institutional Economics, in: The American Economic Review, 21.Jg., 1931, S. 648-657

Corsten, H. (1988), Betriebswirtschaftslehre der Dienstleistungsunternehmungen, München, Wien (Oldenburg) 1988

Corsten, H. (1985), Die Produktion von Dienstleistungen. Grundzüge einer Produktionswirtschaftslehre des tertiären Sektors, Berlin (Springer-Verlag) 1985

Dahringer, L.D. (1991), Marketing Services Internationally: Barriers and Management Strategies, in: The Journal of Services Marketing, 5.Jg., Nr.3, 1991, S.5-17

Darby, M.R.; Karni, E. (1973), Free Competition and the Optimal Amount of Fraud, in: Journal of Law and Economics, 16.Jg., Nr.1, 1973, S. 67-86

Davenport, T.H. (1993), Process Innovation. Reengineering Work through Information Technology, Boston (Harvard Business School Press) 1993

Davis, S.M. (1983), Management Models for the Future, in: New Management, 14.Jg., Nr. 1, 1983, S. 12-15

Davis, S.M.; Botkin, J. (1994), The Coming of Knowledge-based business, in: HBR, 72.Jg., Nr.5, 1994, S.165-189

Decker, F. (1972), Struktur der Dienstleistungsunternehmen, in: BFuP, 24.Jg., Nr.7/8, 1972, S. 405-420

Dierdonck van, R. (1992), Success Strategies in the Service Economy, in: European Management Journal, 10.Jg., Nr.3, 1992, S. 365-373

Dierickx, I.; Matutes, C.; Neven, D. (1991), Cost Differences and Survival in Declining Industries: A Case for 'Picking Winners', in: European Economic Review, 35.Jg., Nr.8, 1991, S. 1507-1528

Dietl, H. (1991), Institutionen und Zeit, Dissertation München 1991

Donges, J.; Schmidt, K.-D. et al. (1988), Mehr Strukturwandel für Wachstum und Beschäftigung: Die Deutsche Wirtschaft im Anpassungsstau, Tübingen (Mohr) 1988

Doyle, P.; Corstjens, M. (1983), Optimal Growth Strategies for Service Organisations, in: Journal of Business, 56.Jg., Nr.3, 1983, S. 389 - 405

Drucker, P.F. (1994), The Theory of the Business, in: HBR, 72.Jg., Nr.5, 1994, S. 95-104

Eisenhardt, K.M. (1989), Agency Theory: An Assessment and Review, in: Academy of Management Review, 14.Jg., Nr.1, 1989, S. 57 - 74

Engelhardt, W.H.; Schwab, W. (1982), Die Beschaffung von investiven Dienstleistungen, in: DBW, 42.Jg., Nr.4, 1982, S. 503 - 513

Engelhardt, W.H.; Kleinaltenkamp, M.; Reckenfelder, M. (1993), Dienstleistungen als Absatzobjekt, in: ZfbF, 45.Jg., Nr. 5, 1993, S. 395 - 426

Ennew, C.; Wong, P.; Wright, M. (1992), Organisational Structures and the Boundaries of the Firm: Acquisition and Divestment in Financial Services, in: The Service Industries Journal, 12.Jg., Nr.4, 1992, S. 478-497

Eppen, G.D.; Hanson, W.A.; Martin, R.K. (1991), Bundling: New Products, New Markets, Low Risk, in: Sloan Management Review, 32.Jg., Nr.4, 1991, S. 7-14

Erramilli, M.K. (1990), Entry Mode Choice in Service Industries, in: International Marketing Review, 7.Jg., Nr.5, 1990, S. 50-62

Fischer, T.M. (1993), Sicherung unternehmerischer Wettbewerbsvorteile durch Prozeß- und Schnittstellen-Management, in: ZfO, 62.Jg., Nr.5, 1993, S. 312-318

Fourastié, J. (1969), Die große Hoffnung des zwanzigsten Jahrhunderts, 2. Auflage, Köln (Bund-Verlag) 1969

Franck, E. (1995), Die ökonomischen Institutionen der Teamsportindustrie, Wiesbaden (Gabler Verlag) 1995

Furubotn, E.G.; Pejovich, S. (1972), Property Rights and Economic Theory: A Survey of Recent Literature, in: Journal of Economic Literature, 10.Jg., 1972, S. 1137-1162

Gaitanides, M. (1983), Prozeßorganisation, München (Verlag Vahlen) 1983

Gerhardt, J. (1987), Dienstleistungsproduktion: Eine produktionstheoretische Analyse der Dienstleistungsprozesse, Bergisch Gladbach/ Köln (Josef Eul) 1987

Grass, S. (1995), Der Wandel zum Dienstleister ist vollzogen, in: Handelsblatt, Nr.107, 6.6.1995, S.21

Green, P.E.; Rao,V.R. (1971), Conjoint Measurement for Quantifying Judgemental Data, in: Journal of Marketing Research, Nr.8, 1971, S. 355-363

Gruhler, W. (1994), Outsourcing von Dienstleistungen zu Dienstleistungsunternehmen, in: Corsten, H; Hilke, W. (Hrsg.), Dienstleistungsproduktion, Wiesbaden (Gabler) 1994, S. 153-176

Gruhler, W. (1990), Dienstleistungsbestimmter Strukturwandel in Deutschen Industrieunternehmen, Köln (DT. Inst.-Verl.) 1990

Gümbel, R. (1985), Handel, Markt und Ökonomik, Wiesbaden (Gabler) 1985

Hammer, M.; Champy, J. (1994), Business Reengineering. Die Radikalkur für das Unternehmen, Frankfurt, New York (Campus-Verlag) 1994

Harrigton, H.J. (1991), Business Process Improvement, u.a. New York, St.Louis (McGraw-Hill) 1991

Hart, C.W.L.; Heskett, J.L.; Sasser Jr., W. (1990), The Profitable Art of Service Recovery, in: HBR, 68.Jg., Nr. 4, 1990, S. 148-156

Heskett, J.L. (1988a), Management von Dienstleistungsunternehmen, Wiesbaden (Gabler-Verlag) 1988

Heskett, J.L. (1988b), Vorbildliches Management in Dienstleistungsbetrieben, in: HAVARDmanager, 10.Jg, Nr. 1, 1988, S. 59-65

Heskett, J.L.; Jones, T.J.; Loveman, G.W.; Sasser Jr., W.; Schlesinger, L.A. (1994), Putting the Service-Profit Chain to Work, in: HBR, 72.Jg., Nr.2, 1994, S. 164-174

Heskett, J.L.; Sasser Jr.,W.; Hart, C.W.L.(1991), Bahnbrechende Service-Standards für den Wettbewerb von morgen, Frankfurt, New York (Campus-Verlag) 1991

Hilke, W. (1989), Grundprobleme und Entwicklungstendenzen des Dienstleistungs-Marketing, in: Hilke, W.; Jakob, H. u.a. (Hrgs.), Dienstleistungs-Marketing, Bd.35 der Schriften zur Unternehmensführung, Wiesbaden (Gabler-Verlag) 1989, S. 5-44

Hoffman, R.C.; Preble, J.F. (1991), Franchising: Selecting a Strategy for Growth, in: Long Range Planning, 24.Jg., Nr.4, 1991, S.74-85

Holmström, B. (1982), Moral Hazard in Teams, in: bell Journal of Economics, 13. Jg., 1982, S.324-340

Irvin, R.A.; Michaels E.G. (1989), Core Skills: Doing the right things right, in: The McKinsey Quarterly, 25.Jg., Nr.2, 1989, S. 4-19

Jarillo,J.C. (1988), On Strategic Networks, in: Strategic Management Journal, 9.Jg., 1988, S. 31-41

Jaros-Sturhahn, A.; Neuburger, R. (1995), EDI und Internet Teil 2, in: edi-change, Nr.2, 1995, S. 36-40

Jensen, M.C.; Meckling, W.H. (1976), Theory of the Firm: Managerial Behavior, Agency Costs and Ownership Structure, in: Journal of Financial Economics, 3.Jg., Nr.3, 1976, S.305-360

Jones, G.R. (1990), Governing Costomer-Service Organization Exchange, in: Journal of Business Research, 20.Jg., Nr. 1, 1990, S.23-29

Jung, M.; Spremann, K. (1989), Transaktionsrisiken, in: ZfB, 59.Jg., Nr.1, 1989, S. 94-112

Kaas, K.P. (1990), Marketing als Bewältigung von Informations- und Unsicherheitsproblemen im Markt, in: DBW, 50.Jg. Nr.4, 1990, S. 539-548

Kaas, K.P. (1992), Kontraktgütermarketing als Kooperation zwischen Prinzipalen und Agenten, in: ZfbF, 44.Jg, Nr. 10, 1992, S. 884-901

Kaplan, R.B.; Murdock, L. (1991), Core Process Redesign, in: The McKinsey Quarterly, 27.Jg., Nr.2, 1991, S. 27-43

Kappich, L. (1989), Theorie der internationalen Unternehmenstätigkeit, München (VVF) 1989

Karlöf, B.; Östblom, S. (1993), Benchmarking: A Signpost Excellence in Qualilty and Productivity, Chichester (Wiley) 1993

Kaulmann , T. (1987), Property Rights und Unternehmungstheorie: Stand und Weiterentwicklung der empirischen Forschung, München (VVF), 1987

Klaus, P.G. (1984), Auf dem Weg zu einer Betriebswirtschaftslehre der Dienstleistungen: Der Interaktions-Ansatz, in: DBW, 44.Jg., Nr.4, 1984, S. 467-475

Klein, B.; Saft, C. (1985), The Law and Economics of Franchise Tying Contracts, in: Journal of Law and Economics, 28.Jg., Nr.3, 1985, S. 345-361

Klein, B.; Crawford, R.; Alchian, A. (1978), Vertical Integration, Appropriable Rents, and the Competitive Contracting Process, in: Journal of Law and Economics, 21.Jg., Nr.2, 1978, S. 297-326

Kleinaltenkamp, M. (1991), Standardisierung und Marktprozeß - Der Einfluß überbetrieblicher Standards auf den Marktprozeß von CIM-Komponenten und -Systemen (unveröffentlichte Habilitationsschrift)

Kosiol, E. (1962), Organisation der Unternehmung, Wiesbaden (Gabler) 1962

Kupsch,U.; Marr,R.; Picot, A. (1991), Innovationswirtschaft, in: Heinen, E. (Hrsg.), Industriebetriebslehre, 9.Auflage, Wiesbaden (Gabler) 1991, S.1071-1154

Lehmann, A. (1995), Servicekompetenz und Dienstleistungs-management, in: Thommen, J.-P. (Hrgs.), Management-Kompetenz, Wiesbaden (Gabler) 1995, S. 314-326

Levitt, T. (1976), The Industrialisation of Service, in: HBR, 54.Jg., Nr. 5, 1976, S. 63-74

Maister, D.H.; Lovelock, C.H. (1982), Managing Facilitator Services, in: Sloan Management Review, 24.Jg., Nr.2, 1982, S. 19-31

Maleri, R. (1973), Grundzüge der Dienstleistungsproduktion, Berlin; Heidelberg; New York (Springer-Verlag) 1973

Mathe, H.; Perras, C. (1994), Successful Global Strategies for Service Companies, in: Long Range Planning, 27.Jg., Nr. 1, 1994, S. 36-49

Mayère, A.; Vinot, F. (1993), Firm Structures and Production Networks in Intellectual Services, in: Service Industries Journal, 13.Jg., Nr.1, 1993, S. 76-90

Meffert, H. (1994), Marktorientierte Führung von Dienstleistungsunternehmen - neuere Entwicklungen in Theorie und Praxis, in: DBW, 54.Jg., Nr. 4, 1994, S. 519-541

Meissner, H.G. (1981), Die Bedeutung der Marktforschung für die Strategieentscheidungen der internationalen Unternehmung, in: Wacker, W.H.; Haussmann, H.; Kumar, B. (Hrsg.), Internationale Unternehmensführung, Berlin (Springer) 1981, S. 267-276

Meyer, A. (1991), Dienstleistungs-Marketing, in: DBW, 51.Jg., Nr.2, 1991, S.195-209

Meyer, A. (1992), Automatisierte Dienstleistungen durch Informationstechnik, in: Hermanns, A.; Flegel V. (Hrsg.), Handbuch des Electronic Marketing, München (Beck) 1992, S.825-835

Meyer, A. (1994), Dienstleistungs-Marketing. Erkenntnisse und praktische Beispiele, 6. Auflage, Augsburg (FGM-Verlag) 1994

Meyer, A.; Mattmüller, R. (1987), Qualität von Dienstleistungen. Entwurf eines praxisorientierten Qualitätsmodells, in: Marketing ZFP, 9.Jg., Nr.3, 1987, S. 187-195

Meyer, A.; Westerbarkey, P. (1991), Bedeutung der Kundenbeteiligung für die Qualitätspolitik von Dienstleistungsunternehmen, in: Bruhn, M./ Stauss, B. (Hrsg.), Dienstleistungsqualität: Konzepte, Methoden, Erfahrungen, Wiesbaden (Gabler-Verlag) 1991, S.83-103

Meyer, P.W.; Meyer, A. (1990), Dienstleistungen - Die große Hoffnung für Wirtschaft und Wirtschaftswissenschaften in den neunziger Jahren?, in: Jahrbuch der Absatz- und Verbrauchsforschung, 36. Jg., Nr.2, 1990, S. 124-139

Michaelis, E.(1985), Organisation unternehmerischer Aufgaben - Transaktionskosten als Beurteilungskriterium, Frankfurt/Main, Bern, New York (Peter Lang) 1985

Milgrom, P.; Roberts, J. (1992), Economics, Organization and Management, Englewood Cliffs (Prentice-Hall) 1992

Mills, P.K. (1986), Managing Service Industries - Organizational Practices in a Postindustrial Economy, Cambridge, Mass. (Ballinger) 1986

Mills, P.K. (1990), On the Quality of Services in Encounters: An Agency Perspective, in: Journal of Business Research, 20.Jg., Nr.1, 1990, S. 31-41

Mills, P.K.; Margulies, N. (1980), Toward a Core Typology of Service Organizations, in: Academy of Management Review, 5.Jg., Nr.2, 1980, S.255-266

Mills, P.K.; Moberg, D.J. (1982), Perspectives on the Technology of Service Operations, in: Academy of Management Review, 7.Jg., Nr.3, 1982, S. 467-478

Mills, P.K.; Morris, J.H. (1986), Clients as "Partial" Employees of Service Organisations: Role Development in Client Participation, in: Academy of Management Review, 11.Jg., Nr. 4, 1986, S. 726-735

Mills, P.K.; Turk, T. (1986), A Preliminary Investigation into the Influence of Customer - Firm Interface on Information Processing and Task Activities in Service Organizations, in: Journal of Management, 12.Jg., Nr.1, 1986, S. 91-104

Mills, P.K.; Chase, R.B.; Margulies, N. (1983a), Motivating the Client/Employee System as a Service Production Strategy, in: Academy of Management Review, 8.Jg., Nr. 2, 1983, S. 301-310

Mills, P.K.; Hall, J.L.; Leidecker, J. K.; Margulies, N. (1983b), Flexiform: A Model for Professional Service Organisations, in: Academy of Management Review, 8.Jg., Nr. 1, 1983, S.118-131

Mühlbacher, H.; Botschen, G. (1990), Benefit-Segmentierung von Dienstleistungsmärkten, in: Marketing ZFP, 12.Jg., Nr.3, 1990, S. 159 - 168

Nayyar, P.R. (1990), Information asymmetries: A Source of Competitive Advantage for Diversified Service Firms, in: Strategic Management Journal, 11.Jg., Nr.3, 1990, S.513-519

Nayyar, P.R. (1992), On the Measurement of Corporate Diversification Strategy: Evidence from Large U.S. Service Firms, in: Strategic Management Journal, 13.Jg., Nr.3, 1992, S. 219-235

Nayyar, P.R. (1993), Performance Effects of Information Asymmetry and Economies of Scope in Diversified Service Firms, in: Academy of Management Journal, 36.Jg., Nr.1, 1993, S. 28-57

Nayyar,P.R.; Kazanjian, R.K. (1993), Organizing to Attain Potential Benefits from Information Asymmetries and Economies of Scope in Related Diversified Firms, in: Academy of Management Review, 36.Jg., Nr.4, 1993, S.735-759

Nelson, P. (1970), Information and Consumer Behavior, in: Journal of Political Economy, 78.Jg., Nr.2, 1970, S. 311-329

Neuburger, R. (1994), Electronic Data Interchange, Dissertation München 1994

Niggl, J. (1994), Die Entstehung von Electronic Data Interchange Standards, Dissertation München 1994

Nippa, M.; Picot, A. (1995), Prozeßmanagement und Reengineering, Frankfurt, New York (Campus-Verlag) 1995

Normann, R. (1987), Dienstleistungsunternehmen, Hamburg u.a. (Mc Graw-Hill) 1987

Normann, R.; Ramirez, R. (1993), From Value Chain to Value Constellation: Designing Interactive Strategy, in: HBR, 71.Jg., Nr.4, 1993, S. 65-77

OECD (1995), Historical Statistics: 1960-1993, Paris 1995

o.V. (1995), Der totale Service-Ansatz, in: SZ vom 14/15.1. 1995, S. V1/11

Parasuraman, A.; Berry, L.L.; Zeithaml; V.A. (1991), Understanding Customer Expectations of Service, in: Sloan Management Review, 32.Jg., Nr.3, 1991, S. 39-48

Picot, A. (1981), Der Beitrag der Theorie der Verfügungs-rechte zur ökonomischen Analyse von Unternehmensverfassungen, in: Bohr, K.; Drukarczyk, J.; Drumm, H.J.; Scherer, G. (Hrsg.), Unternehmensverfassung als Problem der Betriebswirtschaftslehre, Berlin (Schmidt) 1981, S. 153-197

Picot, A. (1982), Transaktionskostenansatz in der Organisationstheorie: Stand der Diskussion und Aussagewert, in: DBW, 42.Jg., 1982, S. 267-284

Picot, A. (1985), Kommunikationstechnik und Dezentralisierung, in: Ballwieser, W.; Berger, K.-H. (Hrsg.), Information und Wirtschaftlichkeit Wiesbaden (Gabler Verlag) 1985, S. 377-402

Picot, A. (1986), Transaktionskosten im Handel, in: Betriebsberater, Beilage 13/1986 zu Heft 27/1986, S. 1-16

Picot, A. (1989), Der Produktionsfaktor Information in der Unternehmensführung, in: Thexis, Nr.4, 1989, S. 3-9

Picot, A. (1990a), Organisation von Informationssystemen und Controlling, in: CONTROLLING, Nr.6, 1990, S.296-305

Picot, A. (1991a), Technologieintegration und strategische Führung, unveröffentlichtes Manuskript,1991

Picot, A. (1991b), Ökonomische Theorien der Organisation. Ein Überblick über neuere ökonomische Ansätze und deren betriebswirtschaftliches Anwendungspotential, in: Ordelheide, D.; Rudolph, B.; Büsselmann, E. (Hrsg.), Betriebswirtschaftslehre und Ökonomische Theorie, Stuttgart (Poeschel) 1991, S. 143-170

Picot, A. (1991c), Ein neuer Ansatz zur Gestaltung der Leistungstiefe, in: ZfbF, 43.Jg., Nr.4, 1991, S. 336-357

Picot, A. (1993a), Marktorientierte Gestaltung der Leistungstiefe, in: Steger, U. (Hrsg.), Der Niedergang des US-Management-Paradigmas, u.a. Düsseldorf, Wien (ECON Verlag) 1993, S. 167-201

Picot, A. (1993b), Organisationsstrukturen im Spannungsfeld von Zentralisierung und Dezentralisierung, in: Scharfenberg, H (Hrsg.), Strukturwandel in Management und Organisation: Neue Konzepte sichern die Zukunft, Baden-Baden (FBO-Verlag) 1993, S.217-235

Picot, A. (1993c), Organisation, in: Bitz, M; Dellmann, K; Domsch, M; Egner, H. (Hrsg.), Vahlens Kompendium der Betriebswirtschaftslehre Band 2, 3.Auflage, München (Vahlen), 1990, S. 101-174

Picot, A. (1994), Effizienz im Spannungsfeld zwischen Zentralismus und Dezentralismus, unveröffentlichtes Manuskript 1994

Picot, A. (1995), Die organisatorische Herausforderung, in: Ewerdwalbesloh, G. (Hrgs.), Telekommunikation für Banken und Versicherungen - Finanzdienstleistungen im Wandel, Berlin u.a. (Springer) im Druck

Picot, A.; Gründler, A. (1995), Deutsche Dienstleister scheinen von IT nur wenig zu profitieren, in: Computerwoche, 10.März 1995, S. 10-11

Picot, A.; Dietl, H. (1990), Transaktionskostentheorie, in: WiSt, 12.Jg., Nr.4, 1990, S. 178-184

Picot, A; Franck, E. (1995), Prozeßorganisation. Eine Bewertung der neuen Ansätze aus Sicht der Organisationslehre, in: Nippa, M.; Picot, A. (Hrsg.), Prozeßmanagement und Reengineering, Frankfurt, New York (Campus-Verlag) 1995, S. 13-38

Picot, A; Franck, E. (1988), Die Planung der Unternehmensressource "Information", Teil I und Teil II, in: Wirtschaftsstudium, 17.Jg., 1988, S. 544-549 und S. 608-614

Picot, A; Maier, M. (1992), Analyse- und Gestaltungskonzepte für das Outsourcing, in: Information Management, Nr.4, 1992, S. 14-27

Picot, A.; Reichwald, R. (1994), Auflösung der Unternehmung, in: ZfB, 64.Jg., Nr. 5, 1994, S. 547-570

Picot, A.; Rohrbach, P. (1994), Bürokommunikation - Aktueller Stand und neue Entwicklungen, in: Potthoff, E. (Hrsg.), Führungstechnik und Organisation, Berlin (Erich Schmidt) 1994, S. 1-47

Picot, A.; Schneider, D. (1988), Unternehmerisches Innovationsverhalten, Verfügungsrechte und Transaktionskosten, in: Budäus, D.; Gerum, E.; Zimmermann (Hrsg.), Betriebswirtschaftslehre und die Theorie der Verfügungsrechte, Wiesbaden (Gabler-Verlag), 1988, S. 91-118

Picot, A; Wolff, B. (1995), Franchising als effiziente Vertriebsform (im Druck)

Polanyi, M. (1964), Personal Knowledge, Towards a Post-Critical Philosophy, New York (Harper&Row) 1964

Porter, M.E. (1988), Wettbewerbsstrategien, Frankfurt (Campus Verlag) 1988

Porter, M.E. (1986), Wettbewerbsvorteile, Frankfurt (Campus Verlag) 1986

Prahalad, C.K.; Hamel, G. (1990), The Core Competence of the Corporation, in: HBR, 68.Jg., Nr.3, 1990, S. 79-91

Pratt, J.W.; Zeckhauser, R.J. (1985), Principals and Agents. An Overview, in: Pratt, J.W.; Zeckhauser, R.J. (Hrsg.), Principals and Agents: The Structure of Business, Boston (Harvard Business School Press) 1985, S. 1-35

Quinn, J.B.; Gagnon, C.E.(1986), Will Services follow Manufacturing into Decline?, in: HBR, 64.Jg., Nr.6, 1986, S.95-103

Quinn, J.B.; Doorley, T.L.; Paquette, P.C. (1990), Technology in Services: Rethinking Strategic Focus, in: Sloan Management Review, 31.Jg., Nr.2, 1990, S. 79-88

Quinn, J.B.; Paquette, P.C. (1990), Technology in Services: Creating organizational Revolutions, in: Sloan Management Review, 31.Jg., Nr.2, 1990, S. 67-78

Rada, J.F. (1987), Information Technology and Services, in: Giarini, O. (Hrsg.), The Emerging Service Economy, Oxford usw. 1987, S. 127-171

Reichwald, R. (1994), Wachstumsmarkt Telekooperation, in: Arbeitsberichte des Lehrstuhls für allgemeine und industrielle Betriebswirtschaftslehre, Technische Universität München, Band 5, Januar 1994

Reichwald, R.; Möslein, K. (1995), Wertschöpfung und Produktivität von Dienstleistungen? - Innovationsstrategien für die Standortsicherung, in: Arbeitsberichte des Lehrstuhls für allgemeine und industrielle Betriebswirtschaftslehre, Technische Universität München, Band 6, September 1995

Richins, M.L. (1983), Negative Word-of-Mouth by Dissatisfied Consumers: A Pilot Study, in: Journal of Marketing, 47.Jg., Nr.4, 1983, S. 530-537

Roach, S. (1991a), Service Under Siege - The Restructuring Imperative, in: HBR, 69.Jg., Nr.5, 1991, S. 82-91

Roach, S. (1991b), Economic Perspectives, in: Morgan Stanley, Nr.1, 1991, S. 6-19

Rosada, M. (1990), Kundendienststrategien im Automobilsektor, Dissertation Bochum, 1988

Rubenstein, A.H.; Geisler, E. (1990), The Impact of Information Technologies on Operations of Service Sector Firms, in: Bowen, D.E.; Chase, R.B.; Cummings, T.G. and Associates (Hrgs.), Service Management Effectiveness, San Francisco, Oxford (Jossey-Bass) 1990, S. 266-283

Rubin, P. (1987), The Theory of the Firm and the Structure of the Franchise Contract, in: Journal of Law and Economics, 30.Jg., Nr.2, 1987, S. 223-233

Sasser,W.; Olsen, R.P.; Wyckoff, D.D. (1978), Management of Service Operations - Text, Cases and Readings, Boston, London u.a. (Allyn and Bacon) 1978

Schäfer, H. (1995), Information und Kooperation im Absatz von Bankdienstleistungen, in: ZfbF, 47.Jg., Nr.6, 1995, S. 531-544

Schlesinger, L.A.; Heskett, J.L. (1991), The Service-Driven Service Company, in: HBR, 69.Jg., Nr.5, 1991, S. 71-81

Schmenner, R.W. (1986), How Can Service Businesses Survive and Prosper?, in: Sloan Management Review, 28.Jg., Nr.2, 1986, S. 21-32

Schneider, B. (1990), Alternative Strategies for Creating Service-Oriented Organizations, in: Bowen, D.E.; Chase, R.B.; Cummings, T.G. and Associates, Service Management Effectiveness, San Francisco, Oxford (Jossey-Bass) 1990, S. 126-151

Schnitt, D. (1993), Reengineering the Organization Using Information Technology, in: Journal of Systems Management, 44.Jg., 1993, S.14-20

Schoemaker, P.J.H. (1992), How to Link Strategic Vision to Core Capabilities, in: Sloan Management Review, 34.Jg., Nr.3, 1992, S. 67-81

Shostack, G.L. (1984), Planung effizienter Dienstleistungen, in : HAVARDmanager, 6.Jg., Nr.3, 1984, S. 93-99

Siegert,T. (1974), Eigenarten bankbetrieblicher Leistungen, Dissertation München 1974

Siehl, C.; Bowen, D.E.; Pearson, C.M. (1992), Service Encounters as Rites of Integration: An Information Processing Model, in: Organization Science, 3.Jg, Nr.4, 1992, S. 537-555

Simon, H.A. (1957), Models of Man: Social and Rational Mathematical Essays on Rational Human Behavior in Social Setting, New York, London, Sydney (Wiley) 1957

Spence, M. (1973), Job Market Signalling, in: Quarterly Journal of Economics, 87.Jg., 1973, S. 355-374

Spremann, K. (1988), Reputation, Garantie, Information, in: ZfB, 58.Jg., 1988, S. 613-629

Spremann, K. (1989), Agent and Principal, in: Bamberg, G.; Spremann, K. (Hrsg.), Agency Theory, Information, and Incentives, Berlin (Springer-Verlag) 1989, S. 3-37

Spremann, K. (1990), Asymmetrische Information, in: ZfB, 60.Jg., 1990, S. 561-586

Staffelbach, B. (1988), Strategisches Marketing von Dienstleistungen, in: Marketing ZFP, 17.Jg., Nr.4, 1988, S. 277-284

Stalk, G.; Evans, P.; Shulman, L.E. (1993), Kundenbezogene Leistungspotentiale sichern den Vorsprung, in: HARVARDmanager, 15.Jg., Nr.1, 1993, S. 59-71

Stauss, B. (1991), Dienstleister und die vierte Dimension, in: HARVARDmanager, 13.Jg, Nr. 2, 1991, S. 81-89

Strautmann, K.-P. (1993), Ein Ansatz zur strategischen Kooperationsplanung, Dissertation München (VVF) 1993

Sydow, J. (1994), Franchisingnetzwerke, in: ZfB, 64.Jg., Nr.1, 1994, S. 95-113

Tansik, D.A. (1990), Balance in Service Systems Design, in: Journal of Business Research, 20.Jg., Nr.1, 1990, S. 55-61

Teece, D.J. (1987), Capturing Value from Technological Innovation: Integration, Strategic Partnering, and Licensing Decisions, in: Technology and Global Industry, Companies and Nations in the World Economy, hrgs. v. National Academy of Engineering, Washington D.C. 1987, S.65-96

Tengler, H.; Hennicke M. (1987), Dienstleistungsmärkte in der Bundesrepublik Deutschland, in: Schriften zur Mittelstandsforschung, Nr.19, 1987

Thomas, D.R.E. (1983), Strategie in Dienstleistungsunternehmen, in: HARVARDmanager, 5.Jg., Nr.2, 1983, S. 42-48

Wegener, U. (1993), Organisation der Logistik, Berlin (Erich Schmidt), 1993

Weiber, R.; Adler, J.(1995), Informationsökonomisch begründete Typologisierung von Kaufprozessen, in: ZfbF, 47.Jg., Nr.1, 1995, S. 43-65

Weinstein, A.K. (1977), Foreign Investments by Service Firms: The Case of Multinational Advertising Agencies, in: Journal of Institutional Business Studies, 16.Jg., Nr.2, 1977, S. 83-91

Weizsäcker, C.C. (1984), The Costs of Substitution, in: Econometrica, 52.Jg., Nr.5, 1984, S. 1085-1116

Wieandt, A. (1994), Die Entwicklung von Märkten durch Innovationen. Ein Analyserahmen für unternehmenspolitische Entscheidungen zur Sicherung des Fortbestands von Kundenbeziehungen im Innovationswettbewerb, in: ZfbF, 46.Jg, Nr.10, 1994, S. 852-870

Williamson, O.E. (1975), Markets and Hierarchies: Analysis and Antitrust Implikations, New York (Free Press) 1975

Williamson, O.E. (1979), Transaction Cost Economics: The Governance of Contractual Relations, in: Journal of Law and Economics, 22.Jg., 1979, S. 233-261

Williamson, O.E. (1981), The Economics of Organisation: The Transaction Cost Approach, in: American Journal of Sociology, 87.Jg., 1981, S. 548-577

Williamson, O.E. (1985), The Economic Institions of Capitalism. Firms, Markets, Relational Contracting, New York (Free Press), 1985

Williamson, O.E. (1993), Transaktionskostenökonomik, Münster (LIT-Verlag) 1993

Wolff, B. (1994), Organisation durch Verträge, Dissertation München 1994

Wollnik, M. (1988), Ein Referenzmodell für das Informations-Management, in: Information Management, 3.Jg., Nr.3, 1988, S. 34-43

Zeithamel, V.A. (1981), How Consumer Evaluation Processes Differ between Goods and Services, in: Donnelly, J.H.; George, W.R. (Hrsg.), Marketing of Services, Proceeding Series, American Marketing Association, Chicago u.a. (Proceedings Series) 1981, S. 186-196

Zeithaml, V.A.; Parasuraman, A.; Berry, L.L. (1985); Problems and Strategies in Services Marketing; in: Journal of Marketing, 49.Jg., Nr.2, 1985, S. 33-46

## A



## B



## C



## D



## E



## F



## G



## H



## I

## K



## L



## M



## N



## P



## R



## S



## T

## U



## V



## W



## Z

**"Markt- und Unternehmensentwicklung"**
**Herausgeber: Prof. Dr. Arnold Picot und**
**Prof. Dr. Dr. h.c. Ralf Reichwald**

**Franz Bedacht, Global Sourcing**
Analyse und Konzeption der internationalen Beschaffung

**Jörg Bischoff, Das Shareholder Value-Konzept**
Darstellung - Probleme - Handhabungsmöglichkeiten

**Carin Bornschein-Grass, Groupware und computergestützte Zusammenarbeit**
Wirkungsbereiche und Potentiale

**Wolfgang Burr, Netzwettbewerb in der Telekommunikation**
Chancen und Risiken aus Sicht der ökonomischen Theorie

**Cornelia Euringer, Marktorientierte Produktentwicklung**
Die Interaktion zwischen F&E und Marketing

**Andree Fleck, Hybride Wettbewerbsstrategien**
Zur Synthese von Kosten- und Differenzierungsvorteilen

**Egon Franck, Die ökonomischen Institutionen der Teamsportindustrie**
Eine Organisationsbetrachtung

**Katja Kieliszek, Computer Aided Selling**
Unternehmenstypologische Marktanalyse

**Hans Koller, Die Integration von Textverarbeitung und Datenverarbeitung**
Analyse des Bedarfs und seiner Determinanten aus betriebswirtschaftlicher Sicht

**Rahild Neuburger, Electronic Data Interchange**
Einsatzmöglichkeiten und ökonomische Auswirkungen

**Johann Niggl, Die Entstehung von Electronic Data Interchange Standards**

**Marita Rupprecht-Däullary, Zwischenbetriebliche Kooperation**
Möglichkeiten und Grenzen durch neue Informations- und Kommunikationstechnologien

**Detlef Schoder, Erfolg und Mißerfolg telematischer Innovationen**
Erklärung der "Kritischen Masse" und weiterer Diffusionsphänomene

**Holger Wohlenberg, Gruppenunterstützende Systeme in Forschung und Entwicklung**
Anwendungspotentiale aus industrieller Sicht

**Thomas Zachau, Prozeßgestaltung in industriellen Anlagengeschäften**